Oswald Seidensticker

Bilder aus der Deutsch-Pennsylvanischen Geschichte

Oswald Seidensticker
Bilder aus der Deutsch-Pennsylvanischen Geschichte
ISBN/EAN: 9783743654273
Hergestellt in Europa, USA, Kanada, Australien, Japan
Cover: Foto ©ninafisch / pixelio.de

Weitere Bücher finden Sie auf **www.hansebooks.com**

Bilder

aus der

Deutsch-pennsylvanischen Geschichte

Von

Oswald Seidensticker

New York
E. Steiger & Co.

Zur Einführung.

Der vorliegende zweite Band der „Geschichtsblätter", welcher Friedrich Kapp's werthvoller Geschichte der „Deutschen im Staate New York" eine nicht weniger interessante Geschichte der deutschen Einwanderung in Pennsylvanien aus der Feder Oswald Seidensticker's anreiht, wird dem Leser als augenfälliger Beweis von dem Reichthum und der Manchfaltigkeit des geschichtlichen Stoffes gelten können, welchen dieses Sammelwerk in unterhaltender Form zu bieten bestimmt ist. Dieser Beweis sollte dazu dienen, unter den Deutschen Amerika's das lebendigste Interesse für ein Unternehmen zu wecken, welches nicht allein ihnen einen Genuß bereiten, sondern auch zur Ehre des deutschen Namens gereichen dürfte. Wir geben uns der Hoffnung hin, daß dieses Interesse sich bethätigen wird durch die größtmögliche Verbreitung dieses Werks sowol, als durch die freundliche Mitwirkung Derjenigen, denen bisher noch nicht veröffentlichtes historisches Material von Werth zur Verfügung steht.

New York, Januar 1885.

C. Schurz.

Vorwort.

Die „Bilder aus der Geschichte der Deutschen in Pennsylvanien" schildern Ereignisse und Zustände des deutschen Lebens in Pennsylvanien vom Anfange der Einwanderung im Jahre 1683 bis zum Revolutionskriege.

Daß die Deutschen und deren Nachkommen einen sehr wichtigen Factor der Bevölkerung Pennsylvaniens ausmachen, daß sie auf die Entwickelung der von Wm. Penn gegründeten Colonie förderlich eingewirkt haben, ist nie verkannt worden. Ihnen ist es vorzugsweise zu verdanken, daß Pennsylvanien rasch emporblühte und seine älteren Schwester=Colonien an Wohlstand überholte, wie denn Philadelphia zur Zeit der Revolution die größte und angesehenste Stadt des Landes war.

Als Angehörige eines politischen Gemeinwesens standen die Deutschen natürlich mit ihren englisch=redenden Mitbürgern auf demselben Boden und theilten mit ihnen die Verantwortlichkeit für die Gestaltung der Landespolitik. Ihre Parteistellung bei den obschwebenden Streitfragen mag für uns von Interesse sein, aber eine eigene politische Geschichte hatten sie begreiflicher Weise nicht. Dagegen behaupteten sie auf anderen Gebieten des Culturlebens, namentlich dem kirchlichen, eine gesonderte Stellung, und dieser Umstand, verbunden mit ihrem zähen Festhalten an der deutschen Sprache, machte sie zu einem Völkchen für sich. Aus England kamen Quäker, Presbyterianer, Bischöfliche, Baptisten, Methodisten; aus Deutschland Mennoniten, Dunker, Schwenkfelder, Herrnhuter, Lutheraner, Reformirte. Nur ausnahmsweise hatten englische und deutsche Kirchen Berührungspunkte, im Großen und Ganzen beschrieben sie getrennte Bahnen.

Einen eigenartigen Charakter erhielt das deutsche Leben in Pennsylvanien während des vorigen Jahrhunderts durch die Sekten, welche, daheim verfolgt, in dem neuen Lande, wo Gewissensfreiheit gewährleistet war, ein friedliches Asyl und eine glückliche Heimath gefunden hatten. Sie standen an der Spitze der ersten Auswanderung nach Amerika und blieben lange Zeit die Hauptträger derselben. Wer seine Aufmerksamkeit der Geschichte der deutschen Einwanderung zuwendet, findet sich daher unvermeidlich in die Gesellschaft dieser Leute eingeführt. Ist es nicht ein sehr bezeichnender Umstand, daß die ersten deutschen Buchdruckerpressen in Pennsylvanien von einem Dunker in Germantown und von den sabbatharischen Mystikern in Ephrata errichtet wurden?

So beschäftigen sich denn auch die vorliegenden „Bilder" hauptsächlich mit Vorgängen, welche sich in der einen oder anderen Weise an die Geschichte deutscher Sekten anlehnen. Nur der letzte Abschnitt, die Betheiligung der Deutschen an der Revolution betreffend, führt uns in andere Schichten der deutschen Bevölkerung.

Der Verfasser ist bemüht gewesen, so viel wie möglich aus ersten und authentischen Quellen zu schöpfen und ist dabei mehr als einmal auf noch unbenutzte Actenstücke von großem Interesse gestoßen. Ueberhaupt ist noch bei Weitem nicht alles Material zu Tage gefördert, das für eine Geschichte der Deutschen in Pennsylvanien von Wichtigkeit ist. Hätten diese „Bilder" kein anderes Verdienst, als einige Bausteine dazu zu liefern, so wäre die Arbeit keine vergebliche gewesen.

Die in diesem Bande enthaltenen Aufsätze sind im Wesentlichen eine Umarbeitung von Beiträgen, welche in der geschichtlichen Monatsschrift „Der deutsche Pionier" (Cincinnati, seit 1869) von Zeit zu Zeit erschienen sind. Dort finden sich auch die Belege und Quellenangaben beigefügt. Da aber die Jahrgänge des „Pionier" nur Wenigen zugänglich sind, so dürfte eine Aufzählung der wichtigsten bei den folgenden Aufsätzen zu Rathe gezogenen Schriften und Dokumente manchem Leser willkommen sein.

1. Für „Die erste deutsche Einwanderung" wurden benutzt: Urkundenbücher in der Office of the Recorder of Deeds in Philadelphia; handschriftliche Aufzeichnungen von Pastorius im Besitz der Historical Society of Pennsylvania und der Nachkommen von Pastorius; das Rathsbuch von Germantown (im Besitz der Historical Society); Claypoole's Letterbook (ebendaselbst); „William Penn's Travels in Holland

and Germany"; „Pastorius' Beschreibung von Pennsylvanien"; S. W. Pennypacker's „Settlement of Germantown".

2. Für „Johann Kelpius": Dessen eigenhändige Abschrift seines Reisejournals und seiner Briefe; H. W. Rotermund's „Gelehrten Lexikon", Bd. III; die „Hallischen Nachrichten"; Adelung's „Geschichte der menschlichen Narrheit", Bd. VII; G. Croese's „Historia Quakeriana"; M. Goebel's „Geschichte des christlichen Lebens in der rheinisch-westfälischen Kirche"; C. W. H. Hochhut. „Geschichte der Philadelphischen Gemeinden" in Niedner's Zeitschrift für historische Theologie. 1865.

3. Für „Die beiden Christoph Saur": Handschriftliche Notizen im Besitz des Herrn A. H. Cassel in Harleysville; Saur's Zeitungen und Verlagswerke; die „Geistliche Fama" (Büdingen); Büdingische Sammlungen; J. Ph. Fresenius' „Nachrichten von Herrnhutischen Sachen"; J. G Hagemann's „Nachrichten von den führnehmsten Uebersetzungen der heiligen Schrift"; O'Callaghan's „Catalogue of American Bibles"; „Life and Correspondence of Rev. Wm. Smith, D. D." By H. W. Smith; „Colonial Records of Pennsylvania"; Harbaugh's „Life of M. Schlatter"; „Sammlung auserlesener Materien zum Bau des Reiches Gottes." 1733. J. Thomas, „History of Printing in America." 2d ed.

4. Die Hauptquellen für die Geschichte des Klosters in Ephrata sind die daselbst gedruckten Werke; außerdem sind noch zu nennen: Morgan Edward's „Materials towards a History of the Baptists"; Rupp's „History of Lancaster County"; Acrelius' „History of New Sweden", Appendix; Goebel's „Geschichte des christlichen Lebens", und die in Lancaster befindlichen Urkunden über die Liegenschaft des Klosters.

5. Bei dem Abschnitte über „Die Deutschen im Frieden und im Kriege" wurden benutzt: Die „Colonial Records of Pennsylvania", 1. and 2. Series; Journals of Congress; W. G. R. Saffell's „Records of the Revolutionary War"; H. A. Rattermann's Aufsätze im 9. Bande des „Pionier"; Rupp's County Histories; „Life of General Peter Muhlenberg". By A. H. Muhlenberg; W. Germann's noch nicht veröffentlichtes Memorial über P. Mühlenberg's Aufenthalt in Deutschland. Letzteres wurde mir von Herrn Pastor W. J. Mann gefälligst zur Einsicht überlassen.

Besonderer Dank wird hiermit auch den Beamten der Historical Society of Pennsylvania, namentlich dem Herrn John Jordan jr., und dem Herrn Bibliothekar Frederick D. Stone ausgesprochen. Die Beschaffung von Material für die Geschichte der Deutschen in Pennsylvanien könnte keinen sorgsameren Händen anvertraut sein und die Benutzung desselben wurde in entgegenkommendster Weise gestattet.

Meinem alten Freunde, Herrn Abraham H. Cassel, einem Nachkommen Ch. Saur's, verdanke ich die erste Anregung zu meinen Arbeiten und mannigfache Beihülfe dabei. Seine vorzügliche Bibliothek deutsch-amerikanischer Schriften, die mir reiche Ausbeute gewährt hat, ist vor einigen Jahren von der Historical Society of Pennsylvania angekauft worden.

Philadelphia, im October 1884.

Oswald Seidensticker.

Inhaltsverzeichniß.

Die erste deutsche Einwanderung in Amerika und die Gründung von Germantown im Jahre 1683.

Seite

Erster Abschnitt. William Penn's Reise in Deutschland...... 3
Zweiter Abschnitt. Wer waren die ersten Auswanderer nach Amerika?... 22
Dritter Abschnitt. Die Crefelder Käufer und die Frankfurter Gesellschaft.. 30
Vierter Abschnitt. Franz Daniel Pastorius................. 34
Fünfter Abschnitt. Die Gründung von Germantown............ 40
Sechster Abschnitt. Die neue Heimath...................... 49
Siebenter Abschnitt. Germantown unter eigener städtischer Regierung.. 53
Achter Abschnitt. Aus der Gerichtsstube................... 59
Neunter Abschnitt. Die Religion der Pioniere.............. 63
Zehnter Abschnitt. Der Protest gegen die Sclaverei i. J. 1688. 67
Elfter Abschnitt. Pastorius als Schriftsteller............ 72
Zwölfter Abschnitt. Pastorius' Lebenslauf bis an sein Ende. 76
Dreizehnter Abschnitt. Germantown, die deutsche Stadt..... 82

Johann Kelpius, der Einsiedler am Wissahickon.

Ankunft in Germantown... 87
Die Reise... 88
Wer Kelpius war... 91
Am Wissahickon.. 93
Das Weib in der Wüste... 95
Ehelosigkeit und Seelenbrautschaft............................ 98
Der Weltdrache.. 99

Die beiden Christoph Saur in Germantown.

	Seite
Jugend des älteren Saur.	105
Christoph Saur errichtet eine Buchdruckerei	109
Die Entstehung der deutsch-amerikanischen Zeitungspresse.	112
Saur druckt die Bibel.	116
Der Saur'sche Verlag.	120
Conflicte.	123
Christoph Saur sen., und die Politik.	137
Christoph Saur sen. über die Mißbräuche des Passagier-Transports.	142
Der jüngere Christoph Saur.	151
Christoph Saur, der jüngere, und die amerikanische Revolution.	158

Ephrata. Eine amerikanische Klostergeschichte.

Erster Abschnitt. Ein Besuch	169
Zweiter Abschnitt. Das Nest der Schwärmer	174
Dritter Abschnitt. Conrad's Wanderjahre	181
Vierter Abschnitt. Der Magus am Conestoga	186
Fünfter Abschnitt. Am Cocalico	194
Sechster Abschnitt. Der Klosterbau	197
Siebenter Abschnitt. Die Klosterwirthschaft	201
Achter Abschnitt. Im Tempel	206
Neunter Abschnitt. Die Mystik in Ephrata	209
Zehnter Abschnitt. Lied und Sang	219
Elfter Abschnitt. Bruder Ezechiel's Bekenntnisse	228
Zwölfter Abschnitt. Die Eckerlins. Eine Rebellion und ihre Folgen	236
Dreizehnter Abschnitt. Die Druckerei	243
Vierzehnter Abschnitt. Verfall und Ende	246

Die Deutschen im Frieden und im Kriege.

Verbreitung der Deutschen in Pennsylvanien	253
Gewerbfleiß der Deutschen	255
Die Deutschen im Revolutions-Kriege	257
General Peter Mühlenberg	268

Die erste deutsche Einwanderung in Amerika und die Gründung von Germantown im Jahre 1683.

Erster Abschnitt.
William Penn's Reise in Deutschland.

Fragt man, zu welcher Zeit die deutsche Einwanderung in Amerika ihren Anfang genommen habe, so lautet die Antwort: Im Jahre 1683. Die Hand dazu bot William Penn, der sich in Deutschland zweimal umgesehen hatte, ehe er in den Besitz des großen Landstriches trat, der seinen Namen verewigt.

Allerdings waren schon vor jener Zeit Deutsche nach Amerika gekommen. Peter Minuit oder Minnewit, der erste von den Holländern eingesetzte Gouverneur von New York, damals Neu-Niederland (1624—1632), und zugleich der Gründer der ersten Schweden-Colonie am Delaware (1638), war aus Wesel gebürtig. Glaubwürdigen Nachrichten zufolge war John Printz, Gouverneur von Neu-Schweden (1642—1653), ein deutscher Edelmann (Johann Printz von Buchau), der im dreißigjährigen Kriege unter Gustav Adolph ein Commando geführt hatte. Unter den Holländern und Schweden befanden sich nach Ausweis der Namenslisten eine Anzahl unserer Landsleute. Johann Lederer, der in den Jahren 1669 und 1670 eine Entdeckungsreise durch Virginien und Carolina unternahm, gehörte gleichfalls unserer Nation an. Aber diese und andere Vorläufer, die vereinzelt unter fremdes Volk versprengt waren, haben mit der deutschen Einwanderung doch Nichts gemein. Sie gaben ihre deutsche Eigenart auf, zogen keine Genossen nach sich, gründeten keine Niederlassung und verloren sich am Ende spurlos unter den Schweden, Holländern und Engländern.

Vielleicht hätte eine deutsche Einwanderung bereits früher eingesetzt, wenn Gustav Adolph's projectirte Handels- und Colonisations-Gesellschaft nicht durch des Königs Tod auf dem Schlachtfelde bei Lützen ins Stocken gerathen wäre. Dieser hatte es nämlich bei seinen Plänen auf eine starke Betheiligung der Deutschen abgesehen und ließ durch Wilhelm Usselinx unter Zusicherung erheblicher Vortheile eine Aufforderung an sie ergehen, sich dem Unternehmen anzuschließen. Ein Memorial, das einen Theil der „Argonautica Gustaviana" bildet, führt den Titel: „Mercurius Germaniae, das ist Sonderbahre Anweisung für Teutschland Wie neben dem Allgemeinen Wesen der Kaufhandel und Seefahrt und insgemein alle Nahrung darinnen sehr zu vermehren und zu verbessern. Also daß selbige Lande hierdurch zu ihrem vorigen Flor und Wohlstand in Kurtzem wiederumb gelangen mögen."

Es wird im Verlauf dieser „Sonderbahren Anweisung" daran erinnert, daß „Teutschland durch die Tyranney und Räuberey wie auch das wilde unordentliche Wesen des kaiserlichen und spanischen Kriegsvolks seiner Nahrung und Wohlstands beraubt und fast gründlich ruinirt worden". Demnach habe die schwedische Majestät allergnädigst gestattet, daß die deutsche Nation nicht allein mit ihrem Gelde in die Gesellschaft aufgenommen werde, sondern auch ihre eigene Geschäftsführung und Ausrüstung von Schiffen nach Belieben besorgen dürfe. Darauf wird mit Eingehung ins Einzelnste der Beweis versucht, daß Deutschland bei diesem Unternehmen günstiger gestellt sei und lohnendere Erfolge erwarten dürfe, als Schweden selbst. Usselinx bringt nicht weniger als dreizehn Beweisgründe, von denen einige ganz plausibel sind, für diese Aufstellung vor.

Gustav Adolph sollte die Verwirklichung seiner Pläne nicht erleben. Zu einer schwedischen Niederlassung in Amerika kam es erst, als Peter Minnit im Jahre 1638 mit dem „Schlüssel von Calmar" und dem „Vogel Greif" die Ufer des Delaware erreichte. Zwar befanden sich, wie Campanius uns mittheilt, unter den Passagieren mehrere Deutsche, aber sie verschwanden unter den Schweden und haben keine geschichtliche Bedeutung.

Der Anstoß zur deutschen Auswanderung im eigentlichen Sinne ging von William Penn aus. Seine Reise durch Deutschland, die, ohne daß er es ahnte, so wichtige Folgen haben sollte, erhält dadurch ein großes Interesse. Wir werden sehen, welche Anknüpfungspunkte sie vermittelte. Schwerlich aber wären blos persönliche Beziehungen so ereignißschwer geworden. Es kam dazu die Gewährleistung religiöser und politischer Freiheit in seiner Colonie, wodurch, wie mit einem Zauberschlage, die Auswanderung ins Dasein gerufen wurde.

Wir wissen, daß es religiöse Motive waren, welche die in ihrem Vaterlande verfolgten Puritaner und Quäker zur Aufsuchung eines Asyls in der neuen Welt veranlaßten. Ebenso verhielt es sich mit den Deutschen. Nur drei Confessionen, die Katholiken, Lutheraner und Reformirten, hatten durch den westfälischen Frieden das Recht der Existenz im Deutschen Reiche erhalten. Wer sich durch gewissenhafte Ueberzeugung gedrungen fühlte, seinen Christenglauben anders zu gestalten, die Bibel anders auszulegen, die Gottesverehrung in andere Formen zu kleiden, dem wurde das Leben durch Staat und Kirche verbittert. Solcher unkirchlicher Christen, die heftig angefeindet und schonungslos verfolgt wurden, gab es aber zu Ende des 17. Jahrhunderts nicht wenige in Deutschland. Die harmlosen Mennoniten fanden nur hie und da eine precäre Duldung, die gottesfürchtigen Schwenkfelder mußten sich die empörendste Behandlung gefallen lassen, selbst die Pietisten, Jacob Spener's fromme Anhänger, die doch nur auf eine innigere Erfassung und gewissenhaftere Ausübung der Religion innerhalb des Lutherthums bestanden, wurden von der schulgerechten Kirche mit Argwohn betrachtet, aufs Gröblichste geschmäht und dem Staate als gefährliche Neuerer denuncirt. Die Mystiker, welche in mancherlei Schattirungen unter den Gelehrten und dem Volke auftauchten, hätte man am liebsten in Toll- und Zuchthäuser verwiesen.

Die gedrückte Lage, worin sich diese von der Kirche abwendigen Christen befanden, blieb in England nicht unbekannt und namentlich waren es die Quäker, welche innigen Antheil für ihre Mitdulder in fremden Landen bezeigten. Mehrere derselben, wie Wm. Ames, Wm. Caton, Stephen Crisp, Georg Rolf und Andere, unternahmen Reisen nach Deutschland und bemühten sich, nicht ohne einigen Erfolg, für ihre eigene Lehre Propaganda zu machen. Am besten gelang ihnen dies unter den Mennoniten, die in der Anwendung religiöser Grundsätze auf sittliche Lebensführung mit den Quäkern viele Berührungspunkte hatten.

Bei besonderen Veranlassungen richteten Quäker auch wohl Trostschreiben an die Verfolgten und Worte der Mahnung an die Obrigkeiten in Deutschland. So schrieb Stephen Crisp im Jahre 1670:

„Ein Wort des Trostes und eine Stimme der frohen Botschaft an alle Betrübten in Deutschland."

William Penn, der 1671 zum ersten Male in Deutschland erschien, folgte daher nur dem Beispiele seiner Glaubensbrüder. Von jener Reise ist uns wenig bekannt; nur soviel wissen wir, daß er nach Emden, nach Crefeld, nach Westfalen kam. An Dr. Hasbert in Emden, der zu den Quäkern übergetreten war, richtete er ein Schreiben im November 1672, an die leidenden Freunde in Holland und Deutschland, vornehmlich in Friedrichsstadt und Danzig wandte er sich 1674; an den Bürgermeister und Rath der Stadt Danzig 1675; ebenso an den Magistrat der Stadt Emden.

Zum zweiten Male begab sich Penn nach Deutschland im J. 1677. Er war damals 33 Jahre alt und obgleich noch nicht als der Gründer Pennsylvanien's ins Buch der Geschichte eingezeichnet, hatte er bereits eine bewegte Vergangenheit hinter sich und sein Name war auf allen Zungen.

Sein charaktervolles Auftreten hatte allgemeine Aufmerksamkeit erregt. In den Augen der Leute seines Standes hatte er sich seine Carriere verdorben, indem er, der talentvolle Sohn eines mit der königlichen Familie befreundeten Admirals, der Anhänger und Wortführer einer Sekte geworden war, die, von einem Plebejer gestiftet, in den höheren Schichten der Gesellschaft für verächtlich galt. Vergebens schickte ihn sein Vater nach Frankreich, um in der höfischen Atmosphäre von seinen quäkerischen Marotten zu gesunden.

Er kehrte zurück mit dem Schliff eines Weltmannes, aber seine religiösen Ueberzeugungen waren unerschüttert geblieben; der väterliche Zorn war ihm schmerzlich, aber konnte dem Rufe seines Gewissens nicht Halt gebieten. Das Studium der Rechte in Lincolns Inn und die Verwaltung der väterlichen Güter in Irland machten ihn mit den Aufgaben und Interessen des bürgerlichen Lebens vertraut, aber verdunkelten nicht das religiöse Ideal, das hell wie das Sonnenlicht ihm voranleuchtete. Es war ihm unmöglich, ein Anderer sein oder scheinen zu wollen, als er war. Daher hatte auch das Gefängniß für ihn keine Schrecken.

Schon 1667 mußte er wegen Betheiligung an einer Quäker-Versammlung sich einsperren lassen. Bald nach seiner Freilassung ergriff er die Feder und in rascher Folge verfaßte er eine Anzahl von Schriften, theils zur Erklärung des von ihm vertretenen Glaubens, theils zur Abwehr auf Angriffe. Eine derselben, "Tho sandy foundation shaken", hatte zur Folge, daß er im Londoner Tower eingekerkert wurde. Er verblieb dort 8½ Monate, vom Dec. 1668 bis Sept. 1669, und wandte seine unfreiwillige Muße auf die Abfassung des berühmten und beliebten Buches: "No cross, no crown".

Sein Vater konnte jetzt nicht umhin, der Standhaftigkeit und Seelenruhe des jungen Dulders Gerechtigkeit widerfahren zu lassen. Nach einem kurzen Aufenthalt in Irland nach England zurückgekehrt, ward Penn 1670 die Veranlassung zu jenem denkwürdigen Gerichtshandel, wodurch der Markstein religiöser Duldung und bürgerlicher Freiheit ein Erhebliches vorgerückt wurde. Man hatte den Quäkern ihr Versammlungshaus zugeschlossen; Penn und Mead hielten nun in der Nähe desselben Ansprachen an die Freunde, die zum Gottesdienst herbeikamen.

Auf die Anklage, ein Gesetz übertreten zu haben, ward Penn zur Rechenschaft gezogen, aber von den Geschworenen freigesprochen. Der Richter nahm leidenschaftlich Partei und wollte die Geschworenen durch tagelange Entziehung der Speise nöthigen, einen andern Wahrspruch zu bringen; als dies nicht gelang, ließ er Penn so gut wie die Geschworenen in das widerliche Newgate Gefängniß einsperren. Im größten Contrast zu der Rohheit und Willkür des Richters stand Penn's würdevolles und zugleich unbeugsames Auftreten, sein Verlangen nach Recht und Gerechtigkeit. Auf einen Habeas Corpus Befehl kam die Sache vor ein höheres Tribunal, dessen Entscheidung zu Gunsten der Gefangenen war und zugleich der Freiheit einen unschätzbaren Dienst leistete.

Dennoch war dies nicht das letzte Mal, daß Penn sich innerhalb der trübseligen Mauern eines Gefängnisses sah. Unter einem nichtigen Vorwande forderte John Robinson, ein erbitterter Gegner der Quäker, von ihm die Leistung eines Eides, wohl wissend, daß dies den religiösen Grundsätzen der Quäker entgegen war. Seine Weigerung mußte Penn mit sechsmonatlicher Haft in dem Verbrecher-Gefängniß Newgate abbüßen.

Wird noch hinzugesetzt, daß Penn's Vater 1670, wenige Tage nach der zuvor erwähnten aufregenden Gerichtsscene gestorben war, daß Penn in seinen Schriften fortfuhr, der Sache der Gewissensfreiheit eindringlich das Wort zu reden, daß er 1672, kurz nach der Rückkehr von seiner ersten Reise nach Holland und Deutschland, Wilhelmine Marie Springett als Gemahlin heimführte, so muß dies zu einem flüchtigen Bilde von seinem Lebenslaufe bis zur Zeit seiner zweiten Reise genügen.

Als Penn mit seinen Freunden, worunter sich George Fox, Robert Barclay und George Keith befanden, in Briel gelandet war, begab er sich nach kurzem Aufenthalte in Rotterdam, Leyden und Haarlem nach Amsterdam, wo am 2. August eine allgemeine Versammlung der continentalen Quäker stattfand. Es wurde hier eine Verfassung für die Quäker-Gemeinden in Holland und Deutschland vereinbart und Amsterdam zum Vorort der künftig abzuhaltenden Jahres-Versammlungen der Quäker aus Holland, der Pfalz, Hamburg, Lübeck, Friedrichstadt und sonstigen Plätzen gewählt. Während seines Aufenthaltes in Amsterdam erhielt Penn ein Sendschreiben von den Quäkern in Danzig, welches damals unter der Botmäßigkeit des Königs von Polen stand.

Es enthielt bittere Klagen über schwere und ungerechte Bedrückung. Penn, der Fürsprecher religiöser Duldung, wendete sich sogleich an den Polenkönig, Johann Sobieski (denselben, der durch die Rettung Wiens von den Türken im Jahre 1683 so berühmt geworden ist), gab eine bündige Darstellung der Quäkerlehre und befürwortete, so warm und ernst wie Marquis Posa, obschon mit andern Worten, Gewissensfreiheit. Was für eine Antwort Johann Sobieski darauf ertheilt hat, wird uns nicht überliefert. Vermuthlich hielt auch er den Verfechter der Gedankenfreiheit für einen „sonderbaren Schwärmer". Der bitteren Verfolgung der Danziger Quäker geschah kein Einhalt.

Von allen Besuchen, die Penn vorhatte, galt ihm vielleicht keiner für so wichtig, als der bei Elisabeth, der Aebtissin von Herford in Westfalen, einer Prinzessin aus dem königlichen Blute der Stuarts. Ihre Mutter war nämlich Elisabeth, eine Tochter Jacob's I. von England, welche ihre Hand dem bekannten Kurfürsten von der Pfalz, Friedrich V., dem unglücklichen „Winterkönige" gegeben hatte. Dieser nahm 1619 die Krone von Böhmen an, aber durch die Schlacht bei Prag verlor er nicht nur die kaum übertragene Würde, sondern auch seine kurfürstliche Krone.

Doch es war nicht allein das englische Blut der Prinzessin und ihre Verwandtschaft mit dem englischen Königshause, wodurch Penn's Augen auf diese Frau gelenkt wurden. Ihre ungewöhnlichen Geistesgaben und ihre zur Mystik hinneigende Frömmigkeit umgaben sie für ihn mit einem noch helleren Lichtscheine, als ihre Herkunft. In ihrer Jugend war sie die persönliche Freundin des berühmten französischen Philosophen Descartes gewesen, der ihr das Hauptwerk seines Lebens, die "Principia Philosophiae", widmete und dabei die Bemerkung machte, sie sei die einzige Person, welche mit gleichem Erfolge die mathematischen wie metaphysischen Sätze seines Systems begriffe. „Und", setzt der Philosoph, der den Franzosen nicht verläugnet, hinzu, „eine so vollständige Kenntniß aller Wissenschaften findet sich nicht in einem alten Gelehrten, der viele Jahre seines Lebens der Forschung gewidmet hat, sondern in einer noch jungen Prinzessin mit Gesichtszügen, wie die Dichter sie den Musen und der Minerva zuschreiben."

Bittere Leiden waren ihr Loos. Kindheit und Jugend verlebte sie im Exil; im Alter von 13 Jahren verlor sie ihren Vater, ihr Bruder Friedrich Heinrich ertrank bei Haarlem; ihr Bruder Rupert erwarb sich zwar als Reiter-General der englischen Cavaliere während der englischen Revolution Heldenruhm, aber gewann seiner Sache keinen Erfolg; ihr Onkel Karl I. endete auf dem Schaffot. Diese und andere trübe Erfahrungen berechtigten sie wohl zu sagen: „Es geht ein finst'rer Geist durch dieses Haus."

Elisabeth hatte bis 1661 theils in Heidelberg bei ihrem Bruder, dem Pfalzgrafen Karl Ludwig, theils in Holland gelebt. Ihre Schwester war die Gemahlin des Kurfürsten von Hannover, Ernst August, die Mutter Georg's I. von England.

Im genannten Jahre ward sie Coadjutorin in der Abtei von Herford und 1667 Aebtissin. Im reiferen Alter fand sie in den Tröstungen der Religion größere Befriedigung als in der Beschäftigung mit den Wissenschaften. Seit 1670 gewann der beredte französische

Mystiker Labadie eine fast magische Gewalt über Elisabeth's Gemüth. Sie gewährte ihm und den Seinigen in Herford Schutz, als er von aller Welt angefeindet wurde.

Penn hatte schon während seiner ersten deutschen Reise (1671) gewünscht, sich Elisabeth zu nähern und auch Labadie kennen zu lernen, aber es scheint, daß weder Jene, noch Dieser geneigt war, darauf einzugehen. Seit jener Zeit hatte sich Viel geändert. Labadie, durch ein kaiserliches Mandat aus Herford verwiesen, war nicht lange darauf in Altona gestorben, und die Aebtissin hatte keinen Anstand genommen, Quäker, wie Robert Barclay, Benjamin Furly, auch Quäkerinnen, wie Gertrud Diricks und Elisabeth Hendricks aus Amsterdam freundlich aufzunehmen. Penn, dadurch ermuthigt, schrieb ihr 1676 einen sehr ausführlichen Brief, der in Buchform erschienen ist. Sie antwortete kurz, aber herzlich. Jetzt, da er wiederum in ihre Nähe gelangte, ließ er sich die Gelegenheit nicht entgehen, die Prinzessin zu besuchen und auf sie einzuwirken.

So trat denn der junge Quäker am 9. August 1677 vor die fürstliche Aebtissin, eine „schöne Seele", die viel gekämpft, viel erfahren hatte, ohne bei ihrem geistigen Ringen volle Befriedigung zu erreichen. Penn, dem es darauf ankommen mußte, eine so viel versprechende Gelegenheit gut zu benutzen, und für seine Lehre eine so hochstehende Gönnerin in Deutschland zu gewinnen, sprach mit Innigkeit, mit der ganzen Wärme seiner seelendurchdringenden Ueberzeugung.

Er machte einen tiefen Eindruck und wurde eingeladen, seinen Besuch den nächsten Tag zu wiederholen und zum Mittagsessen zu bleiben. Das belebte seine Hoffnungen. Er stellte sich zur festgesetzten Stunde ein, und noch außerordentlicher als am ersten Tage war die Wirkung seiner begeisterten Stimme. „Das ewige Wort" — schreibt er —,,erwies sich heute als ein Hammer, ja als ein zweischneidiges Schwert, das einschneidet zwischen Seele und Geist, Mark und Knochen, ja, heute ist alles Fleisch vor dem Herrn gedemüthigt worden. Der Eine war erstaunt, der Andere erschüttert, der Dritte zerknirscht...."

Vom 9. bis zum 13. August hielten sich die Quäker in Herford auf. Die erbaulichen Zusammenkünfte wurden auf Ansuchen der

Prinzessin von Tage zu Tage wiederholt; die frommen Seelen schwelgten wonnevoll in den Hochgefühlen andächtiger Erregung und ahnungsvollen Schauers.

Als Penn im September einen zweiten Besuch in Herford abstattete, wiederholten sich diese ergreifenden Scenen.

Bei aller Freundschaft indessen, welche die Aebtissin ihrem Gaste erwies und dem herzlichen Interesse, das sie an seiner Auffassung der Christuslehre nahm, hat sie sich nicht zum Quäkerthum bekannt.

Frankfurt a. M. war der nächste Platz, wo Penn als Missionär auftrat. Er langte dort am 20. August zur Mittagsstunde an. Zwar konnte er sich an keine Glaubensgenossen wenden, aber es gab in Frankfurt eine Schar frommer Seelen unter Jacob Spener's Leitung, die sogenannten „Pietisten", welche mit den Quäkern wenigstens soweit auf demselben Boden standen, als sie, im Gegensatz zu der verweltlichten Orthodoxie, auf eine gefühlsinnige Erfassung und aufrichtige Bethätigung der Religion drangen. Da Penn von Cassel aus seine bevorstehende Ankunft angemeldet hatte, so gingen ihm zwei hervorragende Mitglieder der Spener'schen Gemeinde, — Jakob Van de Walle und ein Anderer, dessen Name uns nicht überliefert ist, — eine Strecke entgegen.

Die beiden Pietisten, welche gewissermaßen das Empfangs-Committee für Wm. Penn bildeten, hatten die Freude, diesen und seine Begleiter etwa eine halbe deutsche Meile nördlich von Frankfurt willkommen zu heißen. Penn erging sich nun über den Zweck seines Kommens und drückte den Wunsch aus, mit Personen verwandter Sinnesart in Verkehr zu treten. Dazu wurde ihm noch an demselben Tage Gelegenheit. Der Quäker-Sendbote hielt in Van de Walle's Hause, wo sich eine kleine Gesellschaft gleichgesinnter Seelen zusammengefunden hatte, eine Ansprache, welche einen bedeutenden Eindruck hinterließ.

Am folgenden Tage fand wiederum eine Zusammenkunft statt, an der einige neue Besucher Antheil nahmen und die ebenso erfolgreich wie die erste verlief. Besonders empfänglich für die eindringliche und gefühlvolle Beredsamkeit Penn's war ein adeliges Fräulein, Johanna Eleonore von und zu Merlau, damals noch nicht die berühmte Frau, als welche sie in Kirchen- und Ketzergeschichten, in

Feustking's Werke über fanatische Weiber und selbst in G. Freytag's „Bildern aus der deutschen Vergangenheit" figurirt; denn als Verfasserin von Folianten über abstruse theologische Fragen trat sie erst auf, nachdem sie sich mit dem gelehrten Theologen Dr. Wilhelm Petersen verheirathet hatte. Sie war gerade so alt wie Penn, — nämlich zu der Zeit, von welcher wir reden, 33 Jahre, — hatte die Welt und ihren Tand, wozu auch eine aufgehobene Verlobung gehörte, hinter sich, glaubte an göttliche Eingebung durch Träume und Visionen und war, wie ihre Hausgenossin, die früh verwittwete Frau Bauer von Eiseneck, eine warme Verehrerin des gottseligen Spener, dessen Collegia pietatis im Saalhofe Beide besuchten.

Die beiden Frauenzimmer, welche den bei den Orthodoxen so verschrieenen Quäker in Van de Walle's Hause kennen lernten, wurden von dessen Vortrag ganz hingerissen. Das war nicht der plärrende Kanzelstil, die langweilige Tertzerklaubung nach hergebrachter Manier; wie ein Ruf aus höheren Sphären erscholl ihnen die ergreifende Rede des begeisterten Fremdlings. Johanna Eleonore unterfing sich, den bewunderten Mann zu einem Conventikel in ihrer Wohnung auf den nächsten Morgen einzuladen und that keine Fehlbitte. Von der Wirkung, die seine Ansprache bei dieser Gelegenheit ausübte, spricht Penn mit höchster Befriedigung.

Als er darauf am 28. August Frankfurt zum zweiten Mal besuchte, diente die Wohnung des Fräuleins von Merlan wiederum als Versammlungsplatz der ihn umringenden Freunde. Auf Johannen's Einladung blieb er zum Abendessen und kam auch den nächsten Morgen, um nach Quäkerart eine stille Versammlung (silent meeting) abzuhalten. Ehe er sich von Frankfurt verabschiedete, sprach er noch ein Mal bei Jacob Van de Walle vor; nach seiner Abreise wechselte er mit dem Fräulein Briefe erbaulichen Inhalts.

Aber was hat das Alles mit der deutschen Auswanderung nach Amerika zu schaffen?

Eben nur dies, daß gerade aus den Kreisen, mit welchen Penn im Jahre 1677 bekannt wurde, fünf Jahre später die „Frankfurter Compagnie" hervorging, welche gewissermaßen den Weg nach Amerika für die Deutschen eröffnete. Zu Denen, welche sich an dem Landankauf in Pennsylvanien betheiligten, gehörten, außer andern

Anhängern Spener's, auch Jacob Van de Walle und Frau Doctorin Petersen, geborene von und zu Merlau.

Die englische Regierung war dem Vater Wm. Penn's, dem Admiral gleichen Namens, die Summe von 16,000 Pfund Sterling für geleistete Dienste und Vorschüsse schuldig geblieben. An Zahlungs Statt nahm der Sohn und Erbe die Belehnung mit der nördlich von Maryland gelegenen Strecke Landes an, welche dem Admiral zu Ehren den Namen Pennsylvanien erhielt. Die königliche Bestätigung dieser Urkunde, wodurch der eifrige Quäker Eigenthümer dieses hübschen Stückes von Amerika wurde, erfolgte am 4. März 1681. Bald darauf erschien in London eine kurze Beschreibung der neuen Provinz (Some account of the Province of Pennsylvania in America), worin die günstige Lage, der fruchtbare Boden, der Reichthum an Wildpret und Fischen, sowie andere Umstände zu Nutz und Frommen von Auswanderungslustigen gebührend ins Licht gesetzt wurden. Fast zu gleicher Zeit, wenigstens noch im Jahre 1681, erschien davon eine Uebersetzung in Amsterdam unter dem Titel: „Eine Nachricht wegen der Landschaft Pennsylvania in Amerika, welche jüngstens unter dem großen Siegel in England an Wm. Penn u. s. w. übergeben worden. Nebenst beygefügtem ehemaligen Schreiben des obermähnten Wm. Penn. In Amsterdam gedruckt bey Christoph Conraden 1681."*

Wir werden finden, daß dieselben Personen, mit denen Penn im Jahre 1677 Verkehr gepflogen hatte, von dieser Schrift Kenntniß nahmen, mit Benjamin Furly, dem Begleiter Penn's, in Correspondenz traten und eine bedeutende Strecke Landes in Pennsylvanien ankauften.

Von Frankfurt, wo Penn sich nur zwei Tage aufhielt, eilte er nach Krisheim (jetzt Kriegsheim), einem in der Nähe von Worms gelegenen Dörfchen, das seit vielen Jahren bei den Quäkern im Geruch himmlischer Begnadung stand. Schon 1657, also 20 Jahre vor Penn's Besuche, hatten die beiden Missionäre Wm. Ames und George Rolf dort die neue Lehre verkündet und Anhänger für dieselbe

---

* Dieselbe Schrift wurde 1683 in Frankfurt als Theil eines größeren Werkes (Diarium Europæum) veröffentlicht.

gewonnen. Die zum Quäkerthum bekehrten Krisheimer ließen sich weder durch auferlegte Bußen, noch durch den Spott des Pöbels irre machen und ihr treues Ausharren ward von ihren Freunden in England gebührend anerkannt. Reisende Quäker (wie Wm. Caton, Stephen Crisp und Wm. Moore) erachteten es für ihre Pflicht, den lieben Krisheimern ihre Aufwartung zu machen und sie mit geistlichem Zuspruch zu stärken.

In dieser Absicht begab sich dann auch Penn mit Furly und Keith, seinen Reisegenossen, nach dem Dörfchen, das er am 25. August erreichte. „Wir fanden," bemerkt er, „zu unserer großen Freude einen Kreis von herzlichen und treuen Freunden."

Vom calvinistischen Pfarrer aufgefordert, untersagte aber der Amtsvogt alles Predigen. Indessen fand eine stille Versammlung statt, an welcher auch Gesinnungsgenossen aus Worms, die in einem Wagen gefolgt waren, Theil nahmen.

Penn war nicht der Mann, sich einen Eingriff in die Redefreiheit ohne Weiteres gefallen zu lassen, namentlich nicht in der Pfalz, wo unter Karl Ludwig, dem Bruder der Aebtissin von Herford, die Duldung in Glaubenssachen einen weiteren Spielraum hatte, als anderswo in Deutschland. Er begab sich daher zu Fuß nach Mannheim, wo er den Pfalzgrafen anzutreffen hoffte, um diesem seine Sache persönlich ans Herz zu legen. Karl Ludwig war allerdings in Mannheim gewesen, aber schon nach Heidelberg zurückgekehrt, und Penn konnte ihm nicht folgen, da eine zweite Versammlung in Krisheim auf den 26. August angesagt war. — Unter diesen Umständen richtete er an den Pfalzgrafen ein Schreiben, worin er, die besondere Veranlassung zur Beschwerde nur kurz berührend, mit kräftigen Argumenten der Gewissensfreiheit das Wort redet.

Die Engherzigkeit, welche einer gewissen Glaubensnorm ausschließlich den Schutz des Staates gewährt und Andersdenkende, seien sie noch so gewissenhafte Menschen und nützliche Unterthanen, der Verfolgung preisgibt, kann kaum einer schlagenderen Kritik unterzogen werden, als es in Penn's Briefe an Karl Ludwig geschieht.

Sehr geschickt verstand es Penn, den weltlichen Herrscher auf die Gefahren hinzuweisen, die er selbst heranfbeschwöre, wenn er neben sich der Kirche eine gebieterische Macht einräume, gewisser-

maßen einen Staat im Staate als bedenkliche Concurrenz heran=
wachsen lasse. Die Winke, welche Penn im Interesse der Staats=
weisheit gegen die Zulassung kirchlicher Prätentionen ertheilt, er=
innern auffallend an manche Schlagworte aus der Zeit des Cultur=
kampfes in Preußen.

Die Antwort des Pfalzgrafen wird uns nicht mitgetheilt. —
Karl Ludwig war ein wohlmeinender, toleranter Regent, der schon
bei einer ähnlichen Gelegenheit der Vorstellung des Quäkers Wm.
Ames günstiges Gehör gegeben hatte.

Penn begegnete übrigens keinen weiteren Hindernissen, als er nach
Krisheim zurückkehrte. Sonntag den 26. August legte er den Weg
von Worms, 6 Meilen, zu Fuß zurück und erbaute die schlichten
Leute von Krisheim in einer Scheune. Der Vogt konnte es nicht
unterlassen, hinter der Thür ungesehen zu lauschen. Er berichtete
darauf dem Pfarrer, es sei nichts Ketzerisches vorgefallen, im
Gegentheil, Alles, was er gehört habe, sei wirklich sehr gut gewesen.
Zu einem Spürhunde der Ketzerei war der gute Vogt schwer=
lich angelegt.

Es ahnten die Leute von Krisheim damals nicht, daß der schlichte
Quäker, der so beredt zu ihren Herzen sprach, wenige Jahre später
über ein Land verfügen sollte, weit größer als die Pfalz, Bayern
und Württemberg zusammen, und daß mehrere von ihnen sich jen=
seits des Oceans eine neue Heimath unter Penn's weisen und mil=
den Gesetzen gründen würden.

In Duisburg, wohin die Reisenden den 2. September gelangten,
machte Penn die persönliche Bekanntschaft eines Mannes, in welchem
wir wiederum ein Mitglied der Frankfurter Land=Compagnie finden
werden. Es war dies der Dr. Gerhard Mastricht, ein Rechtsgelehrter,
der einige Jahre später Syndicus in Bremen wurde. Ohne gerade
von der blumenreichen Beredsamkeit des Quäkers so hingerissen zu
werden, wie die empfindsamen Seelen in Frankfurt, kam er ihm
aufs freundlichste entgegen und erbot sich zu jedwedem Dienste, der
in seiner Macht stehe. „So schafft mir denn," sagte Penn, „Zutritt
zu dem edlen Fräulein von Falkenstein und Broich."

Von Fräulein Johanne Eleonore von Merlau hatte unser Missio=
när nämlich erfahren, daß sich die junge Charlotte Auguste von

Falkenstein und Broich darnach sehne, im Lichte zu wandeln, und daß ihr Herz an Calvin's frostigem Schematismus nicht erwarme. Ihr Vater war ein finsterer, jähzorniger Mann, der für die religiösen Bedürfnisse seiner Tochter kein Verständniß hatte und ihr nicht erlaubte, mit „erleuchteten Boten des Herrn" zu verkehren. Penn aber fühlte den Ruf seiner apostolischen Pflicht so mächtig, daß ihn diese Schwierigkeit nicht abschreckte.

Das Schloß des Grafen von Falkenstein und Broich lag eine deutsche Meile von Duisburg am westlichen Ufer der Ruhr. Auf der anderen Seite des Flusses und durch eine Brücke verbunden liegt Mülheim, ein Städtchen, das sich an der ältesten Auswanderung nach Amerika stark betheiligt hat. Penn erfuhr nun, daß die junge Dame Sonntags nach Mülheim zur Kirche gehe und nach der Kirche einige Stunden in der Behausung des Ortsgeistlichen (Reinier Copper) zuzubringen pflege. Hierauf baute er seinen Plan. Er wollte die nach der Wahrheit seufzende Gräfin in der Pfarrei aufsuchen und dort Worte des Heils zu ihr reden. So vermied er alle Verdrießlichkeit, die seitens des unverständigen Vaters entstehen konnte.

Dr. Mastricht, der mit dem Fräulein von Falkenstein auf gutem Fuß stand, gab Penn, der gleichfalls ein Einführungsschreiben von Fräulein Merlan hatte, einen Brief an sie. Auch begleitete der Doctor den eifrigen Bekehrer eine Strecke Weges, als dieser mit Barclay und Furly Sonntags zu Fuß nach Mülheim pilgerte. Um dorthin zu gelangen, mußte man am gräflichen Schloßgarten vorbei und hier erfuhr Penn von einem Schulmeister, Heinrich Schmidt, aus dem benachbarten Speldorf, daß das Fräulein vom Gottesdienst bereits zurückgekehrt sei. Der gefällige Pädagog erbot sich zugleich, den Brief an sie zu besorgen und Antwort zu bringen.

Eine ganze Stunde wartete der künftige Gründer Pennsylvaniens auf der Landstraße und wußte kaum, was er von dem langen Ausbleiben seines Vertrauten denken sollte. Da erschien Schmidt und berichtete, das Fräulein von Falkenstein werde sich glücklich schätzen, den fremden Herrn zu empfangen, doch ihr Vater sei ein gestrenger Mann und es sei daher am gerathensten, wenn sie sich in Mülheim im Hause des Pfarrers träfen; sie werde sich dorthin begeben. Penn war es zufrieden und schickte sich an, das gottgefällige Stelldichein mit der jungen Schwärmerin einzugehen.

Als er aber auf dem Wege zur Stadt am Schlosse vorüber kam, wollte es das Unglück, daß der unbarmherzige Vater aus dem Hause trat und die Quäker bemerkte. Sogleich brachte er sie mit einem Homerischen „Wer, woher des Weges, wohin?" zum Stehen, und da sie die Hüte aufbehielten, fragte er entrüstet, ob sie nicht wüßten, vor wem sie ständen und was sich einem Edelmanne und Prinzen gegenüber schicke.

Penn's ruhige Antwort, daß er und seine Freunde nur vor dem Herrn des Himmels und der Erde das Haupt entblößten, stellte den stolzen Grafen nicht zufrieden; in böhnischem Tone hieß er ihn einen Quäker und setzte hinzu, diese Sorte dulde er auf seinem Gebiete nicht. Der Herr von Falkenstein und Broich war nämlich ein Reichsfürst und herrschte souverän über alle die Lande, worin Mülheim und Broich liegen. Er verlangte, daß Penn umkehre, in Mülheim lasse er ihn nicht hinein. Vergebens versuchte der Mann der christlichen Milde, den brutalen Raubgrafen zu besänftigen; das Ende vom Liede war, daß er die unerbetene Begleitung einiger Kriegsknechte erhielt und wie ein geschobener Vagabund über die Grenze expedirt wurde.

Fußmüde gelangte er endlich vor den Mauern von Duisburg wieder an. Aber der Kelch bitterer Enttäuschungen war noch nicht ganz geleert. Die Thore der Stadt waren bereits geschlossen und die Wächter unerbittlich. Es blieb dem edlen Penn und seinen Begleitern keine andere Wahl, als auf dem Felde unter freiem Himmel zu übernachten, wozu sie sich ohne Murren entschlossen. Als die Sonne mit ihren Frühstrahlen und das Gezwitscher der Vögel sie weckte, erhoben sie sich, leiblich und geistig gestärkt. Um fünf Uhr öffneten sich die Thore der ungastlichen Stadt und die verunglückte Expedition hatte ihr Ende erreicht.

Kaum befand sich Penn auf seinem Stübchen im Gasthause, so ward er von einer „süßen inbrünstigen Kraft" ergriffen, der Gräfin von Falkenstein schriftlich den Gruß der Heilandsliebe darzubringen. Der Brief, den er ihr schrieb, ist sehr schön und erbaulich, aber auch sehr lang. Er muß mindestens 6 Bogen gefüllt haben.

Auch an Charlotten's hartherzigen Vater, den souveränen Gebieter von Falkenstein und Broich, wandte sich Penn mit einer nothgedrungenen Erklärung. Er hält ihm seine rücksichtslose Grobheit vor: „Uns wie Vagabunden anzuhalten, zu bedräuen, auszuweisen, in der Fremde, spät am Abend, so daß man auf dem Felde übernachten muß, gebeut Solches das Völkerrecht, die Natur, Deutschland, das Christenthum?" „Das Christenthum", setzt er eindringlich auseinander, „sei die Religion der Liebe und für die Verletzung dieses Grundgesetzes müsse ein Jeder Rede und Antwort stehen." Schwerlich hat ihn der Graf einer Antwort gewürdigt.

Dem Dr. Mastricht, Penn's Duisburger Freunde, war der Verlauf der Geschichte recht unlieb. Er mochte es seinem enthusiastischen Gaste wohl nicht sagen, daß er das ganze Unternehmen für einen Mißgriff halte, doch ließ er merken, daß das Fräulein, ohnehin schon eines Hanges zur Quäkerlehre verdächtig, nur Verdruß davon haben könne.

Diese ließ durch einen Boten ihr herzliches Bedauern darüber ausdrücken, daß ihrem unbekannten Freunde eine so rohe Behandlung widerfahren sei. Aber so mache es einmal ihr Vater. Den einen Mann Gottes lasse er mit Hunden hetzen, den andern von seinen Soldaten durchprügeln.

Von Duisburg, das Penn am 4. September verließ, begab er sich den Rhein hinunter nach Holland und von dort über den Zuyder-See nach Friesland. Hier war sein Hauptziel Wiewardt (bei Leeuwarden), wo die Labadisten im Walta-Hause, dem Palaste der Gräfinnen von Somelsdyk, ein gastliches Unterkommen gefunden hatten. Die interessanteste Persönlichkeit, die Penn daselbst antraf, war die greise Anna Maria von Schürmann aus Köln, ehedem wegen ihrer Gelehrsamkeit und Kunstliebe als die zehnte Muse gefeiert, später als begeisterte Anhängerin Labadie's bekannt. Mit ihr, sowie mit den Labadistischen Predigern Du Lignon und Yvon hatte Penn eine Unterredung, vielleicht in der Hoffnung, die sich indessen nicht erfüllen sollte, sie ins Lager der Quäker überzuführen. Er schien der Ansicht zu sein, daß die Labadisten auf halbem Wege stehen geblieben seien. Eben so vergeblich versuchte er bei einer andern Gelegenheit, Einfluß auf Joachim Neander zu gewinnen, der während seines Aufenthaltes in Mülheim zu den Anhängern Labadie's gerechnet wurde.

Die nächste deutsche Stadt, wo Penn für seine Sache eine Lanze einlegte, war Emden. Hier hatte die Quäkerlehre bereits vor 15 Jahren Eingang gefunden, und es wird einem Dr. Joh. Wilh. Haasbert die Ehre zuerkannt, der erste der Bekehrten gewesen zu sein. Aber die Verfolgung hatte seitdem schonungslos gewüthet. Das Volk beschimpfte die Quäker, die Geistlichkeit eiferte gegen sie, die Obrigkeit gab ihnen die Wahl zwischen Gefängniß und Verbannung. Ja es kam so weit, daß durch obrigkeitlichen Erlaß im Jahre 1662 eine Belohnung von fünf Gulden auf die Entdeckung eines Quäkers gesetzt wurde.

Unter allen Verfolgern der mißliebigen Sekte hatte der Vorsitzer des Stadtraths, Dr. Andreas, den Ruf, der bitterste zu sein. Als Penn den 16. September in Emden eintraf, gab er sich daran, diesen brieflich zur Rede zu stellen, aber beim Schreiben überkam's ihn, als müsse er den Mann selbst sehen und Rechenschaft von ihm fordern. Dr. Andreas war etwas verblüfft, als der Erz-Quäker sich zu erkennen gab und ihn an den lateinischen Brief erinnerte, worin er 1674 dem Stadrath die Unchristlichkeit der Intoleranz vorgehalten.

Doch bald faßte sich das Oberhaupt der Stadtregierung und ging dem kühnen Feinde mit Argumenten zu Leibe. Das war ein arger Mißgriff. Penn war ein Meister in der Debatte und setzte dem gelehrten Doctor so zu, daß dieser, zu Paaren getrieben, versprach, dem Senate ein neues Gesuch um Duldung vorzulegen und selbst zu befürworten.

Zu dieser Erzählung aus Penn's Munde stimmt sehr gut die anderweitig verbürgte Nachricht, daß im Jahre 1686 die Quäker eingeladen wurden, sich in Emden niederzulassen.

Nach einem Besuche von Bremen wandte sich Penn wieder dem Niederrheine zu. In Wesel knüpfte er Bekanntschaften an, welche wahrscheinlich den Beitritt des Dr. J. Thomas von Wylich und Johann's Lebrün zu der Frankfurter Landgesellschaft vorbereiteten.

Am 21. October schiffte er sich mit seinen Freunden in Briel wieder ein. Die ganze Zeit dieser deutsch-holländischen Reise belief sich auf weniger als drei Monate und man muß gestehen, daß Penn in dieser kurzen Frist das Menschenmögliche leistete. Nicht allein, daß er reiste und redete, agitirte, für Duldung und Gewissensfreiheit einstand, er schrieb in den Pausen seiner Missionsarbeit ausführliche Briefe und Aufrufe (die von den Quäkern zu den werthvollsten Schriften gerechnet werden) so fleißig, daß schon diese Schriftstellerei für ein erkleckliches Ergebniß dreimonatlicher Arbeit gelten könnte.

Aber auch nur seine Aufgabe beschäftigte ihn. Für diese lebte er allein. In seinen Aufzeichnungen findet sich kein Wort über die Lieblingsthemata der Touristen, keine Beobachtungen am Wege, keine Reiseeindrücke, keine Bemerkungen über Land und Leute. Während er reiste, tobte die Kriegsfurie rechts und links; in der Pfalz und im Elsaß gingen Städte und Dörfer in Flammen auf; die Schweden schlugen im Juli die Dänen bei Landskron, die Dänen vertrieben im September die Schweden von Rügen, der Große Kurfürst lag vor Stettin und warf glühende Kugeln in die Stadt. Nicht die entfernteste Anspielung auf diese Ereignisse findet sich in Penn's Tagebuche. Es ist auffallend, daß nicht einmal über die Sprache, deren er sich bediente, eine Bemerkung einfließt. Er kann mit den Leuten aus dem Volke, den schlichten Bewohnern von Krisheim, den Soldaten, die ihn nach Duisburg geleiteten, dem Dorfschulmeister Schmidt und so vielen Anderen, nicht anders als Deutsch geredet haben. Daß er des Deutschen mächtig war, wird ausdrücklich von seinem Biographen Janney erwähnt. Als nämlich Peter, der „Zar und Zimmermann", in England war und die Quäker ihm eine richtige Vorstellung von ihrer Lehre beizubringen wünschten, unterzog sich Penn dieser Aufgabe und bediente sich bei der Unterredung mit Peter des Deutschen, „welches er geläufig sprach". Seine Reisegefährten in Deutschland und Holland, die nur Englisch verstanden, waren auf die Hülfe von Dolmetschern angewiesen, und als solche werden Benjamin Furly und Jan Claus genannt.

Jedenfalls hatte sich Penn von seinem Auftreten in Deutschland bleibende Erfolge für die Sache, die er vertrat, versprochen. In einem Sendschreiben an die Kirchen der ganzen Christenheit, das er von Frankfurt aus erließ, gedenkt er seiner von dem Herrn ihm auferlegten Mission nach Deutschland, spricht hoffnungsvoll von den erwählten Seelen, die er gefunden, von dem zerstreuten Volke, das nach der Wahrheit hungert, von der großen Ernte, der er entgegen sieht. Aber er war in einer Selbsttäuschung befangen und seine Erwartungen sollten sich nicht erfüllen. Die wenigen Freunde, die er überzeugte und die den Muth hatten, ihre Ueberzeugung zu bekennen, vermochten sich nicht gegen Vorurtheil und Verfolgung zu behaupten. Das Quäkerthum blieb eine fremde Pflanze, die in Deutschland keinen günstigen Boden, keine zuträgliche Luft fand. Keine Sekte wurde mit so viel Bitterkeit befehdet wie die Quäker; sie galten für die maßlosesten und frechsten aller Fanatiker. „Quäkergräuel" hieß das Buch, das J. J. Müller 1661 gegen sie abfeuerte und seitdem spukten Quäkergräuel in der Einbildung des Volkes, in den Erlassen der Behörden und in den Caricaturen der Witzlinge.

Dagegen hatte Penn's Aufenthalt in Deutschland eine damals nicht vorausgesehene Folge. Eben die Kreise, die er berührt hatte, entsandten den ersten Vortrab der deutschen Einwanderung nach Pennsylvanien. Was hätte auch die Verfolgten mächtiger anziehen können, als die Kunde, daß jener Mann, den sie als den Fürsprecher der Menschenliebe und Duldung verehrten, ein Asyl für die Bedrängten aller Nationen eröffnet habe, wo jeder Ansiedler Gewissensfreiheit und Gleichheit vor dem Gesetze genoß und wo sich auch der Aermste bei redlicher Arbeit ein heiteres Lebensloos versprechen durfte. So fielen denn mit einem Male die Schranken, welche die Deutschen von der Aufsuchung einer neuen überseeischen Heimath zurückgehalten hatten.

Zweiter Abschnitt.
Wer waren die ersten Auswanderer nach Amerika?

Allerdings bildete sich in Frankfurt unter den Freunden Spener's, welche mit Wm. Penn bekannt geworden waren, eine Gesellschaft, die eine große Strecke Landes (25,000 Acker) in Pennsylvanien ankaufte, und es unterliegt keinem Zweifel, daß, wenn nicht alle, doch mehrere Mitglieder derselben im Sinne hatten, nach Amerika auszuwandern. Aber aus dem einen oder andern Grunde kam ihr Vorhaben nicht zur Ausführung.

Wirklich nach Pennsylvanien gelangten dagegen die deutschen Quäker in Krisheim, welche Penn auf seiner Reise besucht hatte. Ein ganzer District von Germantown wurde nach Krisheim benannt und noch heutzutage erinnert der Name einer Straße und eines Baches in Germantown an das pfälzische Dorf, wo Penn im J. 1677 in einer Scheune gepredigt hat. Aber die Krisheimer standen trotzdem nicht an der Spitze der deutschen Einwanderung. Denn als Peter Schumacher, Isaak Schumacher und Gerhard Hendrichs, die ersten Ankömmlinge aus Krisheim, 1685 in Pennsylvanien eintrafen, fanden sie bereits eine kleine deutsche Ansiedlung vor.

Wer waren also die ersten deutschen Einwanderer?

Es befindet sich im Archiv der Historischen Gesellschaft von Pennsylvanien das Copirbuch der Correspondenz eines Londoner Kaufmanns, des Quäkers James Claypoole, der 1683 mit dem Schiff „Concord" nach Pennsylvanien kam. Dieser stand mit dem öfter erwähnten Benjamin Furly, Wm. Penn's Agenten in Rotterdam, in geschäftlichem Verkehr, und die an Letzteren gerichteten Briefe aus dem J. 1683 enthalten über die Frage, welche uns beschäftigt, höchst willkommene Aufschlüsse. Claypoole war nämlich Derjenige, der auf Furly's Ansuchen die Passage für die ersten deutschen Auswanderer besorgte.

Das Schiff, welches die Vorhut der deutschen Auswanderung nach Amerika trug, ist bis jetzt ruhmlos und so gut wie unbekannt geblieben, während jedes Kind von der „Mayflower", dem durch Geschichte und Dichtkunst verherrlichten Fahrzeuge der Pilgrim Fathers zu erzählen weiß. Vielleicht erwacht bei den Deutschen einmal ein ähnliches Gefühl für die vergessene „Concord". Jedenfalls ist es am Platze, die Nachrichten, die wir in Claypoole's Correspondenz darüber vorfinden, bei dieser Gelegenheit ans Licht zu ziehen.

In einem Schreiben vom 13. März berichtet James Claypoole, der sich zur Auswanderung nach Pennsylvanien entschlossen hatte, daß er ein passendes Schiff gefunden habe, nämlich die „Concord", Capitain Jeffries.

„Die „Concord", sagt er, „ist ein vortreffliches, tüchtiges, stark gebautes Fahrzeug, für Passagiere bequem eingerichtet, das beste, das nach Westindien fährt. Es soll hundert und achtzig Passagiere nehmen, was es leicht thun kann. Es mißt auf dem Zwischendeck 130 Fuß in Länge und 32 Fuß in Breite. Für größere Familien werden besondere Räume eingerichtet, wo sie mit ihren Betten ꝛc. für sich sein können. Was die Proviantirung betrifft, so werden wir den Metzger, Bäcker und Brauer selbst wählen. Andere Bequemlichkeiten und Einrichtungen zu erwähnen, wäre zu weitläufig. Wegen der Kanonen, die im Wege sein möchten, hat der Capitain versprochen, etwa ein Drittel in den unteren Raum zu stauen. Das Fahrgeld beträgt fünf Pfund für Personen über zwölf Jahren, und fünfzig Shilling für Kinder unter zwölf Jahren, ausgenommen Säuglinge unter einem Jahre, welche frei sind. Ellenwaaren werden zu vierzig Shilling die Tonne, Getränke zu vierundzwanzig Shilling die Tonne berechnet. Unter diesem Preise können Eigenthümer und Capitain weder Passagiere noch Ladung nehmen, es sei denn nach Virginien, Barbadoes oder einem andern Platze, wo Rückfracht sicher ist. Wenn Deine Freunde daher mit diesem Schiffe gehen wollen, so sollten sie zeitig benachrichtigt werden, damit sie am 7. oder 8. Mai hier sein können. Gesetzt, sie entschließen sich dazu, so müssen sie auch zeitig für die Passage contrahiren, sonst könnten sie sich getäuscht finden, denn sobald die Zahl voll ist, wird Keiner mehr genommen. 180 ist das Maximum, und es werden nicht mehr als 160 zugelassen, wenn wir nicht damit einverstanden sind. Was für Artikel sich am besten zur Ausfuhr eignen, darüber kann ich kaum einen Rath ertheilen, denn Briefe von gewissen Personen sind noch nicht eingetroffen. Aber Butter und Käse möchten am Platze sein, auch Kleidungsstücke für zwei oder drei Jahre; Eisenmaterialien zum Bauen, Handwerkszeug für Arbeiter jeglicher Art, Stricke, Fischnetze, Flinten, um Vögel und wilde Thiere zu schießen. Die Anweisung des Landes, welches Dir und den Frankfurtern zusteht, an einem schiffbaren Flusse, hat nur der Gouverneur in seiner Macht, und auch dieser nicht, wenn Andere dadurch beeinträchtigt oder ihrer Plätze verlustig würden."

Es geht aus diesem Schreiben hervor, daß Claypoole von dem Landankauf der „Frankfurter" von seinem Freunde Furly in Kenntniß gesetzt war. Er bezieht sich auf diese auch in dem nächsten Briefe, der vom 15. Mai aus London datirt ist.

„Der Tag, den wir zum Eintreffen in Gravesend festgesetzt haben, ist der 20. nächsten Monats; von da an können Passagiere, die an Bord gehen, auf Schiffs-Unkosten leben; bis zum 30. wird keine Versäumnißstrafe bezahlt. Es wird also noch etwa sechs Wochen dauern, ehe wir England verlassen. Benachrichtige davon die Frankfurter, damit sie um jene Zeit bereit sind. Wenn ich die Plätze belege, muß mir die Hälfte des Passagegeldes, nämlich 50 Shilling die Person, remittirt werden."

Drei Tage darauf schreibt Claypoole wiederum an Furly:

„Ich bin Pastorius bei der Landung seiner Sachen und beim Einkauf von allerlei Waaren zur Hand gegangen, und werde ihm auch ferner hülfreich sein; aber er läßt sich meist von Colans (Kohlhans) rathen, und beabsichtigt, mit Jos. Wasey zu gehn, der etwa noch acht Tage braucht, ehe er in Gravesend Anker lichtet."

Die Auswanderer, die bis so weit in Claypoole's Correspondenz etwas schattenhaft im Nebel der Vermuthung und der Projecte auftauchen, gewinnen in seinem nächsten Briefe etwas bestimmtere Contouren. Und es ist bemerkenswerth, daß sie von nun an nicht mehr Frankfurter, sondern Crefelder heißen. Es ist indessen kaum anzunehmen, daß anfangs Frankfurter und nach deren Zurücktreten Crefelder mit Benjamin Furly wegen ihrer Ueberfahrt in Verhandlung traten. Wahrscheinlich hat der Umstand, daß Pastorius sowohl die Frankfurter Gesellschaft, wie die Crefelder Käufer vertrat, die doppelte Bezeichnung veranlaßt, und Claypoole bediente sich der richtigeren, sobald er genauere Auskunft über den Thatbestand erhielt.

„Wie ich vernehme," schreibt er an Furly den 5. Juni, „sind die Crefelder Leute einverstanden, in unserm Schiffe zu gehen und haben an Dich 287 Reichsthaler als Hälfte der Passagekosten zu remittiren, was, mit 78 Reichsthalern für sechs Personen in Deinen Händen, 365 Reichsthaler ausmacht. Die Hälfte des Fahrpreises für 33 Personen, 50 Schillinge die Person, kommt so ziemlich auf dasselbe heraus. Ich habe mich durch Nachfrage überzeugt, daß Thomas Curtin es nicht unternehmen wird, sie zu holen; überhaupt läßt sich kein für die Seereise tüchtiges Schiff finden, sie abzuholen. Daher habe ich, Deinem Auftrage gemäß, für sie (nämlich die in Deinem Briefe genannten 33 Personen) Passage ausbedungen auf der „Concord", Capitain Jeffries, nach Pennsylvanien, 500 Tonnen Last, zu fünf Pfund Sterling die Person und 40 Shilling die Tonne Fracht. Die Leute dürfen sich einer freundlichen und honetten Behandlung versichert halten, von mir so gut wie vom Capitain, der, wie ich schon berichtet habe, ein sehr anständiger Mann ist. Für Raum und Luft ist bessere Fürsorge getroffen als in kleineren Schiffen."

Den 19. Juni schreibt er: „Es freut mich zu hören, daß die Crefelder Freunde kommen; sind sie den letzten dieses Monats hier, so wird es noch Zeit sein. Wir werden schwerlich vor der Mitte nächsten Monats von Gravesend abgehen. Ich bitte um unverzügliche Uebersendung der Hälfte des Passagegeldes, damit ich für meine Verbindlichkeiten gedeckt werde. Es würde mich beruhigen."

Aber auch am Ende des Monats waren die Crefelder noch nicht da. Aus anderer Quelle wissen wir, daß sie sich am 18. Juni, begleitet von Jacob Telner, Dirck Sipman und Jan Strepers in Rotterdam befanden, um ihre geschäftlichen Angelegenheiten zu ordnen. Den 3. Juli schreibt Claypoole an seinen Freund:

„Unsere Abreise hat sich in Folge des Nichteintreffens der Crefelder über Erwarten verzögert. Wir sind genöthigt, Aufschub zu suchen und das Schiff unter dem einen oder andern Vorwande in

Blackwell zu halten, denn ist es in Gravesend, so werden die Rheder keinen längeren Verzug gestatten. Es würde mir sehr leid thun, ohne die Crefelder fortzugehen, dazu noch der große Verlust, den sie erleiden müßten, denn der Capitain will von der halben Fracht nichts ablassen. Aber ich hoffe, sie werden in wenig Tagen hier sein. Wir werden vermutlich erst Ende der nächsten Woche bereit sein, von Gravesend abzusiegeln."

Auch eine Woche später waren die ersehnten Passagiere noch nicht eingetroffen. Das Schiff, das sie aufnehmen sollte, war den 7. Juli nach Gravesend gefahren und ankerte dort, theils wegen ungünstiger Winde, theils auch um der Crefelder willen. Da diese zur ausgemachten Zeit nicht an Ort und Stelle waren, hatten sie ihren Anspruch auf Passage freilich verwirkt, aber von der andern Seite hätte man ihnen die traurige Enttäuschung doch gern erspart. Claypoole, der die einem Quäker zukommende Fassung nicht verlor, schreibt den 10. Juli:

„Wir können sie nicht tadeln, aber sollte es der Wille des Herrn sein, so würde es mich doch herzlich freuen, wenn sie kämen. Es thut mir wehe, wenn ich daran denke, welche bittere Enttäuschung den armen Freunden bevorsteht; dazu kommt noch der Verlust des Geldes, das ich dem Capitain längst bezahlt habe. Wir haben viele bequeme Schlafstellen, auch einige Privatgemächer für Familien herstellen lassen; vierzehn vorzügliche Ochsen sind geschlachtet und dreißig Faß Bier nebst hinreichendem Brod und Wasser geladen, so daß wir für 120 Passagiere hinreichend proviantirt sind."

Dies ist der letzte Brief Claypoole's an Furly aus England. Schwerlich hatte der gute Quäker, der sich so viele Sorgen um die saumseligen Crefelder machte, eine Ahnung davon, daß sich hier unter seinen Augen und durch seine persönliche Vermittlung ein Act von unübersehbarer culturhistorischer Tragweite vollzog, daß die völkerlenkenden Schicksalsschwestern unsichtbar um sein Haupt schwirrten, daß mit diesen Crefelder Leinewebern der Wanderzug aus den Gauen Deutschlands in das große Westland seinen Anfang nahm. Hätte ein Zauberstab seinen blöden Augen den Blick in die Zukunft eröffnet und ihm die Millionen deutscher Auswanderer gezeigt, welche im Verlauf der nächsten zwei Jahrhunderte jenen dreizehn Crefelder Familien gefolgt sind und mit unausgesetzter Strömung noch immer folgen, welch ein Schwall von Gedanken und Träumen hätte ihn überwältigt, als die „Concord" am 24. Juli 1683 in Gravesend Anker lichtete!

Die sehnlichst Erwarteten waren eingetroffen, ehe es zu spät war, und von unsern besten Wünschen begleitet, steuert das Schiff, welches die dreizehn deutschen Familien aufgenommen hat, dem Lande ihrer Hoffnung zu. Nun aber, da wir sie gut geborgen und aufgehoben, mit gesunder Kost und reichlichem Bier versorgt wissen, dürfen wir nicht länger der Frage aus dem Wege gehen, wer denn diese oft genannten Crefelder waren, und wie sie auf den Gedanken kamen, sich in Pennsylvanien eine neue Heimath zu gründen?

Crefeld war nicht minder als Krisheim bei Worms ein vorgeschobener Posten der Quäker, für sie eine kleine, liebliche Oase in der geistigen Wüstenei des Continents, für die Rechtgläubigen eine inficirte, pestverbreitende Stätte. Daß es in Crefeld eine Quäker-Gemeinde gab, wird ausdrücklich in einer Biographie des Quäker-Apostels Stephen Crisp, der häufig in Deutschland war, erwähnt. Diese Nachricht findet ihre Bestätigung in den wiederholten Beschwerden der kirchlichen Partei über das Eindringen der „Quäkerei" in Crefeld und dem benachbarten Kaldenkirchen. Dort wie anderwärts war das Quäkerthum ein auf bereits bestehende Täufergemeinden gesetztes Pfropfreis und es war der vom Prinzen von Oranien gewährleisteten und auch von dem Könige von Preußen seit 1702 aufrecht erhaltenen Gewissensfreiheit zu verdanken, daß diese Sekten neben der reformirten Kirche Duldung fanden.

Wir bedürfen keines andern Schlüssels für die Thatsache, daß sich in dieser Stadt unverzüglich ein Drang zur Auswanderung kund gab und zur Ausführung gelangte, als Pennsylvanien sich den verfolgten Sekten als Freistätte öffnete. Es braucht dabei nicht angenommen zu werden, daß sich die Crefelder Emigranten sämmtlich zur Quäker-Religion bekannten. Es mögen auch Mennoniten darunter gewesen sein, deren sittlich-religiöse Grundsätze mit denjenigen der Quäker wesentlich übereinstimmten. In Pennsylvanien traten fast Alle, welche auf der „Concord" im Jahre 1683 herüber kamen, in den Verband der Quäker ein; ebenso der vorausgegangene Bevollmächtigte der Frankfurter, Franz Daniel Pastorius.

Sind uns die Namen der Pioniere der Auswanderung überliefert? Allerdings. James Claypoole spricht freilich nur von 33 Personen, ohne dieselben namhaft zu machen. Aber in den einleitenden Worten, womit F. D. Pastorius das in der Recorder's Office zu Philadelphia aufbewahrte „Grund= und Lagerbuch von Germantown" eröffnet, sind die Männer, welche an der Spitze der deutschen Einwanderung stehen, der Nachwelt genannt worden. „Bald darauf", sagt Pastorius, „den 6. des achten Monats (Octobris), kamen ebenfalls in besagtem Philadelphia an: Dirck und Herman und Abraham Isaacs Opp den Gräff, Lenert Arets, Tünes Kunders, Reinert Tisen, Wilhelm Strepers, Jan Lensen, Peter Keurlis, Jan Simens, Johann Bleickers, Abraham Tünes und Jan Lücken mit dero respective Weibern, Kindern und Gesind, zusammen 13 Familien."*) Hierzu sei bemerkt, daß unter den 33 Personen, von denen bei James Claypoole die Rede ist, nicht 33 Seelen, sondern, wie aus seiner Berechnung der Ueberfahrtskosten hervorgeht, 33 sogenannte „Frachten" zu verstehen sind, wobei Kinder unter 12 Jahren als halbe Fracht galten, und Kinder unter einem Jahre nicht gerechnet wurden.

Die Reise dauerte zwar etwas lange, verlief aber sonst zu allgemeiner Zufriedenheit. Die Auswanderer erreichten die neue Welt im besten Wohlsein und durften sagen, daß sie zahlreicher anlangten, als abfuhren, denn die Bleickers'sche Familie hatte sich unterwegs durch die Geburt eines Knäbleins vermehrt.

Aus einem Briefe, den James Claypoole am 2. December aus Philadelphia an seinen Bruder Edward richtete, entnehmen wir folgende Bemerkung über die Ueberfahrt: „Unsere Reise von England hierher betreffend, melde ich Dir, daß wir uns in der „Concord"

---

*) Nach Crefelder Quellen, welche Dr. F. Kapp benutzen konnte, lauteten die Namen: Dietrich, Hermann und Abraham op de Graeff, Leonhard Arets, Tünis (d. h. Anton) Künders, Reinhard Theissen, Wilhelm Strepers, Jan Lensen, Peter Kuirlis, Jan Simens, Johann Bleifers, Abraham Tünies, Jan Luycken. — Strepers war aus Kaldenkirchen, Künders und Simens aus Gladbach, Luycken aus Wesel und Lensen aus Rheydt gebürtig. Aber alle waren Crefelder Bürger.

am 24. Juli in Gravesend einschifften, die Küste von England drei Wochen in Sicht behielten und dann noch 49 Tage brauchten, ehe wir Land erblickten. Am 1. October landeten Einige von uns in Pennsylvanien. Der Segen des Herrn geleitete uns, so daß wir eine sehr angenehme Fahrt hatten und während derselben uns guter Gesundheit erfreuten. Wir langten in dieser Stadt am 8. oder 10. October an." Wie gleichgültig der gute Claypoole über das genaue Datum seiner Ankunft hinweggeht! So weit es ihn selbst betrifft, ist es freilich von keinem Belang, aber wir möchten doch nicht gern darüber in Ungewißheit bleiben, welches der für die deutsche Einwanderung so denkwürdige Tag ist. Da nun Claypoole's Angabe auf seiner nach zwei Monaten unsicher gewordenen Erinnerung beruht, Pastorius aber, der in solchen Sachen sehr präcise war, ganz bestimmt den 6. October (d. h. den 16. October neuen Stiles) als Landungstag angibt, so müssen wir von diesem Tage die Ankunft der ersten deutschen Einwanderer datiren.

Dritter Abschnitt.
Die Crefelder Käufer und die Frankfurter Gesellschaft.

Unsere Einwanderer, Männer, Frauen und Kinder, sind nun wohlbehalten in Pennsylvanien angelangt und betrachten sich die wenigen Häuser und Hütten, die den vornehmen Namen Philadelphia führen. Damals mußten selbst Erdhöhlen, die man in den Hügel nahe am Delaware gegraben hatte, manchem Ankömmlinge zum vorläufigen Quartier dienen.

Was wollten nun die deutschen Pioniere hier beginnen? Mit welchen Plänen trugen sie sich? Welche Vorbereitungen hatten sie getroffen? Sie waren keine Abenteurer, die sich auf gut Glück und fremde Hülfe verließen, noch hegten sie den Gedanken, eine untergeordnete Stellung unter den englischen Ansiedlern einzunehmen. Sie waren gekommen, um eine deutsche Niederlassung zu gründen und hatten, ehe sie ihre Heimath verließen, für den Boden gesorgt, den sie in Besitz nehmen und bebauen wollten.

Wm. Penn verkaufte je 5000 Acker Landes für 100 Pfund Sterling und 100 Acker für 40 Shilling, nebst Zahlung einer Erbpacht von 1 Shilling für 100 Acker. Durch seinen Agenten, Benjamin Furly in Rotterdam, denselben, der ihn auf der Reise im Jahre 1677 nach Frankfurt und andern Orten begleitet hatte, wurden die Geschäfte mit Holländern und Deutschen vermittelt.

Wir haben es nun mit zwei verschiedenen Gruppen deutscher Käufer zu thun, den Crefeldern und den Frankfurtern. Die ersteren blieben durchaus unabhängig von einander, während die Frankfurter eine förmlich organisirte Compagnie bildeten.

Am 10. März 1682 (da nach dem alten damals noch gültigen Kalender der Jahreswechsel erst am 25. März eintrat, so ist möglicher Weise 1683 zu verstehen) kauften Jacob Telner aus Crefeld, Dirck Sipman, ebendaher, und Jan Strepers aus Kaldenkirchen bei Crefeld, von Wm. Penn je 5000 Acker Pennsylvanischen Landes und erhielten darüber einen Kaufbrief ausgestellt. Am 11. Juni 1683 kauften die Crefelder Govert Remke, Lenert Arets und Jacob Isaaks Van Bebber je 1000 Acker. Das macht zusammen für die Crefelder 18,000 Acker.

Dieser Kauf bezog sich nicht etwa auf bereits vermessene oder an bestimmten Orten gelegene Parcellen, sondern bedeutete einen bezahlten Anspruch an so und so viele Acker Landes, welche sich der Käufer zu irgend einer Zeit konnte anweisen lassen.

Lenert Arets war einer der Passagiere auf der „Concord", die am 6. October in Philadelphia landete. Von den übrigen Käufern kamen Telner, der schon einmal zwischen den Jahren 1678 und 1681 in Amerika gewesen war, im Jahre 1684, Jacob Isaaks Van Bebber 1687, Jan Strepers vor 1691. Die beiden Andern, Sipman und Remke, wanderten nicht aus. Verträge und Landverkäufe wurden theils noch vor der Abreise, theils bald nach der Ankunft der Auswanderer zwischen mehreren derselben und den ursprünglichen Käufern vollzogen.

Wir kommen nun zur Frankfurter Compagnie, von deren Ursprung im Spener'schen Kreise bereits früher die Rede gewesen ist. Anfangs hatten die Mitglieder 15,000, bald darauf aber nochmals 10,000 Acker angekauft und zwar so, daß, unbeschadet ihrer Constituirung zu einer Gesellschaft, den einzelnen Theilhabern ihr Antheil durch den Kaufbrief zugesichert wurde. Für je 5000 Acker bildeten diejenigen, welche sich darin theilten, einen sogenannten „Hauptstamm", deren es mithin fünf gab. Die ursprünglichen Mitglieder der Gesellschaft waren nun die folgenden:

Jacob Van de Walle, Caspar Merian, Dr. Johann Jacob Schütz, Johann Wilhelm Ueberfeldt, Georg Strauß, Daniel Behagel, Johann Laurentz und Abraham Hasevoet.

Als aber nach Verlauf einiger Jahre der Vertrag erneuert und am 12. November 1686 unterzeichnet wurde, war der Personalbestand der Gesellschaft wie folgt:

Jacob Van de Walle (5000 Acker), Daniel Behagel ($3333\frac{1}{3}$ A.), Johann Jacob Schütz (4000 A.), F. D. Pastorius (1000 A.), Eleonore von Merlau ($1666\frac{2}{3}$ A.), Dr. Gerhard von Mastricht ($1666\frac{2}{3}$ A.), Dr. Thomas von Wylich ($1666\frac{2}{3}$ A.), Johannes Lebrün ($1666\frac{2}{3}$ A.), Balthasar Jawert ($3333\frac{1}{3}$ A.), Johannes Kembler ($1666\frac{2}{3}$ A.).

Johann Van de Walle war der Kaufmann, dessen Bekanntschaft Penn in Frankfurt 1677 gemacht hatte; Daniel Behagel und Johann Jacob Schütz waren gleichfalls Frankfurter, letzterer ein Freund Spener's und Verfasser mehrerer Kirchenlieder. Johanna Eleonore von Merlan, die Freundin Penn's, hatte mittlerweile den gelehrten Theologen Dr. Johann Wilhelm Petersen geehelicht und schrieb, wie ihr Gatte, Werke über schwierige Probleme der Religion, z. B. über die „Wiederbringung aller Dinge". Gerhard von Mastricht ist derselbe, der Penn einen Freundschaftsdienst in Duisburg leistete. Er war ein Rechtsgelehrter, interessirte sich aber sehr für die Theologie und hat eine Ausgabe des Neuen Testamentes in griechischer Sprache besorgt. Er erhielt in Bremen die Stelle eines Stadtsyndicus. Dr. Wylich und Lebrün waren in Wesel zu Hause. Von Ersterem wissen wir, daß er nach Spener'scher Weise collegia pietatis abhielt. Eine Schwägerin von ihm lernte Penn während seines Aufenthaltes in Wesel kennen. Johannes Kembler war ein Prediger in Lübeck und Jawert gleichfalls dort ansässig.

Der Vertrag selbst, den die Mitglieder der Frankfurter Gesellschaft mit einander eingingen, setzte fest, daß Jeder im Verhältniß seines Antheils einen Anspruch auf das Land und dessen Erträgnisse, sowie an alles sonstige Eigenthum der Gesellschaft haben solle. Die Kosten, welche durch die Urbarmachung und Bebauung, Transportation von Arbeitern und Pächtern, Ankauf von Waaren, Werkzeugen u. s. w., Lohn und Lebensmittel erwuchsen, wurden nach demselben Verhältniß repartirt.

Die proportionelle Berechtigung nach dem Maße des Jedem zustehenden Landes erstreckte sich auch auf das Verfahren bei Beschlußnahmen, indem auf je 1000 Acker Land 10 Stimmen kamen.

Der Geschäftsführung in Amerika stand ein Bevollmächtigter vor, der als gesetzlicher Vertreter der Gesellschaft über die Vermessung, Vertheilung, den Anbau und Verkauf des Landes, über Contracte, Anschaffungen und Absatz, kurz über das ganze Verwaltungswesen die Aufsicht zu führen hatte.

Die Contrahenten der Frankfurter Gesellschaft behielten sich das Recht vor, falls sie auswanderten, einen Theil, nämlich 6 Procent, des ihnen zustehenden Landes selbst in Besitz zu nehmen; doch sollte in diesem Falle der Compagnie jährlich ein Shilling Erbpacht für jede 10 Acker „zur recognition" entrichtet werden. Wer mehr Land occupiren wollte, durfte für die Hälfte des regelmäßigen Preises ein weiteres Besitzthum, so groß wie das vorige, ankaufen. Wünschte er über dieses Maß hinauszugehen, so mußte er für das Uebrige denselben Preis zahlen wie Fremde.

Aber es hat von den Gesellschafts-Mitgliedern keines von diesem Rechte Gebrauch gemacht. Pastorius, der vorangesandt war und der erwartete, seine Frankfurter Freunde würden ihm folgen, schrieb über deren Ausbleiben ein wenig verstimmt, den 30. Mai 1683, an Dr. Schütz in Frankfurt: „Es scheinet fast, daß die meisten ihre gute Intention (allhier in Pennsylvanien Gott und dem Nächsten in Stilligkeit ihres Gemüths zu dienen) nicht so vollkommlich erreichen können, sondern deren etliche gleichsam wider Willen in mancherley Weltaffairen (mit Verabsäumung des Einen so nöthig ist) gestochten werden."

Dies sind die wesentlichen Bestimmungen des am 12. Novbr. 1686 abgeschlossenen Vertrages, von denen nur wenige zur Ausführung gelangt sein dürften. Da uns die Correspondenz des Bevollmächtigten F. D. Pastorius nicht vorliegt, wissen wir nichts von den Schwierigkeiten und Verwickelungen, welche ohne Zweifel eintraten. Vorläufig sei bemerkt, daß die Frankfurter Gesellschaft in Germantown nur 2675 Acker in Besitz nahm und der Anspruch auf alles übrige Land erst von Pastorius' Nachfolger 1701 geltend gemacht wurde.

Vierter Abschnitt.
Franz Daniel Pastorius.

Da die Mitglieder der Frankfurter Gesellschaft nicht nach Pennsylvanien auswanderten, so bedurften sie eines kundigen, zuverlässigen Mannes, dem sie die Geschäftsführung und die Vertretung ihrer Interessen anvertrauen konnten. Benjamin Furly, den sie provisorisch zu ihrem Bevollmächtigten ernannt hatten, versah wohl nur die Stelle eines Landmaklers, da er Rotterdam nicht verließ.

Nun traf es sich sehr glücklich, daß gerade zur Zeit, als das Unternehmen hin und her überlegt wurde, der öfters erwähnte mit mehreren Gesellschaftsmitgliedern von früher her befreundete Franz Daniel Pastorius von seinen Reisen heimkehrte.

Dieser ließ sich leicht für den Gedanken gewinnen, in einem neuen Lande, wo keine Vergangenheit die Gegenwart in Fesseln schlug, ein frisches Leben unter dem Leitstern der höchsten sittlichen und religiösen Motive zu beginnen.

Seine Familie stammte aus Erfurt. Sein Großvater, Martin Pastorius, war daselbst Assessor des Churmainzischen Gerichts gewesen. Als die Schweden während des dreißigjährigen Krieges die Stadt einnahmen, wurden seine Häuser eingeäschert; er selbst entfloh, ward aber auf seinem Wege nach Mainz, während er in einem Heuschober versteckt lag, von schwedischen Soldaten gefunden und so mißhandelt, daß er bald darauf verschied. Der Vater, Melchior Pastorius, studirte katholische Theologie in Würzburg, ging seiner weiteren Ausbildung halber nach Rom, sattelte aber später um, und zwar in doppeltem Sinne, er wurde Jurist und Protestant. In Sommerhausen schloß er seine erste Ehe, deren einziger Sprößling unser Franz Daniel war. Einige Jahre darauf begab sich Melchior Pastorius nach Windsheim, wo er sich noch dreimal verheirathete,

zu vielen bürgerlichen Ehrenstellen berufen wurde und zuletzt das
Amt eines Oberrichters bekleidete. Er starb 1702 in seinem 78. Jahre
auf einem Landgute bei Nürnberg, das der Markgräfin von Bran=
denburg=Bayreuth gehörte.

Die Vorfahren des Gründers von Germantown waren daher
im Reiche Männer von Ansehen und Würde. Wäre es Melchior's
Erstgeborenem beschieden gewesen, in Deutschland zu verbleiben, er
hätte wahrscheinlich eine ähnliche Laufbahn beschrieben. Mit gründ=
lichem Wissen als Jurist verband er treffliche Kenntnisse auf an=
deren Gebieten, namentlich in der Theologie und Kirchengeschichte,
in den alten und neuen Sprachen; seine felsenfeste Ehrenhaftigkeit
und sein uneigennütziger Charakter befähigten ihn zur Bekleidung
der verantwortlichsten Aemter. Dazu hatte er die zähe Geduld des
unermüdlichen Actenreiters, die Pünktlichkeit und Ordnungsliebe,
welche leichtsinnige Menschen als Pedanterie verschreien. Als Sta=
tistiker würde er sich einen Namen gemacht haben. Keine In=
schrift sah er auf seinen Reisen, sei es auf Kirche oder Kegelbahn,
Kamin oder Springbrunnen, die er nicht verzeichnete; seine Collec=
taneen schwollen zu encyclopädischen Sammlungen, die er aufs
Netteste ordnete und mit alphabetischen Registern versah. Er
führte genau Buch über jeden Pfennig, den er verausgabte, über
jeden Tag seines Lebens, verzeichnete die Kinder, zu denen er Ge=
vatter stand, seine Dintenfässer und Nachtmützen, ja selbst die
„Nastücher" seiner Eheliebsten zur Zeit, als er sie heimführte.
Kurz, er war ein Mann der alten Zeit und des alten Reiches,
und als er auszog in die amerikanische Wildniß, um für sich und
seine Freunde einen Platz zum gottgefälligen Leben vorzubereiten,
ließ er Zopf und Puderbeutel nicht daheim.

Ueber sein Leben und Walten nach seiner Ankunft in Amerika
wissen wir wenig; in seinen vielen Aufzeichnungen spricht er kaum
einmal von sich selbst. Eine kleine Skizze seines Naturells gibt er
in dem Vorwort zu einer Sammlung von Heilmitteln (Talia Qualia
Medicinalia Artificialia Naturalia). Aus dem Englischen übertragen
lautet sie:

„Der Verfasser dieses Manuscripts hat ein melancholisch=chole=
risches Temperament und ist daher, nach Culpepper, sanftmüthig,

zu einem nüchternen eingezogenen Leben disponirt, wißbegierig, unentschlossen, bescheiden, schüchtern, bedächtig, standhaft und zuverlässig in seinen Handlungen, langsamen Witzes, vergeßlich. Geschieht ihm Unrecht, so trägt er es nicht nach."

Besser unterrichtet sind wir über seinen Lebenslauf bis zur Zeit seiner Auswanderung durch Notizen von seiner eigenen Hand, die im Besitz der Historischen Gesellschaft von Pennsylvanien sind.

Nachdem er über seine väterlichen und mütterlichen Vorfahren gesprochen, fährt er fort:

"Von obenerwähnter meiner Mutter wurde ich Franz Daniel Pastorius zu Sommerhausen im Frankenland geboren anno 1651 den 26. September. Meine Taufpathen waren Franciscus Freyherr von Limpurg und Daniel Gering, der Rechte Doctor zu Segnitz.

Anno 1658 kam ich mit meinem Vater nach Windsheim und ging allda in die schul, wurde anno 1668 d. 31. Jul. zu Altdorf deponirt*) und reisete anno 1670 den 11. August auff die Universität zu Straßburg, woselbst nebenst dem studio juridico die Französische Sprache zu erlernen anfing. Besuchte anno 1672 im Juli die hohe Schul zu Basel und begab mich den 25. November wieder nach Windsheim. Anno 1673 den 13. April reisete ich nach Altdorf, den 2. Juli von dannen nach Nürnberg und Erffurt; ferner nach Jena, allwo den 15. dito angelangt und studium juridicum continuirt, auch Italienisch gelernt habe, maßen anno 1674 im Jannar ad lib. III. 2 publice disputirte, wie auch den 18. April in italienischer Sprache dalle Leggi.

Nachdem ich nun von daraus Naumburg, Gotha u. s. w. besehen, reisete ich den 31. Juli nach Regensburg umb auff daselbstigem Reichstag Jura publica desto besser zu ergreiffen und anno 1675 den 16. April von Baireuth zurück nach Windsheim, von dannen den 27. September wieder nach Altdorf, allwo endlich anno 1676 den 31. May circulariter und den 23. November exantlatis

---

* d. h. immatriculirt.

examinibus inauguraliter disputirt†) und mich darauf hinab nach Windsheim verfügt habe. Anno 1679 den 24. April reisete ich nach Frankfurt am Mayn, hielt allda einigen studiosis privat collegia juris und practicirte anbey ein wenig, da dann Gelegenheit bekam, Worms, Mannheim, Speyer etc. zu visitiren; hatte den Tisch bey Notario Christian Senda im Saalhof, logirte vom 1. December 1679 bis 26. Juni 1680 bey Junker Fichard. Anno 1680 den 26. Juni fuhr ich nacher Maintz mit Junker Günterod, Junker Lersner und dero Weiber und that von da aus mit Joh. Bonaventura von Ro=deck eine Reis durch Holland, England, Frankreich, Schweitz und einen Strich Hochteutschlands. Wir kamen beide anno 1682 den 16. November wieder frisch und gesund nach Frankfurt. Weilen ich nun alldar von meinen Bekannten im Saalhof (Dr. Spener, Dr. Schütz, Notarius Senda, Jacob Van der Walle, Maximilian ge=nannt der Fromme, Lersner, Eleonore von Merlau, Maria Juliane Baurin u. s. w.) Pennsylvanien zum öfftern sehr rühmen hörte und verschiedene Relationschreiben davon zu lesen kriegte, auch be=reits einige Gott fürchtende Menschen, unter welchen Christian Senda und Frau Baurin, sich dorthin zu transportiren entschlossen, und all=schon zusammengepackt hatten*), entstund eine nicht geringe Begierde bey mir, in ihrer Gesellschaft mit über zu segeln und daselbst nach überdrüssig gesehenen und gekosteten europäischen Eitelkeiten nebenst ihnen ein still und christlich Leben zu führen. Verehrte und schickte derowegen meine Bücher u. s. w. an meinen Bruder Joh. Samuel und erlangte endlich nach mehrmaliger Briefwechslung meines ver=ehrten Vatters Verwilligung, sammt 250 Rthlr., worauf ich dann nach Krisheim reisete und mich sofort ganz reisefertig machte."

---

†) Die in Nürnberg gedruckte Inaugural=Dissertation hat zum Gegenstande: De rasura documentorum. — Die aufgestellten Thesen sind zum Theil nicht ohne Humor: z. B. Adolescens, qui invitae virgini osculum infigit, actione injuriarum non tenetur. Und eine gegen das Weiberregiment. Pactum ut uxor imperio et dominatione gaudeat nuptiarum contractui adjectum Naturae refragatur et contra bonos mores est.

*) Sie wanderten schließlich doch nicht aus. Die Frau Bauer (von Eisenecf) war 1677 die Hausgenossin des Fräuleins von Merlau und wurde mit William Penn persönlich bekannt.

Frankfurt verließ Pastorius den 2. April; in Cöln sah er David van Enden, Daniel Mitz und Dozen, den Consul des Königs von Dänemark. Letzterer, auf welchen William Penn im Jahre 1677 einen großen Eindruck gemacht hatte, bezeigte Lust, mit nach Amerika zu gehen, aber seine Frau wollte nicht einwilligen; jetzt führe sie in ihrem Wagen, meinte sie, von einem Hause zum andern, in Amerika müßte sie vielleicht nach dem Vieh sehen und ihre Kühe selbst melken.

Am 11. April kam er nach Uerdingen und ging von da zu Fuß nach Crefeld; dort sprach er mit Dennis Kunders und dessen Frau, mit Dirk, Hermann und Abraham op den Gräff, die mit anderen Crefeldern sechs Wochen später ihm übers Meer folgten.

Am 16. April kam er nach Rotterdam, wo er Benjamin Furly, Peter Hendricks, Jacob Telner und Andere sah. Am 4. Mai segelte er von Rotterdam ab und kam den 8. in London an. Mit einem Häuflein Auswanderer, nämlich Jacob Schumacher, Georg Wertmüller, Isaac Dilbeck, dessen Frau Mariette und zwei Buben, Abraham und Jacob, Thomas Gasper, Conrad Bacher (alias Rutter) und einer englischen Magd, Frances Simpson, schiffte er sich am 6. Juni in Gravesend auf der „Amerika", Capitain Joseph Wasey, ein und langte den 20. August in Philadelphia an.

Die hier genannten Personen waren nicht Colonisten, sondern gedungene Leute, von denen einige indessen Grundbesitzer in Germantown wurden. In dem Waliser Thomas Lloyd, einem Quäker, fand Pastorius einen Reisegenossen, der ganz nach seinem Herzen war. Da der Eine nicht deutsch, der Andere nicht englisch sprach, so diente ihnen die lateinische Sprache, deren Beide mächtig waren, zur Verständigung und es knüpfte sich zwischen ihnen ein Freundschaftsband, das nur der Tod trennte. Thomas Lloyd wurde in Pennsylvanien zu hohen Aemtern (Präsidium des Provinzialraths und anderen) berufen. Er starb schon 1694.

Als unser Doctor beider Rechte „nach überdrüssig gekosteten europäischen Eitelkeiten" in die Stadt der Bruderliebe eintrat, bestand diese erst aus wenigen nothdürftig hergerichteten Wohnungen. „Das Uebrige," bemerkt er, „war Wald und Gestrüpp, worin ich mich mehrere Male verlor, auf keiner größeren Entfernung als vom Ufer bis zum Hause meines Freundes Wm. Hudson, worin damals ein holländischer

Bäcker, Namens Cornelius Bom, wohnte. Was für einen Eindruck solch eine Stadt auf mich machte, der ich eben London, Paris, Amsterdam und Gent besucht hatte, brauche ich nicht zu beschreiben."

Von William Penn, der in Philadelphia etwa 9 Monate vorher angelangt war, wurde Pastorius mit „lieberoller Freundlichkeit" empfangen. Penn's Secretär, Philipp Theodor Lehnmann, ein Sohn des sächsischen Generalpächters Johann Georg Lehnmann, machte mit ihm „vertrauliche Brüderschaft".

„Auch läſſet mich," erzählt Pastorius, „der Herr Gouverneur zum öfftern an seine Tafel berufen und seiner erbaulichen Discursen genießen. Da ich letzthin acht Tage abwesend war, kam er selbst, mich zu besuchen und hieß mich wochendlich 2 mahl zu seiner Tafel kommen und contestirte gegen seinen Räthen, daß er mich und die Hoch-teutsche sehr liebete und wolte haben, daß sie dergleichen auch thun solten."

In einem handschriftlich noch vorhandenen Gedichte bemerkt Pastorius, daß seine erste Begegnung mit Wm. Penn am 21. August (also dem Tage nach seiner Ankunft) in einem Gezelt von Tannen- und Kastanienholz stattfand.

Auf ein sehr freundschaftliches Verhältniß deuten folgende Verse:

    There in thy company I with my soul's delight
      At intervals might sit till midtime of the night,
    Then (as the cheering sun) thou visitedst poor caves.
      Pray, let us not forget those emblems of our graves.

Von seinem ersten Nothhause in Philadelphia berichtet er:

„Ich hatte zuvor in Philadelphia auch ein Häuslein gebaut, 30 Schuh lang und 15 breit, dessen Fenster wegen Mangel des Glases von Oel getünchtem Papier waren; über die Hausthür hatte ich geschrieben:

    Parva domus sed amica Bonis, procul este Prophani.
    (d. i.: Klein ist mein Haus, doch Gute sieht es gern,
    Wer gottlos ist, der bleibe fern.)

worüber unser Gouverneur, als er mich besuchte, einen Lacher aufschluge und mich ferner fortzubauen anfrischete."

Fünfter Abschnitt.
Die Gründung von Germantown.

Nachdem die „Concord" am 6. October die sehnlich erwarteten deutschen Einwanderer gebracht hatte, galt es, rasch ans Werk zu gehen und neue Heimstätten für sie zu bereiten. Schon verkündete das theils hochroth gefärbte, theils welkende Laub den Anzug des Winters. Nicht mehr lange reichte das vorläufige Obdach aus, zu welchem die Ankömmlinge in der Noth des Augenblicks ihre Zuflucht nahmen.

Ihre erste Aufgabe war, sich den Platz für ihre Niederlassung zu wählen. Sie hatten ein Anrecht auf ein Stück Land von 43,000 Acker erworben; jetzt war die Zeit gekommen, sich das Ganze oder einen Theil anweisen und vermessen zu lassen und durch einen Grundbrief zu sichern.

Wie dies geschah und wie Germantown, die deutsche Stadt, ihren Anfang nahm, darüber gibt uns der Pionier der Einwanderer, Franz Daniel Pastorius, Aufschluß und zwar in einem amtlichen Schriftstücke, das er in das „Grund= und Lagerbuch" von Germantown eingetragen hat. Wir wollen dies ehrwürdige Document für sich selbst reden lassen. Der altväterische Ton und Stil desselben gemahnt uns an eine längst vergangene Zeit und mag dazu dienen, dem Bilde von unsern Pionieren einen charakteristischen Pinselstrich zuzusetzen.

Dem Berichte selbst schickt Pastorius einen Gruß voran, den er in gedankenvoller Vorschau dem langen unsichtbaren Zuge seiner Nachfolger erregten Herzens zuruft. Er schrieb ihn in klangvollem Latein, das ihm ganz geläufig war. Ins Deutsche übersetzt lauten seine Worte:

„Sei gegrüßt, Nachkommenschaft! Nachkommenschaft in Germanopolis! Und erfahre zuvörderst aus dem Inhalte der folgenden

Seite, daß Deine Eltern und Vorfahren Deutschland, das holde Land, das sie geboren und genährt, in freiwilliger Verbannung verlassen haben (oh! ihr heimischen Herde!), um in diesem wald= reichen Pennsylvanien, in der öden Einsamkeit, minder sorgenvoll, den Rest ihres Lebens in deutscher Weise, d. h. wie Brüder zuzu= bringen.

„Erfahre auch ferner, wie mühselig es war, nach Ueberschiffung des atlantischen Meeres in diesem Striche Nord=Amerika's den deut= schen Stamm zu gründen. Und Du, geliebte Reihe der Enkel, wo wir ein Muster des Rechten waren, ahme unser Beispiel nach. Wo wir aber, wie reumüthig anerkannt wird, von dem so schwe= ren Pfade abgewichen sind, vergib uns, und mögen die Gefahren, die Andere liefen, Dich vorsichtig machen. Heil Dir, deutsche Nach= kommenschaft! Heil Dir, deutsches Brudervolk! Heil Dir auf immer!
Franz Daniel Pastorius."

„Ansprach an die Nachkömmlingsschaft und Alle, die dieses Lagerbuch continuiren oder fortsetzen. Wehrte und Geliebte Nach= kömmlinge. Damit ihr zu allen Zeiten wissen möget, von wem, wann, wie und warumb die sogenannte Germantownship sey ange= fangen worden und also Eurer Vor Eltern ursprung, merckliche unge= mächlichkeiten und wohlmeinendliche Intention Euch kürtzlich ent= decket werde, habe ich allhier Vorredsweis was weniges darvon bey= zufügen meiner Schuldigkeit zu seyn erachtet. Anfänglich nun nach= dem Carolus, dieses Nahmens der Zweite, König von Engelland, durch sonderbahre Schickung des allerhöchsten und aus erheblichen ursachen hiesige Landschafft Pennsilvanien an Willjam Penn und seine Erben krafft offenen briefes de dato 4 Martii 1680 übergeben und abgetreten hatte, sind nebenst andern auch einige Persohnen in Hoch= und Nieder Teutschland (dehren Nahmen in dem allgemeinen Patent oder Grundbrief über diese Germantownship p. 1 zu ersehen) bewogen worden, in allem 43,000 Acker lands in gemeldter Provinz Pennsilvanien von gedachtem Willjam Penn vermittelst Benjamin Furly, dessen gevollmächtigten zu Rotterdam in Holland an sich zu kauffen, der zuverlässigen Absicht, bey damahligen schweren läufften sowohl selbst aus dem verwirrten Europa anhero (als in ein zweytes

Pellam) zu entfliehen, wie nicht minder andere redliche und arbeitsame leut zu transportiren umb allhier unter mehr erwähnten Willjam Penns verhoffentlich gerechten und liebreichen Regierung ein friedsam still und Gottgefälliges Leben zu führen. Anno 1683 den 2ten Tag des 2ten Monats (Aprilis) begab ich Franz Daniel Pastorius mich (gleich ein Vorläuffer vermuthlich Vieler nachfolgenden ehrlichen Landsleute) auf den weg und arrivirte den 20sten des 6ten Monats (Augusti) mit etlichen Knechten und Mägden Gottlob! frisch und gesund in Philadelphia. Bald darauf nemblich den 6ten des 8ten Monats (Octobris) kamen ebenfalls in besagtem Philadelphia an Dirck und Herman und Abraham Isaacs op den Gräff, Lenert Arets, Tünes Kunders, Reinert Tisen, Wilhelm Strepers, Jan Lensen, Peter Keurlis, Jan Simens, Johannes Bleickers, Abraham Tünes und Jan Lücken mit dero respective Weibern, Kindern und Gesind, zusammen 13 Familien, da wir dann ungesäumt von Willjam Penn begehrten, daß Er das sämmtliche von obgedachten Hoch- und Nieder Teutschen erkauffte Land an einem stück und zwar bey einem schiffbaren Strome solte anlegen und abmessen lassen. Dieweilen Er aber uns hierinnen nicht willfahren kunnte, sondern biß zu überkunfft mehrerer Hausgesinde eine Township unfern dem Philadelphischen Stadtgebiet etliche meil oberhalb der Scullkill Falls anpresentirte, haben wir sothanen Landstrich besichtigt und demnach derselbe uns seiner hohen gebürg halber nicht anständig, von Willjam Penn versucht, die township lieber buschwärts ein auff ebeneren Grund zu zustehen, dessen er wohl zufrieden und darauf den 24ten Octobris durch Thomas Fairman 12 lose oder Erbe abmessen ließ, umb welche oberwähnte 13 Familien den 25ten dito durch Zettul das los zogen und sofort anfingen Keller und Hütten zu machen, worinnen sie den Winter nicht sonder große Beschwerlichkeiten zubrachten.

„Den Ort nannten wir Germantown, welches Der Teutschen item Brüder Statt bedeutet. Etliche gaben ihm den Beynahmen Armentown, sindemahl viel der vorgedachten beginner sich nicht auff etliche Wochen, zu geschweigen Monaten provisioniren kunnten. Und mag weder genug beschrieben noch von denen vermöglicheren Nachkömmlingen geglaubt werden, in was

Mangel und Armuth, anbey mit welch einer Christlichen Vergnüglichkeit und unermüdetem Fleiß diese Germantownship begonnen sey; Da dann mehr gedachten William Penns offtmaliger durchdringender Anmuthigung und würklicher Assistenz nicht zu vergessen, wie auch daß, als Er nacher Engelland abgesegelt, gegen das Vorjahr einigen der Einwohner ihr muth so gar entfallen, daß sie anderswohin verhausen wolten, welches doch auff der beständigern Zusprach unterblieben ist und Sie anjetzo beiderseits ursach haben, Gottes vätterliche Güte und Vorsorg dankbarlich zu rühmen.

"Anno 1684 den 20sten und folgende Tag des 12ten Monats (Februar) wurde von gedachtem Thomas Fairman der umbkreiß der Germantownship, nemblich nach Inhalt des von William Penn ertheilten und ins general landmesser Amt eingelieferten warrants 6000 Ackers abgemessen, kurtz darnach aber durch dessen ordre (unerachtet was wir dagegen einwenden kunnten) 1000 ackers davon langs der Scullkillseite wieder abgeschnitten, wobey es also verblieben biß Anno 1687 den 29 Decembris diese unser Germantownship zum andermahl von Thomas Fairman und zwar mit accurater Sorgfalt gemessen und darinnen 5700 acker lands befunden worden, über welche wir das auf folgender Seite abcopirte Patent oder Grundbrief genommen haben. Ferner wurden zu selbiger Zeit allen und jeden Einwohnern zu Germantown ihre gantze und halbe losen (lots) in richtiger Ordnung zugemessen, wie aus dem draught oder Abriß und gegenwärtigem Buch clärer erhellet, nemblich 2750 ackers. Anno 1689 den 4ten des 2ten Monats (Aprilis) haben die Käufer und Erbpachtsleut denen die übrigen 2950 ackers der Germantownship zubehören, dieselbe durchs los unter sich in drey absonderliche Dorffschaften vertheilt und Anno 1690 den 14ten des 11ten Monats (Januarii) von Thomas Fairman den Durchschnitt dardurch thun lassen, den vordersten an Germantown anstoßenden Theil Krißheim, den mittelsten (von meiner Geburtsstatt) Sommerhausen und den hindersten Crefeld benahmst, wie p. 2 umbständlicher ausweist.

"Hierbey ist gelegentlich zu erinnern, daß wir die Urheber dieses Werks wegen ermangelnder sattsamer experienz in solcherlei sachen vieles gethan haben, das wir hernach theils selbst ändern, theils der klügeren Nachfahren Verbesserung anbefehlen müssen. Denn in ansehung der beschwerlichen Ausrottung des Holtzes ꝛc. haben wir anfänglich die Erb oder Lose nur 7 Ruthen weit ausgelegt, jedoch nachgehends, da mit dergleichen harten arbeit was besser gewehren kunnten, dieselben um andere 7 Ruthen 4 Fuß erweitert; auch war unser erstes Vornehmen es bey 25 losen bewenden zu lassen; weßhalben wir dann vor dem höchsten Erb auf der Westseite (als neben einer Zwerchstraß und inmitten des Orts) einen Acker zum Marck- und Begräbnißplatz, auch zu gemeinen Gebänden vorbehalten haben; dieweilen aber verschiedene beides gewesene Dienstboten und aus Deutschland überkommende gern bei uns zu Germantown bleiben und wohnen wolten, vergrößerten wir die anzahl der losen auf 55. Ingleichen hatte unserer Intention nach die lange straß in einer geraden Nord West linie durch gantz Germantown lauffen und die Zwerchstraßen recht gegen einander über und von einerley Weite sein sollen, welches doch die dazwischen fallende Sümpff und unbequemheiten, hauptsächlich aber die mit dem Volk anwachsende Diversität der Sinnen und andere dergestaltige umbstände verhindert haben.

„Zum beschluß mag ich wohl mit einem angehenckten NB. denen Nachkömmlingen zu wissen fügen, daß Germantowns vornehmste äußerliche Auffnahme wofern bereits so zu reden geziemet) von Flachsban, spinnen und weben herrühren und sonder Zweifel durch dieses Kräutlein auch hinführo die Armuth und Dürfftigkeit noch Vieler curirt werden könne, weshalben dann dasselbe mit gebührlichem Fleiß zu säen und wahrzunehmen ist.

„Hiermit nun abbrechende wünsche ich von hertzen, daß die leider! schon allzuviel überthätige Zwietracht und Uneinigkeit aus der Germantowner Hertzen und gemüthern gäntzlich vertilgt werde, sie sämmtlich aber, alte und junge, große und kleine in wahrer Liebe zu Gott und ihren nebenmenschen fromm und gerecht leben, geduldig leiden, selig sterben und so in die Ewige Ruh und Herrlichkeit eingehen mögen! Amen.
　　　　　　　　　　　　　Frantz Daniel Pastorius."

Es verging kein Jahr, ohne daß neue Ankömmlinge die kleine Niederlassung verstärkten, sie kamen aus Crefeld, aus Mülheim und Krisheim, aus weiteren Kreisen des westlichen Deutschlands und aus Holland.

Ein Hauptmotiv dieser Auswanderung nach Pennsylvanien blieb die durch das Grundgesetz daselbst garantirte Freiheit in der Ausübung der Religion. Lange, ehe Friedrich der Große das oft angeführte und belobte Wort über Religionsduldung in seinem Staate sprach, hatte William Penn aufs Entschiedenste verkündet, daß in seiner Provinz Niemand seines Glaubens halber belästigt werden solle.

Und diese frohe Botschaft galt nicht allein den Verfolgten in England; er hatte den Mennoniten auf dem Continente eine warme Einladung gegeben mit der Versicherung, daß sie ihm in Pennsylvanien willkommen sein würden; Alle, welche in Deutschland ihres Glaubens halber mißhandelt wurden, sahen sehnsüchtig nach der Freistätte, die William Penn, der begeisterte Apostel der Glaubensfreiheit, in Pennsylvanien eröffnet hatte.

In wenigen Jahren hatte die Zahl der Bewohner sich so vermehrt, daß zu einer endgültigen Verfügung über den Bodenbesitz geschritten werden konnte. Die von Pastorius erwähnten vier Ortschaften, in welche das Land getheilt wurde, hatten folgendes Areal: Germantown 2750 Acker, Krisheim 884 Acker, Sommerhausen 900 Acker, Crefeld 1166 Acker. Die Orte lagen alle an derselben Landstraße und zwar so, daß Germantown die südlichste, Philadelphia am nächsten gelegene Abtheilung bildete, während Crefeld über Chestnut Hill hinaus in das jetzige Montgomery County hineinreichte.

Von dem Lande gehörten der Frankfurter Gesellschaft 2675 Acker, den Crefelder Käufern gleichfalls 2675 Acker, Franz Daniel Pastorius 200 Acker, Georg Hartzfelder 150 Acker. Letzterer war schon vor Penn's Ankunft ins Land gekommen und hatte unter Gouverneur E. Andros das Amt eines Untersheriffs bekleidet.

Am 29. December 1687 wurde das zu Germantown gehörige Land durchs Loos an die Käufer und Erbpächter vertheilt und am 4. April 1689 in derselben Weise mit dem Lande der übrigen drei Ortschaften verfahren. Um einer zu großen Ungleichheit im Werthe der Grundstücke in Folge ihrer Lage vorzubeugen, erhielt jeder Ansiedler nur einen Theil seines Landes im mittleren Stadtgürtel, den andern in den sogenannten side lots, die nördlich und südlich davon lagen.

Das Areal von Germantown (5700 Acker) absorbirte nur einen geringen Theil des Landes, das die Crefelder und Frankfurter käuflich erworben hatten (43,000 Acker). Da die Crefelder sich nicht durch gegenseitige Verpflichtungen die freie Verfügung über ihr Besitzthum erschwert hatten, so verfuhr jeder Einzelne mit seinem Ansprüche, wie er es für gut fand, Telner und Van Bebber nahmen Land am Skippach, Jan Streper's Erben verkauften ihr Land an James Logan u. s. w.

Die Frankfurter Gesellschaft that mit ihrem restirenden Anspruche Nichts bis zum Jahre 1700. Mehrere Mitglieder, nämlich Dr. Schütz, Jacob Van de Walle, Daniel Behagel und Thomas von Wylich waren gestorben und deren Rechte auf ihre Erben übergegangen. Als Pastorius darauf bestand, daß ihm die Verwaltung, deren er längst überdrüssig war und für die er, so unglaublich es klingt, nicht die geringste Vergütung erhielt, abgenommen werde, ernannten die Mitglieder der Gesellschaft, nämlich Catharine Elisabeth Schütz, Maria Van de Walle, Behagel's Erben, Johann Kembler, Balthasar Jawert, Johann Wilhelm Petersen, Gerhard von Mastricht, Johann Lebrün und Maria von Wylich am 20. Januar 1700 Daniel Falckner, Johann Kelpius und Johann Jawert zu seinen Nachfolgern. Die Wahl war, ausgenommen soweit sie den Letzten, einen Sohn Balthasar Jawert's, betraf, keine glückliche zu nennen. Kelpius und Falckner waren in Deutschland Candidaten der Theologie gewesen und hatten sich 1693 mit andern seltsamen Schwärmern, die vom Anbruch des 1000jährigen Reiches Christi träumten, nach Pennsylvanien begeben. Wahrscheinlich hatten sie zu Mitgliedern der Frankfurter Gesellschaft, die sich ähnlichen Speculationen hingaben, in vertrauten Beziehungen gestanden. Kelpius lebte von der Welt abgeschieden als Einsiedler am Wissahickon und nahm nicht die geringste Notiz von seiner Ernennung. Falckner aber machte von der ihm ertheilten Vollmacht einen Gebrauch, der auf seinen Charakter einen sehr dunklen Schatten wirft.

Am 25. October 1701 ließen sich nämlich Falckner und Jawert das der Frankfurter Gesellschaft kraft ihres Kaufes noch zustehende Land am Manatawny, der bei Pottstown in den Schuylkill fließt, anweisen. Es war eine Strecke von 22,025 Acker, im nordwestlichen

Theile von Montgomery County, in welcher ein großer Theil von Pottsgrove Township, das ganze Neu-Hanover Township und ein Theil von Upper Hanover begriffen war. Im Jahre 1708 erhielt einer der Agenten, Johann Jawert, ein Angebot für das Land von Johann Heinrich Sprögel, das er als zu niedrig ausschlug, worauf Sprögel ihn mit einem Douceur von 100 Pfund geschmeidiger zu machen versuchte. Der ehrliche Jawert wies die Bestechung entrüstet ab. Nicht lange darauf wurde der Verkauf dennoch vollzogen und zwar durch den andern Bevollmächtigten, Daniel Falckner, welcher jenem Sprögel Geld schuldig war. Wie aus der registrirten Verkaufsurkunde hervorgeht, betrug der Kaufpreis 500 Pfund Pennsylvanischen Geldes (1333⅓ Dollars). Hierüber beschwerte sich J. Jawert bitterlich und, wie es scheint, mit Recht, da seine Zustimmung weder eingeholt noch erfolgt war. Die Sache liegt nicht ganz klar vor uns. Frau C. Schütz hatte ihren Antheil wirklich an Daniel Falckner, Arnold Storck und Georg Müller verkauft, aber von einer vorangehenden Veräußerung der übrigen Ansprüche wissen wir Nichts.

Der Schrecken in Germantown war groß, als im Januar des nächsten Jahres Joh. H. Sprögel durch einen gerichtlichen Hocuspocus — fictio juris nennt Pastorius die Procedur — einen Aussetzungsbefehl gegen viele Ansiedler erhielt. Diese liefen Gefahr, von Haus und Hof vertrieben zu werden, wenn nicht eiligst Rath geschafft wurde.

Wie die erschrockenen Küchlein, wenn der Habicht herabschießt, unter den Flügeln der Henne Schutz suchen, so eilten die bedrohten Colonisten zu ihrem bewährten Freunde Pastorius. Am 22. Februar begab sich dieser nach Philadelphia, um die nöthigen Schritte zu thun, namentlich um einen kundigen Rechtsanwalt zu consultiren. Neuer Schrecken! Der Feind hatte auch diesen Weg blockirt. „Ich fand", erzählt Pastorius, der in der Aufregung sein Deutsch vergißt, „daß alle lawyers gefeed waren". Es gab nämlich damals in der ganzen Provinz Pennsylvanien nur 4 Advocaten und diese hatte Sprögel bereits für sich engagirt. Zu arm, um Rechtsbeistand aus New York herbeizuziehen, wandte sich Pastorius an seinen Freund James Logan, den verdienstvollen Staatsmann und Gelehrten.

Dieser rieth ihm, die ganze Sache mit beglaubigten Abschriften der Gerichtsverhandlungen in Form einer Petition vor den Provinzialrath zu legen. Das geschah, und ein ähnliches Schreiben sandte Johannes Jawert ein. Der Rath überzeugte sich, daß ein „abscheuliches Complot" vorliege und gewährte die erbetene Rechtshülfe, indem er den in Eile gewährten Aussetzungsbefehl inhibirte.

Das machte indessen den Verkauf des Gesellschaftslandes an Sprögel nicht rückgängig, und so finden wir denn, daß der ausgedehnte Grundbesitz, den sich die Frankfurter 1682 durch Kauf von William Penn mit so hohen Erwartungen und Entwürfen gesichert hatten, zu mehr als sieben Achteln in die Hände eines glücklichen Speculanten überging. Die Aufsiedler auf diesem Grund und Boden waren nichtsdestoweniger Deutsche; schon zu Anfang des vorigen Jahrhunderts gab es im sogenannten Falckner Swamp (es ist indessen keineswegs Sumpfland) deutsche Niederlassungen, wie Neu-Hanover, wo noch heutzutage die deutsche Zunge klingt.

Sechster Abschnitt.
Die neue Heimath.

In wenigen Jahren arbeitete sich das fleißige Volk von Germantown aus dem Gröbsten heraus und die neue Ansiedelung erwarb sich durch ihr freundliches Aussehen und den gewerblichen Fleiß der Bewohner weit und breit einen guten Leumund.

Durch die Mitte der Stadt lief eine 60 Fuß breite Straße, die mit Pfirsichbäumen eingefaßt war. Jedes Wohnhaus hatte einen Gemüse- und Blumengarten, der 3 Acker maß. Eine Querstraße, 40 Fuß breit, durchschnitt die Hauptstraße und am Kreuzungspunkte befand sich der Marktplatz. Die Feldmark lag nördlich und südlich von der Stadt.

Bald waren die Früchte, welche das ergiebige Erdreich lieferte, hinreichend, die geringen Bedürfnisse der Bewohner zu befriedigen. Was sie von dem gezogenen Getreide nicht selbst verzehrten, vertauschten sie gegen andere nützliche Artikel. Selbst ein Handel mit dem Auslande kam schon sehr früh in den Gang; das von den Indianern gekaufte Pelzwerk ging nach England, Getreide und Vieh nach Barbadoes. Dafür erhielt man Zucker, Syrup, Salz, Branntwein.

Gewiß war es den Rheinländern eine freudige Ueberraschung, als sie fanden, daß die Weinranke in Pennsylvanien wild wuchs, die Bäume des Waldes umschlingend. Schon bald nach ihrem Eintreffen dachten sie daran, auch hier, in ihrem neuen Vaterlande, Reben zu ziehen und mit dem Ansuchen um Feld- und Gartensämereien verband Pastorius 1684 den Auftrag, „Weinferger" herzuschicken. So viel versprach man sich vom Weinbau, daß die Traube im Rathssiegel von Germantown einen Ehrenplatz erhielt.

Ein anderes Gewächs, das in Germantown mit Vorliebe gezogen wurde, war der Flachs, woran sich die Bearbeitung desselben durch Spinnen und Weben schloß. Pastorius versicherte, daß das Erblühen der jungen Stadt vornehmlich diesem Industriezweige zu verdanken sei. „Die Inwohner dieser Stadt", sagt er an einer andern Stelle, „sind meistentheils Handwerksleute, als Zeug-, Barchet- und Leineweber, Schneider, Schuster, Schlosser, Zimmerleute, die aber alle zumahl auch mit Ackerbau und Viehzucht versehen sind."

Um die in Germantown angefertigten Stoffe abzusetzen, diente das der Frankfurter Gesellschaft in Philadelphia zugehörige Kaufhaus, über welches Pastorius die Oberaufsicht führte. Hier lagen schon ein Jahr nach der Ankunft unserer Deutschen die Producte ihres Gewerbfleißes zum Verkauf aus, und der Bericht über die erste Saison lautet wie folgt:

„Es ist den 10ten November (1684) zu Philadelphia Jahrmarkt gewesen, da aber in der Societät Kauffhause wenig über 10 Thaler gelöset worden, aus vorgedachtem Geldmangel und weilen die Neu-Ankommenden aus Teutsch- und Engelland meistentheils so viel Kleider mit sich bringen, daß sie in einigen Jahren nichts bedürffen."

Bald verbreitete sich der Ruf der guten gewobenen Stoffe von Germantown und die Nachfrage war reichlich. Es geschieht dieser frühen heimischen Industrie bereits Erwähnung in einem neuerdings der Vergessenheit entzogenen Gedicht von Richard Frame, das William Bradford 1692 unter dem Titel: A short description of Pennsylvania gedruckt hat. Diese in niedliche Knittelverselein gebrachte Beschreibung des neuen Landes, läßt sich über „Die deutsche Stadt" folgendermaßen aus:

"The German Town, of which I spoke before,
Which is at least in length one mile and more,
Where lives *High German* People and *Low Dutch*,
Whose trade in weaving Linnin Cloth is much:
There grows the Flax"......

Auch die Strumpfweberei wurde mit entschiedenem Erfolge betrieben, und die Strümpfe von Germantown hielten sich lange Jahre im Philadelphier Markt als ein gesuchter und willkommener Artikel.

Bemerkenswerth ist es, daß dieser kleinen Ansiedelung die Ehre zufiel, die erste Papiermühle in den Colonien errichtet zu haben.

Aus Holland wanderte nämlich Wilhelm Ruttinghuysen (Rittenhouse), dessen Vorfahren schon in Arnheim die Papierfabrication betrieben hatten, mit seinen zwei Söhnen Claus und Gerhard ein und legte an einem Bache, der in den Wissahickon fließt, eine Papiermühle an. Das Papier war von vorzüglicher Güte und das Geschäft erhielt unter Claus Ruttinghuysen's Leitung einen bedeutenden Aufschwung.

So waren die deutschen Einwanderer in kurzer Zeit dahin gelangt, an dem Platze, den sie sich zur Heimath erkoren und eingerichtet, die gewohnte Werkthätigkeit des Vaterlandes ins Leben zu rufen und sich der jungen Colonie William Penn's als nützliche und geachtete Glieder einzureihen. Das Saatfeld hatte den Wald gelichtet, Einfriedigungen durchschnitten als Wehr und Grenzscheide die Feldmark, freundliche Wohnungen, mit Sitzbänken zu beiden Seiten der Thür, beherbergten Familien, bei denen Frohsinn wieder eingekehrt war, in den Gärten mischte sich der Duft deutscher Blumen, aus mitgebrachten Sämereien entsprossen, mit dem der einheimischen; Weinrebe und Bienenstock verhießen die Würze, deren sich die Altväter erfreut hatten. Wo wenige Jahre zuvor noch des Waldes Schweigen geherrscht, da schwirrte das Weberschifflein, da pochte der Hammer, da summte der friedliche Lärm der Werkstatt, da ertönte das deutsche Wort zwischen Alten und Jungen, da jauchzten blauäugige Kinder, die während ihrer unerhört langen Ferien den Eltern bei der Arbeit gerne halfen.

Pastorius aber, unter dessen Augen und Aufsicht diese Umwandlung vor sich gegangen war und der wohl einsah, daß der Fortschritt und das Gedeihen der jungen Colonie so ganz und gar auf dem Fleiß der Hände und der Bethätigung practischer Kenntnisse beruhte, dachte oft kopfschüttelnd an seine Universitäts-Studien, an die Zeit, die er auf Metaphysik und Pandekten verwendet hatte, und wie nutzlos ihm aller gelehrter Krimskrams in seiner neuen Sphäre war. Seinen Freunden, die ihre Kinder nach Amerika schicken wollten, rieth er daher, diese zur Erlernung eines Handwerkes anzuhalten. Daran schließt er folgenden Stoßseufzer, der von deutschen „Lateinern" hier zu Lande in tausendfachen Variationen wiederholt worden ist:

„Ich selbsten gebe sofort etliche 100 Reichsthaler darum, daß ich die köstliche Zeit, welche ich zu Erlernung der Sperlingischen Physik, Metaphysik und anderen unnöthigen sophistischen Argumentationibus und arguitionibus angewendet, uff Ingenier-Sachen und Buchdruckerey-Kunst gekehret hätte, welches mir nun mehr zu statten kommen, ja mir und meinen Neben Christen nützlicher und ergetzlicher fallen sollte, als sothane Physic, Metaphysic und alle Aristotelische Elenchi und Syllogismi, durch welche kein wilder Mensch oder Unchrist zu Gott gebracht, viel weniger ein Stück Brodes erworben werden kann."

Siebenter Abschnitt.

Germantown unter eigener städtischer Regierung.

Mit Ausnahme einiger holländischer Familien, welche sich den Deutschen anschlossen, war Germantown eine ganz deutsche Ansiedelung, und so lag denn der Gedanke an eine selbstständige Verwaltung und Gerichtsbarkeit auf deutschem Fuße nahe genug.

Die Einwohner wandten sich zu diesem Behufe an William Penn, der seit 1684 wieder in England lebte, wo er, in Folge der Revolution von 1688, trüben Zeiten, der Entkleidung seiner Hoheitsrechte über Pennsylvanien und dem Verluste seines Einflusses entgegensah. So weit war es indessen noch nicht gekommen, als die Germantowner ihr Anliegen vorbrachten. Das Patent zur Verleihung städtischer Gerechtsame wurde am 12. August 1689 bewilligt und erhielt die königliche Bestätigung am 3. Mai 1691. Es ist abgedruckt in Pennsylvania Archives I, pp. 111—115. Das Original befindet sich in Harrisburg.

Für die Verwaltung und Rechtspflege des kleinen Gemeinwesens waren keine weitläufigen Veranstaltungen erforderlich. Ein Bürgermeister (bailiff), 4 Stadtverordnete (burgesses), 6 Schöffen, ein Archivar (recorder), ein Stadtschreiber (clerk), ein Rentmeister, ein Sheriff, ein Leichenbeschauer und einige untergeordnete Amtsdiener, das war das ganze Personal, das die städtischen Angelegenheiten besorgte. Der Bürgermeister und die zwei ältesten Stadtverordneten waren die Friedensrichter; der Bürgermeister, alle vier Verordnete und sechs Schöffen bildeten das Stadtgericht.

Zum Bürgermeister wurde für das erste Jahr (1691) F. D. Pastorius gewählt und dasselbe Amt bekleidete dieser auch 1692, 1696 und 1697. Während der übrigen Zeit war er meistens Stadtschreiber, wozu ihn seine Gewandtheit mit der Feder als den geeignetsten Mann empfahl. Außer ihm haben die Bürgermeisterstelle versehen: Dirck op den Graeff, Arnold Cassel, Reinert Tisen, Cornelis Süers (Sieverts), Aret Klincken, Daniel Falckner, James Delaplaine und Thomas Rutter.

Der häufige Stellenwechsel, der in allen Aemtern vorkam, rührte nicht etwa von lebhafter Concurrenz her; im Gegentheil, ein Amt war eine Bürde, die Niemand suchte, und oft genug trat der Fall ein, daß der Gewählte ablehnte. Konnte er sich dabei auf die abmahnende Stimme seines Gewissens berufen (wie denn die Mennoniten manche Aemter aus diesem Grunde ausschlugen), so wurde er entschuldigt, sonst aber mußte er sich eine Geldbuße von 3 Pfund gefallen lassen. Im Jahre 1703 schrieb Pastorius an William Penn, wie schwer es halte, Leute zur Uebernahme von Aemtern zu bewegen, indessen hoffe er, die bevorstehende Ankunft neuer Einwanderer werde aus der Verlegenheit helfen. Es ist wohl nicht zum zweiten Male vorgekommen, daß man sich office holders importirte, weil das heimische Angebot nicht reichte.

Am 2. Juni 1691 eröffnete Pastorius das Rathsbuch und setzte den Verordnungen eine Anzahl biblischer Sprüche voran, welche Recht und Gerechtigkeit, Gottesfurcht und Menschenliebe einschärfen; z. B.

„Lasset die Forcht des Herrn bey euch seyn und nehmet nicht Geschenke.

Beleidigt keine Wittib noch Waisen. Schaffet dem Armen Recht und helffet dem Elenden und Dürftigen.

Richtet recht zwischen Jedermann, sehet keine Person an, sondern höret den Kleinen wie den Großen.

Ihr sollt nicht unrecht handeln im Gerichte.

Ihr sollt auch nicht nach Gunst thun.

In euren Wahltägen setzet zu Häuptern übers Volk redliche, weise, erfahrene und verständige Leute, die Gott fürchten, wahrhaftig und dem Geitze feind sind."

Es sollte nun auch ein Rathssiegel beschafft werden, und Pastorius hatte die Devise, sowie das Motto dafür zu bestimmen. Er wählte ein Kleeblatt, auf dessen Blättlein ein Weinstock, eine Flachsblume und eine Weberspule abgebildet waren, mit der Inschrift: Vinum, Linum et Textrinum (Der Wein, der Lein und der Webeschrein).

um anzuzeigen, wie er sagt, „daß man sich hier mit Weinbau, Flachsbau und Gewerbe mit Gott und Ehren ernähren wolle." Gewiß hätte der Gründer der ersten deutschen Ansiedelung kein sinnigeres Emblem für die Mission der Deutschen in Amerika erdenken können. Ackerbau, Gewerbfleiß und heiterer Lebensgenuß sind während der zwei Jahrhunderte, die seitdem verflossen sind, die durchschlagenden Charakterzüge der deutschen Einwanderung geblieben.

Die Raths=Verhandlungen, welche uns in dem ursprünglichen, leider verstümmelten Protocollbuch vorliegen, bieten allerlei interessante Einzelheiten, die auf das Leben dieser ersten deutschen Ansiedler einen willkommenen Lichtstreif werfen.

Weislich war dafür gesorgt, daß sich kein Uebertreter damit entschuldigen konnte, er habe das Gesetz nicht gekannt. Alljährlich am 19. November, so verfügte es ein Beschluß, mußten die „Germantownischen Gesetze und Ordnungen der versammelten Gemeinde vorgelesen werden."

War es Nothwehr gegen Eindringlinge von außen, oder hatten sich unter die Rechtschaffenen von Germantown schon in so früher Zeit räudige Schafe gemengt, der Rath fand es geeignet, scharfe Maßregeln gegen böse Menschen zu verfügen. Im Jahre 1693 werden Pastorius und Peter Schumacher beauftragt, einen „Stock" (Fußblock) zu beschaffen, „umb die Uebelthäter drin zu setzen". Den dazu nöthigen Block lieferte Aret Klincken. Besonders gravirende Fälle können indessen nicht vorgekommen sein. Es erinnert uns nicht an des Kerkers Mauern und Eisenstäbe, wenn wir in den Protocollen von 1697 lesen: „Arndt Klincken vergönnt sein alt Haus vor dies Jahr vor ein Gefangenhaus", und sehr arkadische Zustände verräth der Beschluß, der in derselben Sitzung gefaßt wurde: „Alle Strafen, welche gefallen sein in vorige Zeit, sollen alle vergeben sein, aber was nun fortan vorfällt, soll execntirt werden."

Der Germantowner Gesetz=Coder ist uns nicht erhalten, aber die Raths=Verhandlungen enthalten häufige Hinweise darauf. Am 3. Mai 1693 wurde das 6. Gesetz, die Frohndienste betreffend, aufgehoben und verordnet, daß die ganze Gemeinde aufgeboten werde, wenn Dienste für die Gemeinde zu thun seien. Wer nicht kam, noch einen Andern an seine Stelle schickte, sollte 6 Shilling für jeden

Tag erlegen, „es sei denn, daß Jemand zu Bett läge oder eine Kindbetterin hätte".

Nicht lange darauf ist denn auch wirklich im Rathsbuch protocollirt, daß Heifert Papen's Frau im Kindbett liegt.

War auch Feuersgefahr für die einzeln stehenden Häuser eine geringe, so hatte doch das Feuer in 1686 gelehrt, daß Vorsichtsmaßregeln nicht vernachlässigt werden durften. Aret Klincken und Dirck Keyser erhielten 1693 den Auftrag, für 4 „Brandsäcke" und 4 Feuerleitern zu sorgen. Lenart Arets und Abraham Op den Graeff wurde es zur Pflicht gemacht, die Schornsteine zu besichtigen.

Von löblicher Fürsorge zeugte es auch, daß die Einwohner angewiesen wurden, „dero Kühe Hörner abstutzen zu lassen", ebenso, daß (1693) ein Verbot gegen Wett- und Schnellreiten erlassen wurde. An letzteres schloß sich ein anderes: „Item soll keiner den ersten Tag aus einem Rohr schießen."

So wenig man sich in Deutschland um Zäune mochte gekümmert haben, so fürsorglich nahm sich die Stadtverwaltung von Germantown dieser neuen Einrichtung an. Zu den kleinern Aemtern gehörte das der „Fenz-Besichtiger" und aus zahlreichen Verordnungen, Mahnungen und Strafverhängungen geht hervor, daß die hohe Obrigkeit ein wachsames Auge auf die Einfriedigungen der Felder hatte. Eine curiose Grille war es aber doch, daß nur den Landbesitzern von Germantown erlaubt wurde, ihre Pferde an einen Zaun festzubinden, während dies allen Andern unter Androhung einer Strafe von 5 Shilling verboten war.

Die Erwägungen und Beschlüsse über Abhaltung eines Jahrmarktes in Germantown ziehen sich durch eine Reihe von Monaten und bringen uns die damaligen Zustände recht lebhaft vor Augen.

Im Juni 1693 faßte der Rath den Beschluß, am 13. und 14. Tage jedes 3. und 9. Monats eine Fair oder öffentlichen Jahrmarkt zu halten, und „solches an den Drucker in New York zu schreiben, umb es hinführo in die Almanach zu setzen". In der nächsten Sitzung fand der Vorschlag Billigung, den Jahrmarkt auch durch „anklebende Brieflein in Philadelphia, Burlington, Herford, Darby, Chester, Merion und Frankfurter Mühlen, sowie auch am allhiesigen Versammlungshause bekannt zu machen". Im November jedoch wurde man andern

Sinnes und bestellte den Jahrmarkt „wegen zu befürchtender Excessen, die in der Nachbarschaft von Jahrmärkten vorzufallen pflegen", wieder ab. Nun hatte aber Peter Keurlis für die erwarteten Jahrmarktsgäste bereits Bier gebraut (dies ist die erste Erwähnung vom Bierbrauen); er suchte daher um Erlaubniß nach, dieses zu verzapfen, worin ihm gewillfahrt wurde. Später muß die Furcht vor ungebührlichen Ausschreitungen gewichen sein, denn im Jahre 1701 war Jahrmarkt am 14. und 15. November, 1702 wird Isaac Taylor ersucht, die Zeit (14. und 15. Mai, 14. und 15. November) in seinem Almanach bekannt zu machen und ein gleiches Ansuchen wird 1704 bei der Verlegung der Zeit auf den 20. October an die Herausgeber von Almanachen in New York und Philadelphia gestellt.

Während des ganzen vorigen Jahrhunderts blieben Jahrmärkte in Germantown und andern Städten im Schwange. Nicht allein diese wurden in den ersten Jahrzehenden durch angeheftete Zettelchen angezeigt; man bediente sich derselben einfachen Methode, das Publikum in Kenntniß zu setzen, bei allerlei Gelegenheiten. Selbst bevorstehende Heirathen wurden durch geschriebene Anschlagzettel zur öffentlichen Kunde gebracht und solche Anzeigen standen unter gesetzlichem Schutze gegen den Muthwillen böser Buben.

Bei der Ertheilung des Bürgerrechtes war eine Gebühr von 1 Pfund Pennsylvanischen Geldes ($2.66) zu entrichten, aber die Zahlung derselben muß wohl beanstandet oder vernachlässigt worden sein, denn ein Beschluß im Jahre 1702 gewährt „den jetzigen Bewohnern von Germantown" das Bürgerrecht frei mit der Verpflichtung, sich in das dazu bestimmte Bürgerbuch einzuzeichnen. Die später Hinzukommenden hatten 6 Shilling zu entrichten. Unter besonderen Umständen wurde das Bürgerrecht auch wohl unentgeldlich verliehen. Dies war der Fall mit Peter Cornelius Plockhoy, der 1694 nach Germantown kam. Zweiunddreißig Jahre vorher (1662) hatte er an der Spitze von 25 Mennoniten und andern Einwanderern gestanden, die sich am untern Delaware ansiedelten. Die Niederlassung wurde bald darauf von den Engländern aufgehoben und man weiß nicht, was aus den verjagten Ansiedlern geworden ist. Als Plockhoy nach so vielen Jahren in Germantown erschien, war er alt, blind und hülflos. Seine Lage erregte allgemeines

Mitleid; man gab ihm Grund und Boden für ein Häuslein und einen Garten, gewährte ihm das Bürgerrecht, und zwei Bürger, Jan Doeden und Wilhelm Ruttinghuysen, wurden beauftragt, eine freiwillige Beisteuer für ihn zu sammeln.

Die süße Befriedigung an der eigenen Stadtverwaltung hatte übrigens eine sehr verdrießliche Seite, sie war kostspielig. Die Germantowner hatten erwartet, wenn sie innerhalb ihres Township Brücken, Landstraßen ꝛc. aus eigenem Säckel bauten, würden sie für ähnliche Anlagen im County von Philadelphia nicht auch besteuert werden. Dies wurde ihnen aber zugemuthet. Im August 1697 begaben sich Cornelius Sieverts und Isaak Schumacher als Delegaten des Stadtraths nach Philadelphia, um gegen diese Auflage zu remonstriren, ohne indessen Erfolg zu haben.

Pastorius wandte sich deshalb 1702 schriftlich an William Penn, und stellte ihm die Ungerechtigkeit dieser doppelten Belastung vor: Es scheine, als mißgönnten gewisse Leute die den Deutschen zugestandenen Rechte und wollten ihnen ganz gegen den Wortlaut und den Sinn des Freibriefes die County-Abgaben aufbürden, während Germantown doch nicht unter der Botmäßigkeit des County stehe. William Penn könne bei der Ertheilung des Charters eine doppelte Leistung unmöglich beabsichtigt haben. Was die Provinzialsteuern betreffe, so verstehe es sich von selbst, daß diese nach wie vor würden entrichtet werden.

Die Sache wurde in einer Versammlung des Provinzial-Raths den 5. März 1701 verhandelt, die Gründe für und wider angehört, die Entscheidung aber verschoben. Es erhellt nicht, wie dieselbe ausfiel; wahrscheinlich blieb es beim Alten.

Achter Abschnitt.
Aus der Gerichtsstube.

Nach den Gerichtsverhandlungen zu urtheilen, war es den „der europäischen Weltfrechheit" entronnenen Pionieren in der That gelungen, sich in Pennsylvanien ein friedliches Arkadien, ein stilles Patmos zu gründen.

Während in Europa der Krieg wüthete, Ehrgeiz und Habsucht endlosen Hader entzündeten, religiöse Parteiung die Zwietracht in den Schooß der Familie trug und das Sittenverderbniß aus den Palästen in die Hütten drang, sah es in Germantown aus, als sei Asträa noch einmal zu den Sterblichen zurückgekehrt und habe ihr Hauptquartier unter den deutschen Auswanderern aufgeschlagen.

Die Gerichtssitzungen fanden alle sechs Wochen einmal statt und oft genug kam es vor, daß Nichts zu thun war, als eine Vertagung auf den nächsten Termin zu beschließen. Einmal ging man auseinander, weil der Archivar nach Maryland verreist war, und mehrere Male, weil sich einige Mitglieder zu einer religiösen Versammlung jenseits des Schuylkill's begeben hatten. Der Hauptgegenstand der Verhandlungen war Kenntnißnahme von Landverkäufen, Verpachtungen, Privatverträgen u. dgl.

Die Polizeiwidrigkeiten, in welche das Gericht ein Einsehen hatte, waren meistentheils sehr läßlicher Natur. Wieder und wieder kommt die Vernachlässigung der Zäune vor; auch vagirendes Vieh und unglückliche Zecher nehmen das Tribunal zuweilen in Anspruch.

Der erste Fall, der in die Gerichts-Annalen eingetragen ist, zeigt, daß der Respect vor dem Polizeidiener mit übers Meer gewandert war. Caspar Karsten und Frau hatten einen Polizeidiener „bedroht"; dafür wurden Beide zur Zahlung von 2 Pfund verdonnert. Ein anderes Mal war der Ausrufer Johann Pettinger auf Hermann von Bon's Klage vorgeladen. Man rathe, welches Vergehens er sich schuldig gemacht hatte. Abscheulich! Er hatte sich an des Klägers Schweine vergriffen.

Glückliche Stadt, wo binnen einem Jahre über Nichts Beschwerde geführt wurde, als daß ein Polizeidiener bedroht und ein Schwein geschlagen war! Allerdings blieb es nicht dabei. Bald steht Pettinger wieder vor Gericht und diesmal hat er nicht einen borstigen Dickhäuter, sondern den ehrsamen Johannes Köster maltraitirt, der dafür 3 Pfund als Schmerzensgelder beansprucht. Der Schaden muß wohl nicht groß gewesen sein, denn das Gericht erkannte dem Kläger nur zwei Shillinge zu.

Im Mai 1693 wurde Peter Keurlis vorgeladen, der erste deutsche Schenkwirth in Amerika, von welchem die Geschichte weiß. Seine Licenz lautete auf ein Gasthaus, nicht auf eine Kneipe, und darnach hatte er sich nicht gerichtet. Aber lassen wir den Angeklagten selbst sprechen.

Frage. Warum Peter Keurlis sich weigere, Reisende zu logiren.
Antwort. Weil er nur Getränke verkaufen, nicht aber ein gewöhnliches Gasthaus halten wolle.
Frage. Warum er Malzbier zu 4 pence das Quart gegen das Gesetz verkaufe.
Antwort. Er kenne ein solches Gesetz nicht.
Frage. Warum er sich nicht nach der Verordnung der Behörde von Germantown richte, wornach es verboten sei, mehr als eine Viertelpinte Rum oder ein Quartier Bier halbtäglich an irgend ein Individuum zu verkaufen.
Antwort. Wenn Leute mehr vertragen könnten, so werde er dies Gesetz nicht beachten.

Wie rücksichtsvoll doch die junge Gesetzgebung von Germantown die Forderungen der Mäßigkeit mit denen des Durstes zu vereinen wußte! Halbtäglich! Durch die Beschränkung des Maßes war dafür gesorgt, daß Niemand über die Schnur hauen konnte, aber der Durstige durfte des Nachmittags oder des Abends wiederkommen und eine zweite Labung verlangen.

Die Behauptung des Gastwirths Keurlis, daß ein Mensch mehr vertragen könne, als ein anderer, macht seiner Beobachtungsgabe

Ehre und hat sich als richtig bestätigt. Aber er drang nicht damit durch und ihm wurde wegen Uebertretung des Gesetzes die Erlaubniß zum Ausschank von Getränken zeitweilig entzogen. Von 1696 bis 1701 fehlen die Aufzeichnungen. Die Fälle in den ersten Jahren des neuen Jahrhunderts sind alle sehr unschuldiger Art: Klagen über ungezogene Kinder, vagirende Schweine u. dergl. Der Eine hat ein Pferd ohne Erlaubniß aus dem Stalle genommen, der Andere den Sheriff einen Schuft geheißen und Peter Keurlis wieder Getränke verkauft. Auch eine Coroners-Untersuchung kam vor, die mit einem seltsam gefaßten Spruche der Geschworenen endete: „Durch Unachtsamkeit tödtete der Karren und der Kalk den Mann, das Rad verwundete ihn am Rücken und Kopf und es tödtete ihn."

Ebenso wenig bieten die nächsten Jahre der Gerichts-Annalen Anhaltungspunkte von Interesse. In einem halben Dutzend Jahren kaum ein Fall von Trunkenheit. Es war ein gewisser Georg Müller, der 1703 dieserhalb vorgeladen und zu fünftägiger Gefängnißstrafe verurtheilt wurde. Derselbe Müller lud sich den Sheriff und die Sheriffskosten auf den Hals, in Folge einer Wette, „daß er 100 Pfeifen Tabak in einem Tage rauchen wolle".

Ein seltsamer Auftritt, den Daniel Falckner, Pastorius' Nachfolger in der Agentur, verursachte, unterbrach im November 1704 die würdevolle Ruhe der Sitzung. „Er kam herein," heißt es, „wie Einer, der Abends zuvor trunken gewesen und noch nicht wieder bei Verstand ist, schimpfte auf den Archivar und den Bürgermeister, forderte Peter Schumacher, einen der Richter, auf, einmal anzukommen und that dergleichen Abscheulichkeiten mehr." Ehe er durch den Constabler entfernt wurde, nannte er alle Anwesenden Narren. Diese Mißhelligkeiten hatten ihren Grund ohne Zweifel in den Ansprüchen, welche Falckner als Bevollmächtigter der Frankfurter Gesellschaft erhob, und in dem Mißtrauen der Bürgerschaft in seine Ehrenhaftigkeit.

Gern hätten wir dem Leser piquantere Auszüge aus den Verhandlungen vorgelegt, aber das unschuldige Stillleben in der jungen Ansiedelung hatte Nichts der Art zu bieten. Die paar Capriccios, die aus den trockenen Protocollen herausgesucht sind, vertheilen sich auf einen Zeitraum von 17 Jahren.

Glücklich die Gemeinde, deren Gerichts-Annalen langweilig sind!

Es bleibt nur noch übrig, das vorzeitige Ende der städtischen Verfassung von Germantown zu berichten. Was dazu führte, tritt in der einzigen Quelle, der Abschrift der Protocolle, nicht klar hervor. Es wird, ohne daß vorausgegangene Schwierigkeiten darauf vorbereiten, einfach bemerkt, Georg Lowther, der Queen's attorney, habe am 11. Januar 1707, als die neu gewählten Beamten ihre Functionen eben angetreten, den Gerichtshof wegen Ausübung unbefugter Handlungen vertagt, d. h. aufgelöst. Die Gemeinde protestirte zwar in einer Eingabe gegen dies summarische Verfahren, aber ohne Erfolg, und weder Rath noch Gericht versammelte sich wieder.

Wir dürfen übrigens vermuthen, daß die Belastung der Bürger von Germantown mit dreifachen Steuern: für die Provinz, das County Philadelphia und ihre eigene Municipalität, ihnen das Vergnügen an ihren städtischen Freiheiten etwas versalzen hatte und daß der Verlust ihrer Privilegien ihnen gerade nicht das Herz brach. Im letzten Jahre (1707) war die Stadt in Schulden. Zur Tilgung derselben beschloß der Rath, allen Grundbesitzern und Vermögenden eine Specialsteuer aufzuerlegen, um „50 Pfund oder mehr" aufzubringen.

Das ist die letzte officielle Aufzeichnung im Rathsbuche, welcher noch das folgende, für sich selbst sprechende Postscript folgt: „Wiewohl ich, Franz Daniel Pastorius, anstatt Aret Klincken zum Rentmeister erwählt worden, habe ich doch von ihm weder der Gemeinde Rent oder Rechnungsbuch noch einig Pfennig, gedachte Gemeinde angehend, empfangen, so daß deßhalb ganz klar bin und die Germantownsche Gemeinde noch an mich schuldet 2 Pfund 11 Shilling". Aus dem Sollen und Haben seines Rechnungsbuches geht hervor, daß diese Schuld nie getilgt wurde.

Neunter Abschnitt.
Die Religion der Pioniere.

Es ist bereits oben zur Sprache gekommen, daß die Ansiedler von Germantown zu keiner der in Deutschland vom Staate anerkannten Confessionen gehörten. Die Crefelder stammten sämmtlich aus mennonitischen Familien und Pastorius hatte sich in Deutschland den Pietisten zugesellt, welche eine Neugestaltung der lutherischen Kirche für nöthig hielten.

Die Mennoniten, unter allen Christenmenschen die sanftmüthigsten, geduldigsten und friedseligsten, hatten von je her die bitterste Verfolgung erlitten. Schon Menno Simons, nach welchem sie genannt sind, wurde für vogelfrei erklärt und dem Todtschläger, der ihm den Garaus machte, nicht allein Straflosigkeit für alle seine Verbrechen, sondern dazu noch ein „Carlsgulden" zugesichert. Sebastian Frank sagt in seiner Chronik (1530) von den Taufgesinnten: „Man greift nach ihnen an vielen Orten mit großer Tyrannei legt sie gefangen und peinigt sie mit Brand, Schwert, Feuer, Wasser und mit mancherlei Gefängniß, so daß ihrer Viele in wenig Jahren an vielen Orten umgebracht worden, also daß etliche über 2000 angeschlagen, welche an allen Orten getödtet worden. Und sie litten als Märtyrer geduldig und standmüthig."

In Holland wurde ihnen 1626 Religionsfreiheit zu Theil; in Deutschland aber und in der Schweiz dauerte die Verfolgung fort. Nur hie und da genossen sie eine eingeschränkte Duldung, wie in der Pfalz, in Altona, Friedrichstadt und Crefeld.

In den wichtigsten Fragen der Lebensführung und practischen Religion stimmten sie mit den Quäkern überein, ja es wird behauptet, daß der wesentliche Inhalt der Quäkerlehre sich auf mennonitische Anregungen zurückführen lasse. Sie mißbilligen den Krieg und den Kriegsdienst, verweigern den Eid, werden nicht gegen Glaubensgenossen klagbar und gegen Andere nur nothgedrungen. Die älteren Taufgesinnten setzten neben das „äußere Wort", d. h. die Bibel, die innere Offenbarung. Vor allen Dingen bestanden sie darauf, daß in Gewissens- und Glaubenssachen kein Drang und Zwang ausgeübt werden dürfe. Die Taufe sahen sie für das Symbol der Erneuerung des inneren Menschen an.

William Penn fand auf seiner Reise durch Holland und Deutschland bei den Mennoniten eine freundliche Aufnahme, wie denn die kleinen Quäkergemeinden in den genannten Ländern sich überall an mennonitische anlehnten. Kaum in den Besitz seiner Provinz gelangt, gab Penn ihnen eine Einladung (1683), sich in Pennsylvanien niederzulassen. Diesem Rufe folgten zunächst die Crefelder, deren erstes Contingent 1683 Germantown gründete. Unter die Quäker von Pennsylvanien versetzt, kostete es ihnen keine große Ueberwindung, in deren Genossenschaft einzutreten. Vielleicht war ein Theil von ihnen bereits in Deutschland übergetreten, denn wir wissen ja, daß die Quäker in Crefeld Proselyten gemacht haben.

Jedenfalls ist es eine Thatsache, die sich aus documentarischen Zeugnissen erhärten läßt, daß von den dreizehn deutschen Familien, welche 1683 einwanderten, wenige Jahre später zwölf das Bekenntniß der Quäker angenommen hatten und mit ihren englisch-redenden Religionsverwandten in regelmäßigem Verbande waren. Nur Lensen blieb Mennonit. Daß bereits 1683 im Hause Tünes Kunders' eine Quäker-Versammlung gehalten wurde, erfahren wir aus Robert Proud's bekanntem Geschichtswerke.

Unter den deutschen Bekennern der Quäkerlehre stand Pastorius an gründlicher Bildung allen Anderen unbestritten voran. Seine Bibliothek enthielt eine reichhaltige Sammlung der besten Quäkerschriften und nach seiner eigenen Erklärung gab es kein Werk von Fox, Penn und Naylor, das er nicht gelesen hatte. Seine schriftlichen Ausarbeitungen und die Auszüge, die er sich aus anderen Werken machte, bewegen sich zum großen Theil auf dem Gebiete der Theologie und Kirchengeschichte und häufig nimmt er die Gelegenheit wahr, sich aufs Wärmste für die Quäker auszusprechen. Bei der Spaltung, welche George Keith hervorrief, nahm er entschieden Partei für die alte unverfälschte Stammlehre, wie er denn auch den 1692 in Burlington erlassenen Protest gegen die Abtrünnigen mitunterzeichnete. In Germantown hatte er die Leitung der religiösen Versammlungen (preparatory meeting). Bei den vierteljährlichen Versammlungen der Quäker in Philadelphia erschien er öfters als Delegat.

Ein bescheidenes Versammlungshaus bauten sich die deutschen Quäker 1686. Pastorius berichtet darüber: „Wir haben allhier zu Germantown anno 1686 ein Kirchlein für die Gemeinde gebauet, darbey aber nicht auf äußerliches großes Stein-Gebäude gesehen, sondern, daß der Tempel Gottes (welcher wir Gläubige selbst sind) gebauet werde und wir allesammt heilig und unbefleckt seyn mögen." Aber bereits in weniger als 10 Jahren stellte sich das Bedürfniß für einen geräumigeren Bau heraus, wozu die Quäker in Philadelphia, Abington, Byberry u. s. w. Beihülfe leisteten.

Von dem Verkehr der englischen Quäker mit den deutschen wissen wir wenig. Richard Townsend, ein Reisegefährte Penn's auf dessen erster Ueberfahrt nach Amerika, ließ sich in der Nachbarschaft von Germantown nieder und stand mit den Deutschen auf freundschaftlichem Fuße. Auf Pastorius muß er viel gehalten haben, denn er ließ von ihm sein Testament abfassen.

Einer der berühmtesten Aerzte der jungen Colonie, Dr. Griffith Owen, war ein intimer Freund von Pastorius. Zwei von diesem verfaßte Grabschriften auf den Doctor, die eine in lateinischer, die andere in englischer Sprache, beweisen die wärmste Liebe und Verehrung.

Von Allen blieb aber Thomas Lloyd, sein ehemaliger Reisegefährte, ihm am theuersten. Einunddreißig Jahre nach seiner Ankunft in Amerika, am Jahrestage dieses Ereignisses (20. August), schrieb er an die Töchter des schon seit zwanzig Jahren dahingeschiedenen Lloyd einen ausführlichen Brief, worin er der Verdienste und Tugenden seines alten Freundes mit gerührtem Herzen gedenkt und dabei bemerkt:

„Dank dem Allmächtigen für seine zahllosen Segnungen, vornehmlich seit ich beschloß, mich nach Pennsylvanien zu exiliren. Er, der große Jehovah, hat mich auf dieser meiner letzten Reise nicht nur erhalten, sondern seine gütige Vorsehung erkor mir als Schiffs-

gefährten euren geliebten Vater, eine Segnung, die ich nicht genug
anerkennen kann."

In einem englischen Gedichte, gleichfalls an Lloyd's Töchter
gerichtet, drückt er ähnliche Gefühle der Liebe und Dankbarkeit aus.
Bereits auf dem Schiffe habe er Freundschaft mit ihm geschlossen,
indem sich Beide der lateinischen Sprache bedienten, die sie auf dieselbe Weise aussprachen.

„Alone with him I could in Latin then commune
Which tongue he did pronounce right in our German way."

Mittlerweile kamen aber auch nach Germantown Mennoniten,
welche bei ihrer eigenen Glaubensform beharrten und zu einer
Gemeinde zusammentraten. Im J. 1708 bauten sie sich ihr erstes
Versammlungshaus auf einem Grundstücke, das sie 1703 gekauft
hatten und das ihnen noch heute angehört. Sie zählten damals 52
Gemeindeglieder. Ihr erster Prediger, Wilhelm Ruttinghuysen, starb
1708; ihm folgte Jacob Gaetschalk. Die harten Maßregeln, welche
in der Schweiz, namentlich in Bern, gegen die Täufer in Anwendung
gebracht wurden, trieben viele derselben aus ihrem Vaterlande, zunächst nach der Pfalz und dann nach Pennsylvanien (1710). In
ihrer Bedrängniß fanden sie liebreichen Beistand bei dem holländischen „Hülfs-Ausschuß fürs Ausland", der seinen Sitz in Amsterdam hatte. Auch englische Quäker trugen reichlich zu ihrer Unterstützung bei und zwar nicht als Privatleute, sondern auf Beschluß
der Jahres-Versammlung. Wiederum fand eine zahlreiche Auswanderung von Mennoniten im J. 1717 statt. Zu dieser Zeit aber
schlugen sie sich weiter landeinwärts. Außerhalb Germantown
bildete sich die erste Gemeinde am Skippach (Montgomery County);
sodann folgten zahlreiche Niederlassungen in Lancaster County.

Die kirchlichen Confessionen der Lutheraner und Reformirten
waren in den ältern Zeiten unter den deutschen Bewohnern nur
schwach vertreten. Erst nach 1720 wurden ihre Spuren bemerklicher.

Zehnter Abschnitt.
Der Protest gegen die Sclaverei im Jahre 1688.

Ein Denkmal haben sich die deutschen Quäker von Germantown gesetzt, das dauernder als Erz ist, das ihnen in der Geschichte unseres Landes einen unbestrittenen Ehrenplatz sichert, es ist ihr Zeugniß gegen die Sclaverei im Jahre 1688.

Das System unfreiwilliger Dienstbarkeit hatte auf dem Boden Pennsylvaniens Eingang gefunden, noch ehe die englischen Quäker sich dort ansiedelten und diese erhoben keinen Einwand dagegen, vorausgesetzt, daß die Negersclaven human behandelt und in der christlichen Religion unterwiesen würden. Der Zufluß von Arbeitskräften aus Afrika galt gewissermaßen als ein von der Vorsehung dargebotenes Mittel, um den Anbau und den Wohlstand des neuen Landes zu fördern. Mögen auch gelegentlich Bedenken gegen die Zulässigkeit der Sclaverei gehegt und geäußert sein, die Deutschen von Germantown waren die Ersten, welche in förmlicher Weise und als Körperschaft Einsprache erhoben. Dies wird auch von Amerikanern anerkannt. So sagt von ihnen E. Bettle in Notices of Negro Slavery in America: "To this body of humble unpretending and almost unnoticed philanthropists belongs the honor of having been the *first Association* who ever remonstrated against Negro Slavery."

Der Protest hatte seinen Ursprung in einer Versammlung, die am 18. April 1688 in Germantown gehalten wurde und war zunächst dazu bestimmt, in der Monats-Versammlung, die in Richard Worrell's Hause, Lower Dublin, stattfand, die Verwerflichkeit des Menschenhandels und der Sclaverei zur Sprache zu bringen. In deutscher Uebersetzung lautet derselbe wie folgt:

„An die bei Richard Worrell stattfindende Monats-Versammlung:

„Aus folgenden Gründen sind wir gegen den Menschenhandel. Gibt es irgend Jemand, der es zufrieden wäre, wenn ihm so ge schätze, oder wenn man ihn so behandelte, nämlich ihn verkaufte, und für seine ganze Lebenszeit zum Sclaven machte? Wie erschrocken sind Viele auf der See, wenn ihnen ein fremdes Schiff begegnet und sie fürchten, es sei ein Türke, der sie gefangen nehmen und in der Türkey als Sclaven verkaufen könnte! In wie fern aber ist Jenes besser, als was die Türken thun? Eher ist es schlechter seitens Derer, die sich Christen nennen. Wir hören, daß die meisten Neger gegen ihren Willen hierher gebracht werden, und daß viele derselben gestohlen sind. Sie sind allerdings schwarz, aber wir begreifen nicht, wie das ein besseres Recht gibt, sie zu Sclaven zu machen, als weiße zu halten. Es ist uns gesagt, wir sollen allen Menschen thun, wie wir wünschen, daß uns selbst geschehe; kein Unterschied wird gemacht mit Rücksicht auf Nation, Abstammung und Farbe. Auch ist es gleich, ob man Menschen stiehlt und raubt, oder ob man sie kauft und verhandelt. Es besteht hier zu Lande Freiheit des Gewissens, das ist recht und vernünftig; aber auch dem Leibe kommt Freiheit zu, es müßte denn ein Verbrecher sein, was eine ganz andere Sache ist. Aber dagegen, daß man Menschen hierher bringt, sie raubt und gegen ihren Willen verkauft, erheben wir Einsprache. In Europa müssen Viele Unterdrückung leiden, des Gewissens halber; hier unterdrückt man Menschen von schwarzer Hautfarbe.

„Wir wissen, daß wir keinen Ehebruch begehen sollen; es begeben aber Manche Ehebruch in der Person Anderer, indem sie Frauen von ihren Männern trennen und andern übergeben. Einige verkaufen die Kinder dieser armen Geschöpfe an Fremde. Ach, überlegt doch, die ihr dies thut, ob ihr möchtet, daß euch so geschehe, und ob dies mit dem Christenthum übereinstimmt. Nicht in Holland und nicht in Deutschland geht man so weit. Es bringt euch in schlimmen Ruf, wenn man in Europa erzählt, daß die Quäker hier mit Menschen verfahren, wie man dort mit dem Vieh verfährt. Aus dem Grunde haben Viele keine Lust und keine Neigung hierher zu kommen. Wer könnte auch für eure Sache einstehen und sie vertheidigen? Fürwahr, wir können es nicht, es sei denn, daß ihr uns eines Besseren belehrt und überzeugt, Christen dürfen dergleichen thun. Was in der Welt kann uns Schlimmeres zustoßen, als wenn man uns raubt, stiehlt, in fremde Länder als Sclaven verkauft, den Mann von Frau und Kindern trennt? Und da dies nicht nach der Weise ist, wie wir wünschen, daß uns geschehe, so legen wir Einsprache ein und erklären uns gegen den Menschenhandel. Wer anerkennt, daß es unrecht ist, zu stehlen, der soll auch das Gestohlene nicht kaufen, sondern vielmehr dazu helfen, dem Rauben und Stehlen, wo möglich, ein Ende zu machen. Jene Menschen sollten aus den Händen der Räuber erlöst und, wie in Europa, auf freien Fuß gesetzt werden. Dann wird Pennsylvanien einen guten Ruf erlangen, statt des schlechten, den es dieser Sache halber jetzt in andern Ländern hat. Dazu kommt, daß die Europäer gern wissen möchten, wie die Quäker ihre Provinz regieren; die meisten blicken auf uns mit neidischem Auge.

„Wenn einmal diese Sclaven, die man für so gottlos und hartnäckig hält, sich zusammenrotten, für ihre Freiheit kämpfen und ihre Herren und Herrinnen ebenso behandeln, wie sie selbst von jenen behandelt wurden, werden diese Herren und Herrinnen mit dem Schwerte in der Hand gegen die armen Sclaven Krieg führen? Ja, einige allerdings wohl, aber haben die Neger denn nicht so viel Recht ihre Freiheit zu erkämpfen, wie ihr habt, sie in der Knechtschaft zu halten?

„Ueberlegt die Sache wohl. Ist sie gut oder schlecht? Findet ihr, daß es in der Ordnung ist, die Schwarzen auf diese Weise zu behandeln, so bitten und ersuchen wir euch hiermit in aller Liebe, uns zu belehren (was bisher nie geschehen ist), daß nämlich Christen die Befugniß haben, so zu verfahren; auf daß wir über diesen Punkt beruhigt werden und unsere Freunde und Bekannte in unserem Geburtslande beruhigen. Jetzt ist es für uns hier ein schrecklicher Gedanke, daß man in Pennsylvanien Menschen auf diese Weise knechtet.

„So geschehen in unserer Versammlung zu Germantown am 18. des zweiten Monats (d. h. April) 1688. Der Monats-Versammlung bei Richard Worrell zu überweisen.

Garret Henderichs, Francis Daniel Pastorius, Dirck Op den Graeff, Abraham Op den Graeff."

Wir kommen nun zu der Geschichte des Protestes und werden finden, daß gerade so alt wie die Argumente gegen die Sclaverei auch die Taktik ist, die sie hat zu langen Jahren kommen lassen.

Man gestand die Richtigkeit der Prämissen zu, weigerte sich aber aus practischen Rücksichten, der Folgerung beizustimmen und demgemäß zu handeln.

Der Protest ging zunächst an die Monats-Versammlung. Der Bescheid derselben war:

„Nachdem wir in unserer Monats-Versammlung in Dublin, am 30. des 2ten Monats (April) 1688, die obenerwähnte Sache in Erwägung gezogen haben, finden wir dieselbe so wichtig, daß wir es nicht für geeignet halten, darauf einzugehen. Wir verweisen sie an die Vierteljährliche Versammlung zur Berücksichtigung, indem der Inhalt der Wahrheit ziemlich gemäß ist.

Im Namen der Monats-Versammlung. Jo. Hart."

Sehen wir nun, wie die Vierteljährliche Versammlung mit der häßlichen Frage fertig wurde. In den Protocollen ist folgende Verhandlung verzeichnet:

„Das oben Erwähnte wurde in der Vierteljährlichen Versammlung, den 4. des 4. Monats (Juni) 1688, verlesen und von da an die Jährliche Versammlung verwiesen. Der erwähnte Derrick und die beiden andern darin Genannten sollen dasselbe der genannten Versammlung vorlegen, da es eine Sache von zu großer Wichtigkeit zur Beschlußnahme dieser Versammlung ist.

Gezeichnet im Auftrage der Versammlung.

Anthony Morris."

Damit war der Protest an die höchste Behörde der Quäker verwiesen. Die Jahres-Versammlung konnte nicht so bequem wie die beiden andern eine höhere Instanz vorschieben, um sich des eigenen Urtheils zu enthalten.

In Anbetracht, daß die Jahres-Versammlung aus angesehenen Männern bestand, deren Ansicht als ein getreuer Ausdruck der Zeitstimmung gelten darf, ist die Entscheidung dieses höchsten Quäker-Tribunals in Betreff der vorgelegten Frage von ungewöhnlichem Interesse. Sie war die folgende:

„1688. Ein Schreiben wurde von einigen deutschen Freunden vorgelegt, die Rechtmäßigkeit und Unrechtmäßigkeit des Kaufens und Haltens von Negern betreffend. Es ist nicht für passend erachtet worden, daß diese Versammlung ein bestimmtes Urtheil über die

Vorlage ausspreche, da der Gegenstand derselben zu manchen andern Angelegenheiten in naher Beziehung steht. Vorläufig also stehen wir davon ab."

Mit dieser kalten diplomatischen Wendung war der wichtige Gegenstand abgethan. Vorläufig! Ja, allerdings nicht für immer, denn es muß den Quäkern zur Ehre nachgesagt werden, daß ihnen das Fortbestehen der Sclaverei ein Pfahl im Fleische war, und daß sie zwar langsam, aber mit wachsender Entschiedenheit auf die Abschaffung derselben hinarbeiteten. — Zuerst (1715) erklärten sie sich gegen den überseeischen Sclavenhandel, dann folgten Verwarnungen, im Jahre 1770 wurden die „Freunde" ersucht, Sclavenhalter nicht zu Gemeinde-Aeltesten zu wählen und 1776 ordneten sie disciplinarische Maßregeln gegen Sclavenhalter innerhalb ihrer Genossenschaft an. Der Staat Pennsylvanien erließ 1780 Gesetze, wodurch die allmälige Abschaffung der Sclaverei bewerkstelligt wurde.

Pastorius darf wohl als Verfasser des oben in deutscher Uebersetzung wiedergegebenen Protestes angesehen werden. An Bildung und Sprachgewandtheit den Uebrigen überlegen, vertrat er auch bei andern Gelegenheiten die Gemeinde durch Wort und Schrift nach Außen. Für seine Gesinnung in Betreff der Sclaverei können noch andere Zeugnisse als seine Namensunterschrift unter dem Proteste beigebracht werden. In einem handschriftlich hinterlassenen Gedichte sagt er:

„Allermaßen ungebührlich
Ist der Handel dieser Zeit,
Daß ein Mensch so unnatürlich
And're drückt mit Dienstbarkeit.
Ich möcht' einen solchen fragen,
Ob er wohl ein Sclav' möcht' sein?
Ohne Zweifel wird er sagen:
Ach, bewahr' mich Gott; Nein, Nein!" u. s. w.

Das ist hausbacken, aber gradaus gesprochen.

Elfter Abschnitt.
Pastorius als Schriftsteller.

Im Druck ist von Pastorius nicht viel erschienen. Am bekanntesten und wichtigsten ist die „Umständige Geographische Beschreibung der zu allerletzt erfundenen Provintz Pensylvaniae an denen End-Gräntzen Americae in der West-Welt gelegen" (Frankfurt und Leipzig 1700). Das Buch ist im Wesentlichen eine Zusammenstellung von Briefen und Berichten aus Pennsylvanien, die Pastorius' Vater nebst beigefügter eigener Lebensbeschreibung zum Druck beförderte.

Außerdem ließ Pastorius über einen Gegenstand, dessen Wahl sehr überraschend ist, eine kleine Schrift erscheinen, betitelt: „Vier kleine doch ungemeine und sehr nützliche Tractätlein" über das Leben der Heiligen, die Gesetze der Päbste, die Entscheidungen der Concilien und über die Bischöfe und Patriarchen in Constantinopel. „Aus der in Pennsylvanien neulichst von mir in Grund angelegten und nun mit gutem Succeß aufgehenden Stadt Germanopoli, Anno Christi 1690."

Ferner sind noch zwei Flugschriften, eine deutsche und eine englische, zu erwähnen: „Ein Send-Brieff offenhertziger Liebsbezeugung an die sogenannten Pietisten in Hoch-Teutschland (Amsterdam 1697), und Four Boasting Disputers of this World briefly rebuked. New York 1697.

Aber diese gedruckten Kleinigkeiten unseres Pioniers fallen gar nicht ins Gewicht gegen die ungeheure Masse seiner handschriftlichen Ausarbeitungen. Seine unverdrossene Schreibbeflissenheit läßt sich kaum erklären, ohne daß man annimmt, er habe einem unwiderstehlichen, angeborenen Triebe gefolgt. Er schaffte mit der Feder Tag für Tag, Jahr aus Jahr ein, und hatte er dabei auch meistens einen bestimmten Zweck im Auge, so fand er doch auch häufig seine

Befriedigung an der Arbeit selbst, am freien Spiel seiner Laune oder dem stillvergnügten Wühlen in der Schatzkammer seiner Gelehrsamkeit.

Pastorius hinterließ handschriftlich einen Folianten, 14 Quartanten, 22 Octav= und 6 Duodezbände, beiläufig bemerkt, so eng und zierlich geschrieben, daß ein Vergrößerungsglas bei der Entzifferung gute Dienste leistet. Nur wenige dieser Schriften sind einer lieb- und sorglosen Zerstörung entgangen, aber die Titel sind in einem von Pastorius selbst angefertigten Verzeichnisse erhalten und geben über deren Inhalt einigen Aufschluß. Es waren theils Handbücher über Lehrgegenstände (Arithmetik, Geometrie, lateinische, französische und englische Grammatik, Synonymik) theils Abhandlungen practischer Art (Landbau, Obst= und Bienenzucht, Fischerei, Gesetze, Recepte u. s. w.) theils theologische und ethische Schriften, theils rein literarische Versuche.

Der oben erwähnte Foliant existirt noch und ist im Besitze von Pastorius' Nachkommen. Schon der Titel ist ein Curiosum. Anfangend mit den Worten: Francis Daniel Pastorius His Hive, Beestock, Melliotrophium, Alvear or Rusca Apium; Begun A. D. 1696, verläuft er durch allerlei sentenziöse und epigrammatische Wendungen, Mottos u. s. w. in ein merkwürdiges Gedankengekräusel, wozu sich Englisch und Latein friedlich die Hand reichen.

Das enorme Buch zählt fast 1000 Seiten und jede Seite etwa 100 Zeilen in seiner leserlichen Handschrift. Es ist wesentlich eine encyclopädische Sammlung alles dessen, was Pastorius für sich und seine Kinder als wissenswerth erachtete. In gutem, knapp stilisirtem Englisch behandelt er über 5000 Artikel aus der Geschichte, Kirchengeschichte, Geographie, Literatur, Moral, Naturgeschichte mit reichlicher Berücksichtigung der Worterklärung und Synonymik. Dem Hauptwerke schließen sich manche Nebenarbeiten an, wie Sammlungen von Inschriften, Epitaphien, Sinnsprüchen, Namenspielen, Gedichten in englischer, deutscher und lateinischer Sprache, bibliographischen Notizen u. s. w.

Auch bloßen Zeitvertreib mußte ihm seine Feder verschaffen. Mit merkwürdiger Unverdrossenheit ersann er sich bedeutsame Sprüche, worin die Anfangsbuchstaben seines Namens F. D. P. anlautend vorkommen, z. B. Favos Diligentia Parat, Fideles Deus Protegit, Futura Disce Prospicere, Felicior Divite Pauper, Fortunam si vis vincere Disce Pati. Solcher Sprüche theils in englischer, theils in lateinischer Sprache, hat er an die tausend zusammengestellt.

Seine dichterischen Versuche waren für ihn weiter nichts als eine verzeihliche Liebhaberei, Belustigungen des Verstandes und des Witzes, wie man im vorigen Jahrhundert sagte. Er bediente sich dabei meistens der englischen Sprache, die er vollkommen beherrschte; aber auch deutsche und lateinische Gedichte schrieb er, ja auch französische, holländische und italienische sind eingestreut. Im Lateinischen war er durchaus sattelfest; schon in der Schule hatte er es sprechen gelernt.

Die Gedichte sind überwiegend didaktischen Inhalts, Sprüche der Weisheit und Erfahrung mit pietistischer Färbung, treuherzige Mahnungen u. dgl. Demnächst feiert er in gebundener Rede die Blumen seines Gartens, jede in ihrer Eigenart, die Ereignisse des Landbaues und der Bienenzucht. Ueberall tritt eine gewisse Vorliebe fürs Allegorische, für Witz- und Wortspiele, Alliterationen und allerlei Künsteleien hervor. Aus Pastorius' englischen Gedichten ließe sich bequem eine recht ansprechende Auswahl treffen; minder günstig für eine Blumenlese ist der beschränktere Vorrath der deutschen, bei denen ohnehin in Anschlag zu bringen ist, daß zur Zeit, als sie entstanden, der deutsche Parnaß wüst und leer war. Kam aus Sachsen und Schlesien nichts Gutes, was ließ sich da von Germantown erwarten? Doch hier folgen einige Proben:

Mein Garten.

Ich finde in der weiten Welt
Nichts denn nur Aufruhr, Krieg und Streit,
In meinem engen Gartenfeld
Lieb', Friede, Ruh' und Einigkeit.
Mein' Blümlein fechten nimmermehr,
Was Alles ihnen auch geschieht;
Sie wissen nichts von Gegenwehr,
Kein' Waffen man bei jemals sieht.
Drumb acht' ich ihr Gesellschaft hoch,
Und bin bei ihnen gern allein,
Gedenke oft, daß Christi Joch
Will ohne Rach' getragen sein.

Vergiß mein nicht.

Ob ich Deiner schon vergiß
Und des rechten Wegs oft miß,
Auch versäume meine Pflicht,
Lieber Gott, vergiß mein nicht.
Bring mich wieder auf die Bahn,
Nimm mich zu Gnaden an;
Und, wenn mich der Feind anficht,
Lieber Gott, vergiß mein nicht.
Doch ich weiß, Dein Vaterherz
Neigt in Lieb' sich niederwärts,
Ist in Treu' auf mich gericht,
Und vergißt mein nimmer nicht.

In einem Gedichte aus dem Jahre 1714 feiert unser Pennsylvanier den Regierungsantritt Georg's I., wobei er geschichtliche Anspielungen reichlich einstreut, und zugleich die Hoffnung ausspricht, der neue Herrscher werde in die Fußtapfen der vortrefflichen, milden, freisinnigen Königin Anna treten.

Bei munterer Laune fällt der Dichter gern ins Lateinische, wie z. B. bei seinem Gruß an die Besucher seines Gartens:

Sit pax intranti, cum redeunte salus!
Mit Fried' hinein, mit Glück heraus!
Vom Garten, Freund, geh in das Haus.
Und wünsche mir, als ich wünsch' Dir.
Dominus tecum!

Suaviter accipitur bonus, ast procul este profani!
Die guten Leut' sind mir willkomm;
Ich liebe keinen, der nicht fromm.

Zwölfter Abschnitt.
Pastorius' Lebenslauf bis an sein Ende.

Unter den deutschen Pionieren, die im Jahre 1683 Pennsylvanien erreichten und Germantown gründeten, war Pastorius der einzige noch unbeweibte. Am 26. November 1688 heirathete er Ennecke (d. h. Ännchen) Klostermann, die Tochter des Dr. Johann Klostermann aus Mülheim a. d. Ruhr. Aus dieser Ehe entsprossen zwei Söhne, Johann Samuel, geb. den 30. März 1690, und Heinrich, geb. den 1. April 1692, deren Nachkommen den Namen und das Geschlecht des Pioniers bis auf die Gegenwart fortführen.

Im Jahre 1698 erhielt Pastorius eine Berufung an die Quäkerschule in Philadelphia, welcher er bis zum Jahre 1700 vorstand. Aus einigen Briefen, die sich erhalten haben, dürfen wir schließen, daß er sein Regiment mit Ernst und Strenge führte.

In die Zeit dieses Philadelphier Aufenthalts fällt der Brief von den „beeden jüngeren Pastoriis" an ihren Großvater, abgedruckt in der „Beschreibung von Pennsylvanien", worin es heißt:

„Wir wünschen gar offt bey dir zu seyn, ach, daß du hier wärest und in unserem Hause zu Germantown wohntest, welches einen schönen Obsgarten hat und der Zeit leer stehet, indem wir zu Philadelphia wohnen und täglich 8 Stunden lang in die Schul gehen müssen, ausgenommen den letzten Tag in der Woche, da wir Nachmittag daheim bleiben dörffen."

Am 30. December 1701 beschloß der Stadtrath von Germantown, eine Schule zu errichten und ernannte Aret Klincken, Paul Wulff und Peter Schumacher zu Aufsehern.

Es war in der Colonie kein Mann, der sich an Kenntnissen und Befähigung mit F. D. Pastorius hätte messen können. Ja, es ist fraglich ob heutzutage in den Vereinigten Staaten ein Mann lebt, der in classischer Bildung und encyklopädischem Wissen unserm deutschen Pionier gleich kommt. Wohl dürfen wir der deutschen Ansiedelung dazu Glück wünschen, daß dieser sich bereitwillig finden ließ, die Leitung der Schule zu übernehmen. Sie wurde am 11. Januar 1702 eröffnet. Das Schulgeld betrug 4—6 pence die Woche. Mehrere Bürger, denen die Erziehung der Jugend am Herzen lag, leisteten freiwillige Beiträge.

Die Schule war beiden Geschlechtern offen. Außerdem hielt Pastorius eine Abendschule für Solche, die während des Tages durch Arbeit in Anspruch genommen waren oder ihres Alters wegen die regelmäßige Schule nicht besuchen mochten.

Eine Anzahl von Lehrbüchern, die er verfaßte und handschriftlich hinterließ, diente ihm ohne Zweifel als Hülfsmittel beim Unterricht.

Im Jahre 1687 und wiederum 1691 war Pastorius Mitglied der Assembly, die in Verbindung mit dem Provincial Council die gesetzgebende Gewalt unter der Colonial-Regierung ausübte. Ueber seine Thätigkeit als Volksvertreter ist Nichts bekannt.

Das ehrenvolle Amt eines Friedensrichters für das County von Philadelphia wurde Pastorius 1693 vom Gouverneur Fletcher übertragen, der zur Zeit, als Penn in Ungnade gefallen und seiner Autorität enthoben war, Pennsylvanien zugleich mit New York regierte. Den Titel „Friedensrichter" übersetzte Jener in seiner Vorliebe für classische Ausdrucksweise „Irenarcha" und so hat er sich zuweilen unterzeichnet.

Bei der Feststellung und Regulirung neuer Eigenthums- und Rechtsverhältnisse bedurfte man in Germantown eines geschäftskundigen Mannes, der allgemeines Zutrauen genoß. Als solcher war Pastorius seinen Freunden geradezu unentbehrlich. An ihn wandte sich Jeder, der rechtsgültige Urkunden und formgemäße Briefschaften abgefaßt haben wollte. Und so finden wir denn in seinem Geschäftsbuche alle jene interessanten Documente, die ins Bereich des Notars und Rechtsconsulenten fallen, als geleistete Arbeit verzeichnet — Kaufbriefe, Miethcontracte, Vollmachten, Abfindungen, Vergleiche, Testamente, Auctionspapiere, Hypotheken, Traubriefe, Schuldklagen, Vorladungen, Beglaubigungen, Atteste, Inventarien. Auch übernahm er Uebersetzungen, Briefstellerei, Bekanntmachungen und was sonst in das Gebiet des federfertigen Geschäftsmannes oder Juristen fällt.

Die Preise waren, beiläufig gesagt, sehr mäßig, in Verhältniß zu den Kosten des Unterhalts. Für einen Kaufbrief auf Pergament berechnete er 4—7 Shillinge, für ein Testament, einen Traubrief, einen Miethcontract u. dgl. 2 Shillinge, fürs Schreiben eines Briefes oder einer Rechnung 4 Pence, für die Anfertigung eines Contractes 4 Pence bis 2 Shillinge. Zu gleicher Zeit kostete ein Bushel Waizen 3—4 Shillinge, ein Bushel Mais 1 Shilling 8 Pence, 1 Pfund Rindfleisch 3—4½ Pence. Der Tagelohn betrug gewöhnlich 2 Shillinge. Der Werth eines Pennsylvanischen Shillings war 13¼ Cts., und 1 Penny war der zwölfte Theil eines Shillings. Darnach kann man leicht berechnen, wie viel bessere Preise die Notare und Conveyancers unserer Zeit sich bezahlen lassen.

Man glaube indessen nicht, Pastorius sei bei Schulmeisterei und Notariat zu einem prosaischen Alltagsmenschen herabgesunken. Im thätigen Verkehr mit der Natur, bei der liebevollen Pflege seiner Blumen, Reben und Bienenstöcke, wahrte er sich seine geistige Frische und ein für das Schöne empfängliches Gemüth. Er selbst sagt darüber in seiner schlichten Weise:

> „Wer keinen Garten baut,
> Und nichts von Blumen weiß,
> Niemals zurücke schaut
> Ins irdisch Paradeis:
> Ist nur ein Sclav und Knecht,
> Zum Pflug und Fluch bestimmt,
> Und ihm geschiehet Recht,
> Daß er sich selbst benimmt
> All die Ergötzlichkeit,
> Die aus den Gärten fließt,
> Und man in dieser Zeit,
> Auch wohl hiernach genießt."

Eine handschriftlich hinterlassene Sammlung von Gedichten über Blumen- und Bienenzucht (Deliciae Hortenses und Voluptates Apianae) bezeugt, wie viel Vergnügen er an dieser Beschäftigung fand und wie viel Sorgfalt er darauf verwandte.

Im Ganzen erfreute sich Pastorius während seines Lebens einer guten Gesundheit; nur vier Fälle ernstlichen Unwohlseins weiß er von 1693 bis 1717 zu erwähnen, und sämmtliche Ausgaben für Doctor und Apotheker, die sein Rechnungsbuch während der letzten 20 Jahre aufweist, betragen — 3 Shillinge „für eine Purganz".

Das Glück eines heitern und zufriedenen Greisenalters scheint ihm in Folge von Chicanen vereitelt worden zu sein. Er klagt:

> „Nun in meinen alten Jahren
> Muß ich noch viel Leids erfahren,
> Und in meinen schwächsten Tagen
> Die allerschwersten Lasten tragen,
> Da meine Feind' mich quälen
> An Leib und an der Seelen;
> Was rath's? Ich halte stille,
> Und sag: Es g'scheh' Gottes Wille!"

Schon im Jahre 1711, als er das Alter von 60 Jahren erreichte, erklärte er sich lebensmüde:

> „Komm lang ersehnte Todesstund',
> Du Endschaft meiner Leiden!
> Es ist ja doch der alte Bund,
> Daß Seel' und Leib muß scheiden.
> Gehabt euch wohl, mein Weib und Söhn',
> Beharrt im wahren Glauben,
> Verachtet böser Leut' Gehöhn,
> Und achtet nicht ihr Schnauben.
> Mein Gott und Heiland, welcher hat
> Mich bis anher erhalten,
> Wird hoffentlich mit seiner Gnad'
> Auch ob der Meinen walten."

Auf den Erwerb von Geld und Gut war Pastorius wenig bedacht; er kümmerte sich um das Zeitliche vielleicht weniger, als einem klugen Hausvater geziemt hätte. In seinen handschriftlichen Notizen bemerkt er: „Das Land betreffend, war ich niemals begierig darnach, dieweil der Weg zum Himmel dadurch nicht gefunden wird. Jedoch nahm ich die 200 Acker an, die mir Wm. Penn in der Germantownship zulegte, nahm sie in Sommerhausen auff und verkaufte sie 1691 unweißlich an Wm. Strepers und Abraham Tünes vor 40 Pfund disländischen Geldes so ich meist zu der Frankfurter Compagnie Nothdurft ausgab.

„Die 1000 Acker Land, die mir Johann Ueberfeldt verkauffte, ließ ich auch sehr unweißlich unter der Compagnie Land liegen, ließ hernachmals Falckner anstatt meiner oder obengedachten Ueberfeldt's sich selbst, Arnold Storch und Jörg Müller in das Manatawnische Patent einsetzen, da doch keiner von ihnen dreyen ein einig Fuß oder Acker in gedachter Compagnie gehabt haben."

Pastorius starb in den letzten Tagen von 1719 oder in den ersten Tagen des folgenden Jahres; sein Testament, worin er sich als „sehr krank" erklärt, ist den 26. December 1719 datirt und die Eröffnung desselben fand am 13. Januar 1720 statt. Er vermachte darin seinem älteren Sohne Samuel, dem Weber, seine 50 Acker Land in Germantown, 200 Acker am Parqueaming (Perkiomen), eine englische Quartbibel, eine Flinte und den Webestuhl. Dem jüngeren Sohne Heinrich, der unter Crispin's Fahne getreten war, hinterließ er 300 Acker am Perkiomen, eine englische Bibel, eine silberne Uhr, seine Manuscripte und die zum Schuhmacherhandwerk gehörigen Geräthe. Beiden Söhnen in Gemeinschaft bestimmte er die gedruckten Bücher. Seiner Frau Anna fiel der Rest des am Perkiomen gelegenen Landes, nämlich 393 Acker, zu, gleichfalls ein bestrittener Anspruch auf 103 Acker in Germantown, ferner alle persönliche Habe und die ausstehenden Schulden.

Zu einem anschaulichen Lebensbilde von Pastorius fehlen uns genügende Anhaltspunkte, wie Tagebücher, Correspondenz und Beleuchtung durch zeitgenössische Nachrichten. Wir wissen, daß er ausgedehnte Kenntnisse, einen edlen Charakter und einen frommen Sinn besaß und daß er sich in uneigennützigster Weise um seine Landsleute verdient machte. Aber seine praktische Wirksamkeit füllt nicht das Maaß seiner Begabung aus. Vergleichen wir seine Eigenart, die uns aus seinen Aufzeichnungen entgegentritt, mit den Verhältnissen, die ihn umgaben und der Aufgabe, die ihm durch dieselben aufgenöthigt wurde, so will es uns bedünken, daß er gewissermaßen aus seinem Curse verschlagen war und seine Individualität den Umständen zum Opfer brachte. Die Gelehrsamkeit, die er sich in Deutschland angeeignet hatte, wucherte in ihm bis ans Ende seiner Tage fort, aber sie fand keine Verwendung, sie war wie das Veilchen, das ungesehen im Walde seinen Duft verhaucht. Er stand allein; die gesunde und erfreuliche Wechselwirkung, die einem Manne wie ihm nur ein entwickeltes Gemeinwesen bieten kann, blieb ihm versagt.

Kein Denkmal bezeichnet die Stätte, wo der Gründer von Germantown, der Pionier der deutsch-amerikanischen Einwanderung begraben liegt. Daß seine Gebeine auf dem alten Quäker-Kirchhofe in Germantown ruhen, ist eine Vermuthung, der man unbedenklich beipflichten darf. Käme es je dazu, daß dem würdigen Manne, welcher deutschen Biedersinn und strenge Gewissenhaftigkeit in der Fremde unantastbar wahrte, dem Vorgänger von Millionen deutscher Ansiedler in Amerika ein Denkstein gesetzt würde, so sollten die Worte, mit denen William Penn sein Wesen gekennzeichnet hat, darauf stehen :

  Vir sobrius, probus, prudens et pius, spectatæ inter omnes
    inculpatæque famæ.

(d. h.: Nüchtern, rechtschaffen, weise und fromm, ein Mann von allgemein geachtetem und unbescholtenem Namen.)

Dreizehnter Abschnitt.
Germantown, die deutsche Stadt.

Ueber hundert Jahre blieb Germantown, was sein Name besagte, eine deutsche Stadt. Dort predigte Wm. Penn 1683 in Tunes Kunders' Hause in deutscher Sprache und General Washington wohnte 1793 dem deutschen Gottesdienste in der reformirten Kirche bei, als ihn das in Philadelphia grassirende Gelbe Fieber nöthigte, seinen Wohnsitz zeitweilig nach Germantown zu verlegen. Lange Zeit war es die erste Raststätte der deutschen Einwanderer, die nach Pennsylvanien zogen und sich über die östlichen Bezirke, die Counties von Montgomery, Berks, Lancaster, Lebanon, York, Bucks, Lehigh und Northampton verbreiteten. Noch länger blieb es der Mittelpunkt des geistigen Verkehrs, der Ort, wo deutsche Bücher und deutsche Zeitungen herauskamen. Im Jahre 1738 errichtete Christoph Sauer dort eine deutsche Druckerei und Verlagshandlung, welche 40 Jahre lang erfolgreich bestand und dann nur durch eine gewaltsame Katastrophe im Strudel der Revolution unterging. In Germantown wurde 1743 die deutsche Bibel in einer stattlichen Quart-Ausgabe gedruckt, die erste Bibel, die auf dem westlichen Continente in einer europäischen Sprache erschien. Dort kam am 20. August 1739 das erste deutsche Zeitungsblatt heraus, der „Hochdeutsch Pensylvanische Geschichtschreiber", welcher den Reigen der deutsch-amerikanischen Presse eröffnet. In Germantown war die erste amerikanische Papiermühle und erste Schriftgießerei. Die Industrie, welche die deutschen Leineweber und Strumpfwirker von 1683 begründet hatten, erfreute sich während des folgenden Jahrhunderts und darüber hinaus des besten Rufes.

Lange Zeit gab es dort Jahrmärkte, wo es in deutscher Weise beim Kaufen und Zechen lustig herging und der deutschen Kinderspiele auf den Straßen konnten sich noch vor einem Menschenalter die älteren Leute erinnern. Diese wußten auch von Washington's ehrlichem Freunde, dem Oberbäckermeister der Armee, Christoph Ludwig, zu erzählen, der seine alten Tage in Germantown verlebte und mit kräftiger Stimme die Vorübergehenden so munter ansprach, daß es von ihm hieß: „Da kommt unser General."

Jetzt freilich ist Alles anders geworden. Die ländliche Anmuth zog die Stadtbewohner von Philadelphia seit dem Anfang des laufenden Jahrhunderts nach dem stillen Germantown und bald beschämten herrliche Landsitze die kleinen moosbewachsenen Steinhäuser der alten Ansiedler. In der Hauptstraße verdrängten Kaufläden die ehemaligen Wohnstätten. Die wachsende Zahl der Anglo-Amerikaner machte dem Vorwalten der deutschen Sprache ein Ende, und selbst die Namen der Pioniere, wie Lücken, Schumacher, Jansen, Kunders, nahmen ein englisches Gewand an, als Lukens, Shoemaker, Johnson, Conrads. Pastorius' Nachkommen, von welchen drei den berühmten Namen ihres Vorfahren, Franz Daniel, führen, können dessen deutsche Schriften nicht lesen. Das deutsche Germantown wurde allmälig ein Gegenstand der Tradition. Viele, die in Germantown wohnen, wissen sich von dessen Namen keine Rechenschaft zu geben. Seit dem Jahr 1854 hat es aufgehört, eine besondere Ortschaft zu sein. An die große Nachbarstadt annectirt, bildet es nunmehr die 22ste Ward von Philadelphia. Die Zustände der alten Zeit, von welchen diese Blätter erzählen, muthen uns an wie ein verklungenes Idyll, eine traumhafte Sage. Aber mag die pietätlose Gegenwart, die nur ein Auge für den Marktwerth des Grund und Bodens hat, in unserm Germantown weiter Nichts finden als eine Anzahl von Häusern und Baustellen einer Ward von Philadelphia, für den Deutschen der Vereinigten Staaten wird es stets eine denkwürdige Stätte bleiben, geweiht durch die Erinnerung an die Pioniere von 1683, die sich hier eine neue Heimath in der neuen Welt schufen und die großartige Wanderung der Deutschen nach Amerika einleiteten.

Johann Kelpius,
der Einsiedler am Wissahickon.

> Weihend mich mit stillem Beten
> Will den Urwald ich betreten;
> Wandern will ich durch die Hallen,
> Wo die Schauer Gottes wallen.
> Dort will ich für meinen Kummer
> Finden den ersehnten Schlummer.
> N. Lenau.

Ankunft in Germantown.

Am Johannistage des Jahres 1694 gerieth Germantown, das seit zehn Jahren aus der Wildniß kräftig hervorgewachsene deutsche Städtlein, in eine ungewöhnliche Aufregung. Eine Schar von Einwanderern war angelangt, die allerdings den freundlichen Gruß des Willkommens erhielten, zugleich aber mit neugierigen Augen betrachtet und mit allerlei Fragen bestürmt wurden. Männer schüttelten bedenklich den Kopf, Frauen flüsterten geheimnißvoll. Wer waren diese seltsamen Gäste?

Zunächst nahm es Wunder, daß die Fremden überhaupt noch angelangt waren. Man wußte, sie hatten im Herbst des vorigen Jahres Deutschland verlassen und sich im Februar in London eingeschifft. Bei der Unsicherheit der See während des englisch-französischen Krieges durfte man befürchten, daß sie in die Hände französischer Kreuzer gefallen waren, falls kein anderer Unfall sie betroffen hatte. Nun erschienen die längst Aufgegebenen plötzlich in Germantown. Doch war ihre verspätete Ankunft nicht das Einzige, das sie bemerkenswerth machte. Diese Männer und Frauen, etwa vierzig an Zahl, waren „Erweckte", die sich entschlossen erklärten, in der Waldeinsamkeit von Pennsylvanien auf die Wiederkunft Christi zu warten und, abgeschieden vom Babel der Welt, sich auf die große Stunde vorzubereiten.

Unter den Ankömmlingen war ein junger Mann, der sich durch seine fromme Inbrunst, seine Versenkung in mystische Speculationen und seine gediegene Gelehrsamkeit vor allen Uebrigen auszeichnete und darum als der geistige Führer seiner Genossen galt. Es war ein Siebenbürger, Namens Johann Kelpius. Die milden Züge seines blassen Antlitzes bezeugten den stillen in sich gekehrten Denker und die Entschlossenheit, die sich in seinem Ausdruck zu erkennen gab, war nicht die des rüstigen Pioniers, sondern deutete auf Standhaftigkeit im Entsagen. Damals wußte man von ihm nur, daß er tief aus Jacob Böhm's geheimnißvoller Philosophie geschöpft hatte und die wunderlichen Ansichten des Dr. Johann Wilhelm Petersen und der englischen Seherin Jane Leade theilte; später ist er als der „Einsiedler am Wissahickon" bekannt geworden und spukt als solcher noch im Munde des Volkes wie ein fabelhaftes Wesen.

Noch mehrere andere Candidaten der Theologie gehörten zu der sonderbaren Gesellschaft, die ihren Weg zur Himmelspforte über Pennsylvanien einzuschlagen gedachte, Johann Selig, Ludwig Biedermann, Daniel Falckner, Heinrich Bernhard Koster, Daniel Lutkins. Es waren auch Frauen dabei, aber irdische Liebe und Ehestand lagen ihrem Gedankenkreise fern.

Die Reise.

Hören wir zuvörderst, was unsere Sonderlinge über ihre Reise zu erzählen hatten. Johann Kelpius hat in einem lateinisch geführten Tagebuche, das im Besitze des Herrn Charles J. Wister in Germantown ist, alle Vorgänge während der Ueberfahrt aufs Genaueste verzeichnet und ein Anderer der Gesellschaft, der seinen Namen verschweigt (vermuthlich Daniel Falckner), hat seinen Freunden in Deutschland über die Reiseerlebnisse einen Bericht gesandt, der unter dem Titel „Copia Eines Send-Schreibens aus der Neuen Welt" 1695 gedruckt wurde.

Mit Hülfe dieser Aufzeichnungen können wir uns getrauen, nachzuerzählen, was die Fremden bald nach ihrer Ankunft vielleicht in Peter Keurlis' Wirthshause den versammelten Bürgern von Germantown über die Fährlichkeiten ihrer Reise mittheilten. Mit Ausscheidung von mancherlei Einzelheiten, die für uns kein Interesse mehr haben, mag der Bericht gelautet haben, wie folgt:

„Ihr wißt, wir wollten schon letztes Jahr kommen, aber unser Freund und Führer Johann Jacob Zimmermann starb zu unserm großen Leidwesen in Rotterdam. Wir begaben uns darauf nach London und haben uns dort etwa sechs Monate aufgehalten; was wir mit unsern Brüdern und Schwestern in Christo, namentlich mit der ehrwürdigen Jane Leade, unserem Mitkämpfer Johann

Deichmann und sonstigen Theilhabern der philadelphischen Gesellschaft verhandelt haben, will ich euch ein andermal erzählen.

„Am 13. Februar 1694 schifften wir uns auf der „Sarah Maria Hopewell" ein. Es waren unser etwa 40 Passagiere und 30 Matrosen. Das Schiff führte 14 große Kanonen. Am 16. Februar erhob sich ein Sturm und unerachtet wir zwischen Klippen und Sandbänken fuhren, ließ der Lootse die meisten Segel aufspannen. Da ging es wie ein Vogel flieget. Kurz vor Mittag warfen wir Anker, aber das Tau zerriß und das Schiff wurde von Wind und Wellen gegen eine Sandbank getrieben. Der Stoß wiederholte sich zweimal und die Matrosen riefen hinunter: Befehlet euch Gott, wir müssen umkommen. Alles warf sich auf die Knie und betete. Da erhielt unser Bruder Kelpius dreimal eine himmlische Eingebung, die ihn versicherte, daß Rettung bevorstehe. Unser Capitain, ein frommer Mann Namens Tanner, fühlte sich dadurch von neuem Muthe beseelt, die Wellen hoben das Schiff und die dräuende Gefahr ging glücklich vorüber.

„Am 21. liefen wir in Deal ein und lagen 14 Tage stille, indem wir auf die Ankunft eines Schutzgeschwaders von London warteten. Bruder Kelpius erhielt hier eine Geldanweisung von der edeln Jungfrau Catharina Beerens aus Holland nachgesandt und zwar durch die Vermittelung des Samuel Handerwick, der sich bei dieser Gelegenheit über die Pietisten in Deutschland viel erzählen ließ. Die erwarteten Schiffe kamen nicht und so wagten wir uns bis Plymouth. Hier hatten wir abermals einen Aufenthalt von fünf Wochen. Wir vertrieben uns die Zeit mit gottseligen Unterredungen, Auslegung der Schrift und Lobgesängen, wozu Etliche von uns auf musikalischen Instrumenten spielten, die wir von London mitgebracht hatten.

„Da wir auf das Geschwader von London nicht mehr hoffen konnten und eben eine Flotte, aus spanischen, dänischen und schwedischen Schiffen bestehend, nach Cadix oder Lissabon absegelte, so machte unser Capitain einen Accord mit dem Admiral, uns 200 holländische Meilen in den Ocean zu begleiten. Es schloß sich uns ein anderes Schiff, die „Providence", an, das auch nach Amerika fuhr. Wir stachen am 15. April in See und hatten die Flotte bis zum 23. bei uns. Mit dem Monat Mai begann es zu stürmen, zuweilen 24 Stunden hinter einander fort. Wie es da hergeht, weiß Keiner besser, als wer dabei gewesen ist. Große Gefahr ist aber nicht auf offener See, weil diese gemeiniglich so tief ist, wie die höchsten Wolken von der Erde sind, also das Schiff Nichts hat, woran es stoßen kann.

„Am 10. Mai Morgens sahen wir bei schönem stillen Wetter 3 Schiffe von ferne. Sogleich begannen Viele von uns schwermüthig zu werden, da wir fürchteten, es möchten französische Schiffe sein. Am Mittage konnte man durchs Fernrohr sehen, daß sie weiße Flaggen führten mit Lilien. Sogleich wurde Alles zum Kampfe bereit gemacht. Die Passagiere hatten Freiheit mitzufechten oder nicht. Wir enthielten uns der fleischlichen Waffen und ergriffen den Schild des Glaubens, setzten uns im mittleren Raum hinter Kisten und Kasten, beteten und riefen zum Herrn. Wir waren kaum hinunter, so kam eine französische Fregatte mit 24 Kanonen und ein Kauffahrteischiff mit 6 Kanonen gerade auf uns zu und gab Feuer. Nach einer Stunde ließ die Fregatte etwas von uns ab und fiel mit dem dritten Schiff, das 12 Kanonen führte, die „Providence" an, die sich brav vertheidigte. Die Schlacht dauerte im Ganzen etwa 4 Stunden. Dann schlug der Herr unsere Feinde mit Furcht, daß sie sich zur Flucht wandten. Die große Fregatte gab das Zeichen dazu, die andern konnten nicht so schnell folgen, und das Kauffahrteischiff fiel in unsere Hände. Von nun an hatten wir Wind und Wetter günstig. Etliche Male wurden wir von blindem Lärme geschreckt, indem uns zweimal englische Schiffe entgegen kamen.

„Das erbeutete Schiff wurde der „Providence" überlassen und da letztere in Folge davon nicht so schnell vorwärts konnte, schieden wir von ihr. Am Tage einer Sonnenfinsterniß, den 12. Juni, kam die Küste von Virginien in Sicht. Am 13. Juni liefen wir in die Chesapeake Bay ein, landeten an deren nördlicher Spitze den 19. und begaben uns über Land nach New Castle, wo wir den 22. eintrafen. Am nächsten Tage erreichten wir Philadelphia, wo wir eine kurze Rast nach unserer langen Reise hielten und heute beeilten wir uns, zu euch zu gelangen."

Wer Kelpius war.

Wer in der handschriftlichen Hinterlassenschaft des Einsiedlers Aufschlüsse über sein äußeres Leben sucht, wird sich enttäuscht finden. Außer dem Tagebuche, von dem die Rede gewesen ist, enthält das alte Manuscript nur noch neun lange Briefe über allerlei theologische Probleme. Was wir aus andern Quellen haben erholen können, beläuft sich auf folgende Nachrichten.

Sein Vater war Pfarrer in Denndorf im Straßburger Stuhle von Siebenbürgen, wo er 1685 mit Tode abging. Johannes wollte in Tübingen Theologie studiren. Der Krieg aber, womit Ludwig XIV. die Pfalz und Württemberg überzog, bestimmte ihn, nach Altorf zu gehen. Hier ward er der Schüler und bald der Freund des berühmten Theologen Dr. Johann Fabricius, mit dem er auch noch von Amerika aus im Briefwechsel blieb. Fabricius vertrat, vornehmlich nachdem er in Helmstedt der Nachfolger des Calixtus geworden war, die sogenannte irenische oder friedliebende Schule der Theologie, die von der bittern Fehde gegen andere Confessionen absah. Kelpius, anfangs ein strenger Calvinist, griff den Gedanken an ein innerliches Christenthum begierig auf und bildete ihn unter andern Einflüssen weiter.

Im Jahre 1689 erwarb er sich die Magisterwürde, bei welcher Gelegenheit er eine lateinische Dissertation über die natürliche Theologie schrieb. Im folgenden Jahre verfaßte er eine Abhandlung über die Frage, ob die heidnische Sittenlehre (nämlich die Aristotelische) sich zur Belehrung der christlichen Jugend eigne, und in Gemeinschaft mit seinem Lehrer Fabricius ein Werk, betitelt: Scylla Theologiae, aliquot exemplis Patrum et Doctorum etc. ostensa.

Aus den nächsten 5 Jahren seines Lebens liegt allerdings keine directe Nachricht vor, aber seine später zu Tage tretende Richtung läßt erkennen, daß er die Mystik jener Zeit in vollen Zügen schlürfte. Viele der subtileren Geister wandten sich mit Vorliebe der Theosophie Jacob Böhm's zu, aus deren fruchtbaren Keimen allerlei Schwärmereien hervorgingen.

Auch Kelpius hielt große Stücke auf den philosophus Teutonicus, ohne sich indessen an ihn zu binden. Er interessirte sich aufs

Lebhafteste für Spener's practischen Pietismus, nahm von Petersen die Ueberzeugung an, daß es keine ewigen Höllenstrafen gebe und daß die Verheißung des tausendjährigen Reiches Christi bald in Erfüllung gehen werde, glaubte an directe Eingebungen oder göttliche Gesichte, womit unter Andern die schöne Rosamunde von Asseburg, Petersen's Schützling, begnadet sein sollte. Alle diese Elemente des „erweckten" Lebens, welche den Kirchen ein Dorn im Auge waren, fanden bei dem Jünglinge willige Aufnahme und selbstständige Verwendung.

Aehnliche Ansichten theilten damals Viele und mußten dafür Verfolgung erleiden. So war der gelehrte Pfarrer Johann Jacob Zimmermann seiner Stelle in Bietigheim in Württemberg entsetzt worden, weil er sich ungescheut der Philosophie Jacob Böhm's annahm. Um ihn scharte sich ein Häuflein verwandter Seelen, zuerst H. B. Koster, dann unser Kelpius, Falckner, Biedermann, sämmtlich Candidaten der Theologie, und Andere. Sie hielten sich eine Zeitlang in Halberstadt und in Magdeburg auf und beschlossen dann, dem europäischen Babel den Rücken zu kehren und in Pennsylvanien, dem Lande der Gewissensfreiheit, für ihre Ueberzeugungen einzustehen. Dazu gehörte nun freilich auch die Grille, daß ein geheiligtes, dem Seelenbräutigam geweihtes Leben die Banden des Ehestandes und die Lockungen der irdischen Liebe ausschließe. Die meisten unserer Schwärmer sahen dem baldigen Anbrechen des tausendjährigen Reiches Christi zuversichtlich entgegen.

Sie wollten sich 1693 in Rotterdam einschiffen, aber hier starb Zimmermann. Sie begaben sich nach London und blieben dort sechs Monate. Auch in England gab es Schwärmer ganz ähnlicher Art, wie in Deutschland. Dr. James Pordage hatte mehrere Werke Jacob Böhm's ins Englische übertragen und stand mit Jane Leade an der Spitze der sogenannten philadelphischen oder brüderliebenden Gesellschaft, eines Bundes, der, im Gegensatz zu den trennenden und starren Bekenntnissen, alle wahren Nachfolger Christi vereinen wollte. In Deutschland wirkten Petersen und vielleicht noch mehr dessen Frau, Johanne Eleonore, geb. von Merlau, dieselbe Dame, welche W. Penn in Frankfurt kennen lernte, für die Organisation und Ausbreitung der philadelphischen Gesellschaft. In London war

Johann Deichmann, ein Deutscher, der Secretär des Bundes. Mit diesem knüpfte Kelpius innige Freundschaft an. Auch mit James Pordage und Jane Leade kam er in Berührung. Diese merkwürdige Frau gerieth von Zeit zu Zeit in einen Zustand der Verzückung und glaubte dann göttlicher Eingebungen „aus der Centraltiefe" theilhaftig zu werden, ähnlich wie Rosamunde von Asseburg. Nur bestand zwischen den Beiden dieser Unterschied, daß Jane Leade alt war und viele schwerverständliche Bücher schrieb, während die junge und liebenswürdige Rosamunde nur mündliche Orakel ertheilte.

Am Wissahickon.

Schwerlich fanden die schlichten Leineweber von Germantown Geschmack an dem luftigen Spintisiren der Mystiker. Kelpius mochte ihnen vorkommen, wie das „Thier auf dürrer Heide von einem bösen Geist herumgeführt." Und dennoch scheint es an Anknüpfungen nicht ganz gefehlt zu haben. Der Verfasser des oben angeführten Sendschreibens erzählt, daß in Jacob Isaak Van Bebber's Hause wöchentlich drei Mal eine Versammlung stattfand, in welcher Koster öffentlich redete „zu großer Erbauung". „Auch", heißt es weiter, „pfleget er in Philadelphia wöchentlich eine Versammlung zu halten, allwo er englisch redet."

Jedenfalls aber blieben sie nicht lange in Germantown. Ueber den Ort, wo sie ihr Erdenwallen zu beschließen gedachten, gibt uns dieselbe Quelle einen Fingerzeig. „Die Leute erweisen uns große Liebe. Einer aus Philadelphia schenkte uns neulich 175 Acker Landes, eine Stunde von Germantown, wozu Andere noch mehr zu geben versprochen; wir fangen nun an, daselbst ein Haus zu bauen, wozu uns die Leute allen Vorschub thun." Hiermit stimmt im Wesentlichen überein, was Adelung („Geschichte der menschlichen Narrheit", Bd. 7) mittheilt. Ein Engländer, sagt er, Namens Thomas Fairmond, habe Koster und seinen fünf gelehrten Begleitern ein Stückchen Wald geschenkt, das sie zu einem tragbaren Acker zubereiten sollten. Dort hätten sie ein Blockhaus von über einander gelegten Bäumen errichtet, den Wald gelichtet und türkisches Korn gebaut, um sich vor dem Hunger zu schützen.

Wenn Thomas Fairman, der damalige Landvermesser der Provinz, unsern deutschen Schwärmern wirklich eine Strecke bewaldeten Landes zum Geschenk gemacht hat, so unterließ er es, darüber eine Urkunde auszustellen oder es wurde vernachlässigt, derselben gesetzlich bindende Kraft zu verleihen. Denn in den Büchern der Registratur-Behörde ist keine solche Uebertragung verzeichnet. Nur am Faden der Tradition finden wir die Stelle, wo sich die sonderbare Gesellschaft unserer Himmelspilger niederließ. Ehe wir ihnen in ihre Waldwüste folgen und ihren theologischen Grübeleien lauschen, sehen wir uns einen Augenblick auf dem Schauplatze um, den sich die mystische Gesellschaft, „das Weib in der Wüste", zu ihrem Aufenthalte erkor.

Jeder Philadelphier kennt die romantische, noch heute in wilder Schönheit prangende Thalschlucht des Wissahickon. Es ist, als ob das Hügelland Pennsylvaniens, ehe es völlig zur Ebene des unteren Delaware verflacht, sich noch einmal in die malerische Verwegenheit der fernen Berglandschaft zurückträume. Bald durch felsige Hemmnisse schäumend, bald ruhig wie ein See im friedlichen Becken die Aeste der Kastanie und die Gipfel der Fichte spiegelnd, windet sich der Wissahickon durch die bewaldeten Höhenzüge, die ihn einfassen, in anmuthigen Krümmungen dem Schuylkill zu. Bei jeder neuen Wanderung finden der Naturfreund und der Künstler neue Reize, die überraschen und fesseln, eine stille, einsame Waldschlucht, eine blumige Wiese, eine zackige Felswand, überragt von Eichen und Föhren.

Was dem Städter jetzt eine Augenlust ist, wohin er auf den Verkehrswegen der Civilisation ohne Mühe gelangt, das war vor 190 Jahren, als die inbrünstigen Lieder der Einsiedler durch die feierliche Stille tönten, eine unbetretene Wildniß. Philadelphia selbst war mehr Wald als Stadt. Nach Germantown führte ein einziger Weg durch Lorbeerstauden, ehedem der Fußpfad der Indianer und damals etwa breit genug für ein mit Körben belastetes Saumthier. Westlich von Germantown dem Schuylkill zu lag der dichte Urwald, dessen Schweigen nur durch die Musik der Natur: das Säuseln des Windes, das Rauschen des Wissahickon, den muntern Ruf des Wippurwill und des Spottvogels, auch wol das Rascheln der Blätter unter dem Fußtritt des Rehes oder Bären unterbrochen wurde.

In dieser Einsamkeit, auf der Höhe, die noch heute „der Rücken" (the Ridge) heißt, ließen sich die Männer und Frauen nieder, welche der Welt und ihren Lockungen entsagt hatten. Ueberschreitet man den Wissahickon etwa eine halbe Meile oberhalb seiner Mündung in den Schuylkill und erklimmt den bewaldeten Hügel, der ziemlich steil vom westlichen Ufer des Baches aufsteigt, so gelangt man auf ein anmuthiges Plateau, wo Herrn Evan Prowattan's Landhaus, die sogenannte Eremitage, sich befindet. Ein paar hundert Schritte von hier steht ein altes baufälliges Haus, das ehedem von Phöbe Richter bewohnt wurde. Hier soll die Heimstätte des Siebenbürger Theosophen gewesen sein und zwar, wie unter dem Volke die Sage geht, in einer unter dem Hause befindlichen, jetzt zugemauerten Höhle. Manche Ortsnamen in der Nachbarschaft erinnern an die ehemaligen Einsiedler. Die Eremitage wurde bereits genannt. Eine Quelle am Abhange des Hügels heißt: The Hermit's Spring und die Steine, welche ihr als Einfassung dienen, sollen von Kelpius selbst gelegt sein. Der Weg, welcher um den Hügel bis zur Ridge Road führt, hat den Namen Hermit's Lane erhalten.

Des Schicksals Jronie fügt es seltsam in der Welt. Nicht einen Steinwurf von dem Platze, wo der fromme Träumer, aller Weltlust und dem Liebreiz der Frauen entsagend,

"Siedenden Schmerz der Brust,
Schäumende Götterlust"

aus stillen Meditationen schöpfte, dort an dem lieblichen Ufer des Wissahickon ertönt in jüngeren Tagen der lärmende Festjubel profaner Picknicks und der scherzende Zuruf muthwilliger Liebespaare.

Das Weib in der Wüste.

Gern wüßten wir des Näheren, wie denn eigentlich diese einsiedlerischen Schwärmer ihr Leben gestalteten, womit sie sich beschäftigten, wie es ihnen erging. Aber zuverlässige Kunde darüber ist äußerst kärglich. Hätte Kelpius in den Briefen, deren Abschrift von seiner eigenen Hand sich erhalten hat, nur etwas von seinem alltäglichen Leben mit einfließen lassen, so wäre uns jetzt damit besser gedient, als mit den weitläufigen theologischen Grillen, die er darin ausspinnt. Der Verfasser des Sendschreibens aus Germantown (d. d. 7. August 1694) sagt: „Wir sind resolviret nebenst den öffentlichen Uebungen der kleinen Kinder dieses Landes viele zu uns zu nehmen und sie Tag und Nacht bei uns zu haben, damit in denen einmal ein Grund gelegt werde zu einem unbeweglichen festen Wesen, denn hier muß angefangen werden, sonst bleibt es bei den Alten immer Stück- und Flickwerk."

Hieraus geht hervor, daß sich unsere wunderlichen Heiligen auf den Unterricht der Kinder legten und einige Bestätigung erhält dies durch eine Notiz in den „Hallischen Nachrichten" (p. 1265), welche von Joh. Selig meldet, er habe etwa 8 Meilen von Philadelphia als Einsiedler gelebt und die Kinder aus der Nachbarschaft unterrichtet.

Ein seltsamer Name ist der kleinen Gemeinde unserer deutscher Mystiker beigelegt worden, nämlich „Das Weib in der Wüste." Daß Kelpius oder Einer der Seinigen der Gesellschaft diesen Namen angeheftet habe, ist nicht anzunehmen und doch ist es wahrscheinlich, daß unser Einsiedler dazu den Anlaß gab.

„Das Weib in der Wüste" stammt aus der Offenbarung Johannis und wird auch das Sonnenweib genannt. „Ein Weib mit der Sonne bekleidet und der Mond unter ihren Füßen und auf ihrem Haupt eine Krone von zwölf Sternen". (Offenbarung 12, 1.) „Und das Weib entflohe in die Wüste, da sie hatte einen Ort bereitet von Gott, daß sie daselbst ernähret würde tausend zwei hundert und sechzig Tage". (Offenb. 12, 6.) Ueber dies Weib, das ein Knäblein gebar, ehe es in die Wüste floh und über den Drachen, der das Knäblein fressen wollte, sind höchst merkwürdige Vermuthungen aufgestellt worden. Für die Mystiker am Wissahickon hatte das Wort einen Collectivsinn; es bedeutete die Gemeinde der Erwählten, die Kinder des obern Jerusalem, die verborgen sind in der Wüste, d. h. der abgefallenen Christenheit, im geistigen Babel, im dunkeln Aegypten.

Wiederholt gefällt sich Kelpius in seinen Briefen, über die Wüste zu allegorisiren. Er unterscheidet drei Arten derselben. Die dritte, die der Erwählten, schildert er so anziehend wie das wiedergefundene Paradies. Sie blühet wie eine Lilie, die bittersten Myrrhen haben hier eine verborgene Süßigkeit. Finsterniß ist wie Licht, Sterben ist allhie Lebendig-werden.

Sodann verknüpft er in seinem Gedankengange wiederum das Weib in der Wüste mit seinem Glauben an die Wiederkunft Christi. „Hättet ihr nur seinen Geist", schreibt er, „so würdet ihr kein Hochzeitfrohlocken vor der Zeit anfangen, sondern mit dem Weib in der Wüste und ihrem Samen Tag und Nacht rufen: Komm, Herr Jesu! und geduldig warten, bis daß er komme." Er hütete sich davor, wie manche Andere, einen bestimmten Tag herauszuklügeln und darauf Alles zu setzen. „Die Sache wird ganz anders kommen, als ein oder einiger Mensch, ja J. L. (wahrscheinlich Jane Leade) selbst sich einbildet. Wenn der letzte Stein wird rollendet sein, dann wird der Bau ohne Hammerschlag, ohne Rumor und Geschrei plötzlich erscheinen in seiner göttlichen Pracht und Herrlichkeit und Schöne."

Seine Sehnsucht nach dem großen Tage wuchs mit dem Verzuge. In einem Gedichte ruft er:

> „O quälende Liebe! o süßeste Plag'!
> Verlege, verschiebe nicht länger den Tag!
> Verkürze die Zeiten! laß kommen die Stund'!
> Denk an den getreuen, gnädigen Bund
> Und mache denselben für alle Welt kund!"

Diese ewige Spannung, dieses stete Anfachen der Zuversicht und die Ueberwindung der Ungeduld wurde am Ende eine Seelenqual. „Ich ging in diese Wüste als in einen Rosengarten und wußte nicht, daß es der Ofen der Trübsal war." Er spricht von einem Leide in seiner Seele, das von Gethsemane bis Golgatha reicht. Einmal, vielleicht als er sich der Hinfälligkeit seines Leibes bewußt wurde, leiht er seiner Niedergeschlagenheit diese Worte:

> „So manches kummervolle Jahr
> Hab ich nun Dein geharret,
> Doch ach! umsonst, ich fürcht' fürwahr,
> Ich werd' doch eingescharret,
>   Eh ich Dich seh'
>   Eh denn ich steh'
> Geschmückt zu Deiner Rechten,
> Gekrönt mit den Gerechten."

Während er seine Vorstellung von den letzten Dingen gewöhnlich in biblische Bilder kleidet, bricht einmal eine pantheistische Auffassung durch, die eher an Plotin als an das Christenthum erinnert. Sehn=

süchtig mit dem göttlichen Wesen zu werden „ein einig Ein", fragt er:

„Wann werd' ich doch dies e i n anschauen und empfinden?
Wann werd' ich in ihm ganz zerfließen und verschwinden?
Wann fällt mein Fünklein Gas in sein Lichtfeuer ein?
Wann wird mein Geist mit ihm nur e i n e Flamme sein?"

Den Kirchen und Sekten gegenüber wahrte sich Kelpius einen unabhängigen Standpunkt. Die vermittelnde Richtung, der er sich als Student in Altorf zuwandte und die durch seine Verbindung mit der philadelphischen Gesellschaft an Tiefe gewonnen hatte, findet in ihm auch in Pennsylvanien einen Fürsprecher. In einem Briefe an seinen Lehrer Fabricius in Helmstedt bemerkt er, der Architect der Wohnungen in unseres Vaters Hause habe sich wenig an unsere gemeine Formular- und systematische Architectur gekehrt. „Ich hoffe", fährt er fort, „daß Gott, der Menschen und Vieh selig macht und sich aller seiner Werke erbarmt, wird zuletzt alle Menschen, wie sie in dem ersten Adam alle sterben, also auch in dem andern alle wieder lebendig machen."

Das ist die Lehre von der „Wiederbringung aller Dinge", die von Dr. Petersen in Deutschland und von Jane Leade in England im Gegensatz gegen den Glauben an ewige Höllenstrafen aufgestellt wurde.

Nach Deutschland war das Gerücht gelangt, Kelpius sei zu den Quäkern übergetreten. Hiergegen verwahrt er sich aufs Entschiedenste. Zwar dürfe man nicht alle Quäker über einen Kamm scheren, aber der größte Haufen unter ihnen sei so weltlich gesinnt, als irgend eine andere Partei.

Ehelosigkeit und Seelenbrautschaft.

Die natürlichen Neigungen erscheinen dem Mystiker unrein und niedrig. Und so wollten denn auch die Mitglieder des „Weibes in der Wüste" nicht freien und nicht gefreit werden. Einzig darauf bedacht, ihr Lämplein für den himmlischen Bräutigam zu schmücken, sahen sie die Liebe zwischen Mann und Weib als eine Untreue an dem Erkorenen an.

Dieser Gefühlsrichtung gab unser Einsiedler Ausdruck in Gedichten, die sich in einer Abschrift erhalten haben.

Wie in ähnlichen Erzeugnissen der mystischen Poesie, tritt der Seelenbräutigam, d. h. Christus, an die Stelle des irdischen Liebhabers und erhält die zierlichen und süßlichen Huldigungen der verliebten „Psyche" oder Seele.

"Ich liebe Jesum nur allein,
Den Bräut'gam meiner Seelen.
Kein andrer soll mein Herzelein
Durch Liebe mir abstehlen.
Niemand kann zwei
Mit gleicher Treu'
Zu einer Zeit umfassen.
Drum will ich andre lassen."

Kelpius bekannte sich auch zu der seltsamen Theorie der Mystiker, daß der Mensch nach der Schöpfung nicht geschlechtlich differenzirt war, sondern die männliche und weibliche Wesenheit (Tinctur) eine Einheit in ihm bildeten. Durch den Verlust der göttlichen Weiblichkeit (Sophia), woran sich die Erschaffung einer irdischen Eva knüpfte, sank er auf die Stufe der zweigeschlechtlichen Thierwelt. Die Erlösung besteht in der Aneignung der „obern Jungfrau" Sophia.

"Im Anfang warst Du eins, im Falle bist Du zwei worden,
Und da Sophie Dich führt durch Buß in ihren Orden,
Wirst Du ganz freudenvoll, Du meinst nun eins zu sein
Mit ihr, weil Dich durchstrahlt ihr klarer Gottheit-Schein."

Der Weltdrache.

Mancher Winter hatte die Bäume des Waldes entlaubt, mancher Sommer ihnen den Schmuck zurückgegeben, der Schritt der Zeit brachte in regelmäßigem Wechsel duftige Blüthen und Schneegestöber, prächtige Sonnentage und brausende Stürme, aber der Tag der Herrlichkeit, der Hochzeitsmorgen des Lammes wollte für unsere Himmelspilger nicht anbrechen. Mittlerweile war Kelpius durch seine sonderbaren Grillen und seine Gelehrsamkeit zu einigem Rufe gekommen. Stephen Momford, ein englischer Baptist, der die Feier des Samstags befürwortete, trat mit ihm in Correspondenz und erhielt von ihm Belehrung über die pietistische Bewegung in Europa; die schwedischen Geistlichen in Christina (Wilmington) wußten von ihm; Rudman, der ihn persönlich kennen lernte, hatte sich gegen seinen Collegen Erich Biork sehr vortheilhaft über den Einsiedler ausgesprochen, wie aus einem gelehrten lateinischen Briefe, den Kelpius an Biork schrieb, hervorgeht; auch mit einer Elisabeth Gerber in Virginien und Hester Pallmer in Flushing, Long Island, trat er in Briefwechsel, um erbetene Belehrung über seinen Glauben zu ertheilen. Wir dürfen aus diesen Umständen schließen, daß sein Eremitenleben nicht im rohesten Sinne zu fassen ist. Auf dem von Christopher Witt in Germantown angefertigten Bilde erscheint er in langem, stolaähnlichem Gewande, auf einem Armstuhl vor dem Lesepult sitzend. Eine Wanduhr zeigt die Stunden. In einem seiner Briefe begehrt er die Uebersendung zweier Clavicordien mit Saiten dazu. Alles dies erweist, daß die Einsamkeit nicht zur Verwilderung wurde. Im Jahre 1700 erhielt er nebst Jawert und Falckner die Ernennung als Agent der Frankfurter Gesellschaft, nahm dieselbe aber nicht an. Er verdankte diese Berücksichtigung ohne Zweifel den „erweckten" Theilhabern der Gesellschaft, die er wahrscheinlich von Deutschland her kannte.

Anfangs kräftigte das Leben in der Wüstenei seine Gesundheit, später kommen Andeutungen zunehmender Schwäche. Im Jahre 1708 starb er im Alter von etwa 40 Jahren. Ueber seine letzten Stunden erzählt Pastor Heinrich Melchior Mühlenberg, was er aus zuverlässiger Quelle erfahren hatte. Derselbe meldet in den „Hallischen Nachrichten", p. 1265, nach kurzer Erwähnung unserer Schwärmer, wie folgt:

„Von dem ältesten und vornehmsten Herr G.[*] gab mir vor acht und zwanzig Jahren ein glaubwürdiger Mann, der über sechzig Jahre alt war, auch bei Herr G. verschiedene Jahre gewohnt und sein vertrauter Freund gewesen, folgende Nachricht. Herr G. habe unter andern rest geglaubt, daß er nicht sterben, sein Leib nicht verwesen, sondern verwandelt, verklärt, überkleidet, und er, wie Elias, hingenommen werden solte. Wie nun seine letzte Stunden herbey genahet, und sich Vorboten, wie bey andere Adams-Kindern, zur

[*] Irrthümlich für K.

Auflösung und Scheidung Leibes und der Seele gemeldet, habe Herr G. drey Tage und Nächte vor GOTT angehalten, gerungen und geflehet, er möchte doch mit ihm keine Scheidung vornehmen, sondern Leib und Seele beysammen lassen und verklärt aufnehmen! Zuletzt habe er aufgehört und zu diesem seinen Freund gesagt: Mein lieber Daniel, ich erlange nicht, was ich geglaubt, sondern mir ist die Antwort worden: Ich sey Erde, und solle zu Erde werden, ich soll sterben, wie andere Adams=Kinder auch. Einige Tage vor seinem Todes=Kampf habe Herr G. diesem seinem Freunde Daniel eine stark versiegelte Schachtel gereicht, und ihm ernstlich befohlen, er sollte sie ohne Verzug in den Fluß, Schulkil genannt, werfen. Daniel sey damit aus Wasser gegangen. Weil er aber gedacht, daß dieser verborgene Schatz vielleicht ihm und seinen Nebenmenschen noch nützlich seyn könte, habe er die Schachtel am Ufer versteckt und nicht hineingeworfen. Als er zurückgekommen, habe Herr G. ihm scharf nach den Augen gesehen, und gesagt: Ihr habt die Schachtel nicht ins Wasser geworfen, sondern am Ufer versteckt, worüber der ehrliche Daniel erschrocken und geglaubt, daß seines Freundes Geist einigermaßen allwissend seyn müßte, sey wieder zum Wasser gesprungen, und habe die Schachtel wirklich hineingeworfen, und mit Erstaunen gesehen und gehöret, daß das Arcanum im Wasser, wie er es ausdrückte, geblitzet und gedonnert. Nachdem er nun zurückgekommen, habe ihm Herr G. entgegen gerufen: Nun ist's vollbracht, was ich euch aufgetragen habe. Bald hernach habe er, wie oben gemeldet, seinen dreytägigen Todes=Kampf mit GOTT angefangen, und mit unablässigem Flehen erzwingen wollen, daß der HErr Zebaoth ihn, wie Henoch und Elias, aufnehmen sollte."

Mehr und mehr gewann nun der Weltdrache die Ueberhand. „Der Drache ward zornig über das Weib und ging hin zu streiten mit den Uebrigen von ihrem Samen." Schon zu Kelpius' Lebzeiten waren mehrere seiner Genossen zu den Fleischtöpfen Aegyptens, d. h. zur deutschen Küche von Germantown zurückgekehrt. Allerdings fehlte es auch nicht an neuen Jüngern, unter denen Conrad Mathäi, ein Schweizer, Christoph Witt und Daniel Geisler genannt werden. Nach Kelpius' Tode schmolz das Häuflein zusammen. Einige, sagt das Chronicon Ephratense mit bitterem Hohne, „kamen aus Weib", Andere ließen sich in die Kirche wieder aufnehmen. Noch 1721 existirte ein kleiner Rest des Wüstenweibes auf den Hügeln am Wissahickon, aber endlich hieß es doch:

> Wolkenzug und Nebelflor
> Erhellen sich von oben;
> Luft im Laub und Wind im Rohr —
> Und Alles ist zerstoben.

Und doch dürfte man, um noch einmal aus dem Walpurgisnachttraum zu citiren, hinzusetzen:

> Da kommt ja wohl ein neues Chor,
> Ich höre ferne Trommeln.

Die deutsche Mystik hatte am Wissahickon nicht ihren letzten Traum in Pennsylvanien geträumt. Dieselben phantastischen Fäden, aus denen das Weib in der Wüste gewoben war, flogen abermals über den Ocean und gerannen zu einem festeren Gebilde, dem Orden der Einsamen in Ephrata, welchem wir unsere Aufmerksamkeit auf einem andern Blatte schenken werden.

Die beiden Christoph Saur in Germantown.

Jugend des älteren Saur.

Den Pionieren auf wichtigen Gebieten des Lebens versagt die Nachwelt selten den Tribut ehrender Erinnerung. Man kann nicht sagen, daß den beiden Druckern, Christoph Saur, Vater und Sohn, in dieser Beziehung ihr Recht geworden sei. Nur dürftige biographische Notizen über sie sind zur öffentlichen Kunde gelangt, ohnehin mehr in englischen als in deutschen Druckschriften.

Und doch war es der ältere Saur, der den deutschen Buchdruck nach Amerika verpflanzt hat, der als der erste deutsche Verleger und der erste deutsche Zeitungsunternehmer dieses Continentes zu nennen ist, der ein Geschäft begründete, das unter seiner und seines Sohnes Führung vierzig Jahre lang in Blüthe stand.

Denken wir an die außerordentliche Ausdehnung, welche der deutsche Buch- und Zeitungsdruck in den Vereinigten Staaten erlangt hat, an die innige Verknüpfung der deutschen Presse mit dem Culturleben, dem politischen Einflusse und dem materiellen Wohlstande der deutschen Bevölkerung, so wendet sich unser Blick mit lebhaftem Antheil auf die Pioniere, welche diese Hebel der Civilisation vor beinahe anderthalb Jahrhunderten in unser Land einführten.

Die beiden Saur, Vater und Sohn, waren gleichnamig und da das von Christoph Saur sen. gegründete Geschäft nach dessen Ableben 1758 in die Hände des Sohnes ohne Unterbrechung und Namenswechsel überging, so ist der Unterschied zwischen Vater und Sohn nicht selten unbeachtet geblieben.

Von den Lebensumständen des älteren Saur vor dessen Auswanderung im Jahre 1724 ist uns weiter nichts bekannt, als daß er 1693 geboren wurde und in Laasphe, einem Städtchen im Wittgensteinischen (jetzt zu Westfalen, Regierungs-Bezirk Arnsberg, gehörig) ansässig war. So gleichgültig und beziehungslos diese Nachricht zu sein scheint, so gibt sie uns doch, wie wir sehen werden, den

Schlüssel zu der vorwiegenden Geistesrichtung und dem eigenthümlichen Charakter des Mannes an die Hand.

Die Grafschaft Wittgenstein war nämlich gerade damals der Schauplatz sehr auffallender Vorgänge auf religiösem Gebiete, und in ganz besonderer Weise wurden Berleburg, die Hauptstadt des Ländchens, und Schwarzenau, in dessen Nähe Laasphe liegt, davon betroffen.

Es ist daran zu erinnern, daß seit dem letzten Viertel des siebzehnten Jahrhunderts in Deutschland, Holland, England und auch in Frankreich gegen die starre Orthodoxie und gemüthlose Weltkirche bei vielen frommen, nach Innerlichkeit und Wahrheit strebenden Menschen eine entschiedene Verstimmung, ja Auflehnung Platz gegriffen hatte. Diese erklärten die bestehenden Kirchen für ein Babel, die Geistlichen für Baalspriester, die Predigt für heuchlerisches Wortgeklingel, die Sacramente für leeren Formelkram. „Erweckte" und „Wiedergeborene" nannten sie sich selbst; „Schwärmer", „Fanatiker", „Wiedertäufer" hießen sie bei den Gegnern. Zu Anfang des achtzehnten Jahrhunderts erhielt diese ascetisch-mystische Richtung einen frischen Anstoß. Neue Formen der Erweckung und der directen Erleuchtung kamen auf; Wanderprediger, die zur Buße mahnten und das anbrechende Reich Christi verkündeten, redeten in geheimen Conventikeln oder vor aufgeregten Volkshaufen. Freilich auf ihre Gefahr hin. Denn die Orthodoxen stießen kräftig ins Horn gegen die „Schwarmgeisterbrut" und die weltliche Macht that das Ihrige, den Ausschreitungen Einhalt zu thun, so daß die neuen Propheten, welche die Reinheit des Christenthums wieder herstellen wollten, mit ihren Vorbildern, den Heiligen der alten Kirche, wenn nichts Anderes, häufig genug die Ehre und Bitterniß des Martyriums gemein hatten.

Doch gab es im großen deutschen Reiche einige Zufluchtsorte, wo die Separatisten in Folge günstiger Umstände ungeschoren blieben. Dahin gehörten vor allen Dingen die Ländlein der souveränen Grafen von Isenburg (mit Büdingen, Marienborn u. s. w.) und Derer von Wittgenstein. An diesen Freistätten standen die sogenannten Fanatiker in Ehre und Ansehen; dieselben Leute, die anderswo Gefängniß, Staupe oder mindestens Ausweisung zu gewärtigen hatten, waren hier die Lieblinge der hohen Herrschaften, da letztere von dem Hange zur mystischen Religion gleichfalls ergriffen waren. Kein Wunder, daß unter der Aegide dieser toleranten Herrscher das Land von wunderlichen Heiligen aller Arten und Farben wimmelte.

Christoph Saur's Landesvater, Casimir, war 1687 geboren und trat 1712 die Regierung an. Während seiner Minderjährigkeit führte seine Mutter, die fromme Gräfin Hedwig Sophie, die Vormundschaft über ihn. Sie war in vollem Einklang mit den Kreisen der „Erweckten" und stand mit dem bekannten Schwärmer Hochmann von Hochenau auf freundschaftlichem Fuße. Der Sohn, unter solchen Einflüssen aufgewachsen, gewährte nach seinem Regierungsantritte den verfolgten Sekten vollständige Duldung, und viele seltsame Menschen, die aus der Geschichte der damaligen Wirren bekannt sind, fanden sich in Berleburg und der Nachbarschaft zusammen.

Am wichtigsten wurden für Saur's religiös-sittliche Ueberzeugungen die Täufer oder Dunker, welche im Jahre 1708 nicht weit von Laasphe in Schwarzenau entstanden. Sie gehören mit Mennoniten und Schwenkfeldern zu Denen, die sich im Glauben und Wandel die Schlichtheit und Frömmigkeit des Urchristenthums, so wie sie es sich vorstellen, zur Richtschnur nehmen. Ihre religiöse Ueberzeugung verbietet ihnen den Gebrauch der Waffen und alle Beihülfe zur Kriegsführung, wäre es selbst zur Abwehr eines feindlichen Angriffs. Auch vermeiden sie es, ihr Recht durch Anrufung der obrigkeitlichen Gewalt zu erzwingen.

In dieser eigenartigen religiösen Atmosphäre, welche zu Anfang des vorigen Jahrhunderts auf dem Wittgensteiner Lande lag, erwuchs Christoph Saur. Männer von gewaltig erregender Beredsamkeit, die sich für erleuchtete Propheten hielten, fromme Asceten, denen die Welt mit ihrer Lieblichkeit doch nur als ein verlockender Irrgarten voller Gruben und Fallstricke galt, exaltirte Genossenschaften, die an die Stelle der Kirche einen philadelphischen Bund setzen wollten, umgaben ihn von allen Seiten und die höchsten Landesbehörden, anstatt wie anderwärts mit Verbot, Drohung und Strafe darein zu fahren, gaben ihren Segen zu diesem seltsamen Treiben.

Ein Hinweis auf diese Verhältnisse, welche ohne Zweifel mehr als die äußeren Umstände des Lebens auf Christoph Saur bestimmend einwirkten, muß uns für das mangelnde biographische Detail Ersatz bieten. Das von ihm erlernte und in Deutschland betriebene Gewerbe war das Schneiderhandwerk; aber er muß Gelegenheit gehabt haben, sich technische Kenntnisse in verschiedenen Fächern anzueignen, da er, wie wir sehen werden, in Germantown, abgesehen von der Druckerei, mancherlei Geschäften oblag, welche Geschick und Kunstfertigkeit voraussetzen. Er war in den Ehestand getreten, ehe er auswanderte, und so nahm er denn seine Frau Maria Christina und sein dreijähriges Söhnlein Christoph mit in das neue Land, das den Armen und Bedrückten als ein wahres Eden geschildert wurde.

Als er im Herbst 1724 in Germantown eintraf und sich unter der deutschredenden Bevölkerung niederließ, hatte die Stadt etwa ein Menschenalter seit ihrer Gründung hinter sich. Noch lebten dort Manche, welche den Platz als unbetretene Wildniß gefunden hatten und von dem Hüttenbau im Winter 1683—1684 erzählen konnten. Der Pionier der deutschen Einwanderung, der gelehrte Franz Daniel Pastorius, war erst seit wenigen Jahren todt; ihn überlebten als Zeugen der alten Zeit Wigard Levering, die Gebrüder Claus und Gerhard Ruttinghuysen (Rittenhausen), Johann Selig (der Busenfreund des Einsiedlers Kelpius), Peter Clever, Johann Cassel, Dennis Kunders, Peter Keyser u. A. Und doch war die deutsche Einwanderung längst in ein neues Stadium getreten. Nicht allein, daß Germantown seine idyllische Kindheit überwunden hatte, der mächtig schwellende Strom der Einwanderung ergoß sich in die ländlichen Districte am Skippack und Perkiomen und weiter hinauf am Schuylkill nach Oley und anderen Theilen des jetzigen Berks County. Eine andere Richtung, welche Deutsche und Schweizer mit Vorliebe einschlugen, war nach den fruchtbaren Thälern des Conestoga, des Pequea und anderer Nebenflüsse des Susquehanna in dem Theile von Chester County, der 1729 als Lancaster County organisirt wurde.

Im Frühlinge des J. 1726 verließ C. Saur Germantown und begab sich an den Mühlbach in Lancaster County, vermuthlich um sich fortan dem Ackerbau zu widmen. Er kaufte ein Stück Land von 50 Acker in Leacock Township. In seiner Nachbarschaft hielt sich damals der Schwärmer Conrad Beissel auf, dessen eigentümliche Lehren Aufsehen zu erregen begannen. Saur, der ihn schon von Deutschland her kannte, traf mit ihm zusammen, fand aber keinen Geschmack an seinem Treiben. Dagegen ließ sich seine Frau von Beissel's verzwickter Mystik verblenden und einreden, das eheliche Leben beflecke den reinen Spiegel der Seele. Sie trennte sich von ihrem Manne, bezog anfangs ein kleines Häuschen für sich und trat später als Schwester Marcella in das von Beissel gestiftete Kloster in Ephrata. Erst 1744 kehrte sie auf Vorstellungen ihres Sohnes zu ihrem Gatten zurück.

Bald nach diesem häuslichen Zerwürfniß begab sich Christoph Saur wieder nach Germantown (1731). Wir dürfen wol annehmen, daß ihm das Leben am Mühlbach verleidet war. Es vergingen sodann noch sieben Jahre, bis er als Drucker auftrat. Mittlerweile betrieb er in Germantown Geschäfte verschiedener Art, die er auch nach Errichtung der Druckerei auszuüben fortfuhr. Eine Familien=Tradition über die Vielseitigkeit seiner mechanischen Fertigkeiten findet volle Bestätigung in einer Nachricht, die in den Acta Historico-ecclesiastica, Bd. 15, S. 213, verzeichnet steht und die dann auch hier eine Stelle finden mag:

„Er (Saur) ist ein sehr ingenieuser Mann, ein Separatist, der aber auf die 30 Handwerke ohne Lehrmeister erlernet. Denn als ein Schneider ist er dahin nach Amerika gereiset und nun ein Buchdrucker, Apotheker, Chirurgus, Botanicus, groß und klein Uhrmacher, Schreiner, Buchbinder, Concipient der Zeitungen, der sich alle seine Buchdruckerwerkzeuge selbst verfertiget, ziehet auch Bley und Drat, ist ein Papiermüller rc. rc."

Christoph Saur errichtet eine Buchdruckerei.

Man wundert sich vielleicht, daß die zahlreiche deutsche Bevölkerung Pennsylvaniens sich so lange ohne eine Presse behalf. Aber man legt keinen ganz richtigen Maßstab an, wenn man an die Gewohnheiten und Bedürfnisse unserer Zeit denkt. Die englisch=

redenden Pennsylvanier hatten vor Benjamin Franklin allerdings ihren W. Bradford, Jansen, A. Bradford und Keimer, doch waren die typographischen Erzeugnisse dieser Drucker eben so dürftig wie einseitig und dem Bildungsstande der Provinzialen nicht entsprechend. Die Deutschen, welche auswanderten, gehörten den Volksschichten an, die kaum anderes Lesematerial kannten und begehrten, als das für Andachtszwecke erforderliche, denn die Religion fiel damals mit geistiger Cultur zusammen und von Unterhaltungs-Lectüre war in jenen arkadischen Zeiten nicht die Rede.

Es mag der größeren Rührigkeit der Separatisten auf religiösem Felde zu danken sein, daß sich in ihren Kreisen das Bedürfniß nach druckschriftlicher Wirksamkeit zuerst geltend machte. Wie die Ephrataner Sekte sich schon 1730 Erbauungslieder von Benjamin Franklin drucken ließ (und zwar in Antiqua, weil deutsche Schriften nicht zu haben waren), so war es wiederum ein religiöses Motiv, das Christoph Saur veranlaßte, seine deutsche Presse in Germantown zu errichten. Er selbst schreibt darüber in einem Briefe an die Büdinger „Geistliche Fama", d. d. 17. November 1739, nachdem er die religiösen Bewegungen in Germantown, die Ankunft der Herrnhuter und ein von ihm besuchtes Liebesmahl in Ephrata besprochen, wie folgt:

„Womit finde ich aber Worte, den guten Gott zu loben? Ich bin ihm doch verpflichtet! Mein Alles seye zu seinem Dienst und Verherrlichung seines Namens! Dieses war in Schwachheit meine Begierde und Verlangen vor das viele Gute, so mir die Zeit meines Hierseyns und meines gantzen Lebens widerfahren. Darum habe auch gewünschet, eine deutsche Buchdruckerei im Lande mir anzulegen, die mir N. gekauft und hierher befördert. Nun könte kein bequemer Vehiculum finden, solches durchs ganze Land bekannt zu machen, als zuerst einen Calender zu drucken, wovon hierbey nur das Titelblatt sende, nebst noch einem Abdruck einer Uebersetzung aus dem Engelländischen."

Da anderweitig berichtet wird, Jakob Gaß, ein Dunker, habe Presse und Typen mitgebracht, so wird dieser wol unter N. gemeint sein.

Der Titel des Kalenders, des ersten deutsch-amerikanischen Druckes, ist der folgende:

Der Hoch-Deutsch
Americanische Calender
auf das Jahr
nach der Gnaden-reichen Geburth unsers
Herrn und
Heylandes JEsu Christi
1739.

Eingerichtet vor die Sonnen-Höhe von Pennsylvanien; jedoch an denen angrenzenden Landen ohne mercklichen Unterschied zu gebrauchen.

Zum ersten mahl herausgegeben. Germanton. Gedruckt und zu finden bey Christoph Saur, wie auch zu haben bey Joh. Wister in Philadelphia."

In Format, Einrichtung und Auswahl des Lesestoffs glichen die Saur'schen Kalender, welche von 1738 bis 1777 regelmäßig erschienen, den bekannten deutschen Haushaltungs-Kalendern. Die angehängten Lesestücke sahen es nicht so sehr auf die Unterhaltung als die Belehrung des gemeinen Mannes ab und verbreiteten sich in verständlichem, hausbackenem Tone über allerlei nützliche Materien, als da sind: Geschichte, Pflanzenkunde, Länder-Beschreibung, Geschäftsformen, Rathschläge für Gesunde und Kranke, Moral, Hausmittel u. dgl. In den ältern Kalendern kamen auch wol Betrachtungen über gleichzeitige Ereignisse und Zustände vor, wobei der Herausgeber seinen eigenen Standpunkt nie verleugnete. In einem Abschnitte „vom Krieg und Frieden" läßt uns Saur wissen, was er von der Sclaverei hielt. Er sagt: „Amerika hat einen besondern Sündengreuel. Da der Erdboden so reichlich gibt und so viel Raum ist, daß ein Jeder sein täglich Brod daran überflüssig nehmen könte, so werden so viel arme schwartze Sclaven aus Afrika gestohlen und gekauft, wie andere Kauffmanns-Waare oder Vieh, ob sie gleich Menschen sind, wie alle Adams-Kinder, ausgenommen die Farb der Haut".

Das erste Buch, das Saur druckte, war in mehr als einer Beziehung ein höchst bemerkenswerthes. Seinem Umfange nach übertraf es (wenn wir etwa Wm. Sewel's History of the Quakers,

Philadelphia 1728, ausnehmen) alle anderen, die bis dahin in der Provinz Pennsylvanien erschienen waren. Es war dies der „Zionitische Weyrauchs-Hügel oder Myrrhen-Berg worinnen allerley liebliches und wohlriechendes nach Apotheker-Kunst zu bereitetes Rauch-Werk zu finden". Es ist eine Sammlung mystischer Lieder, die für die klösterliche Gesellschaft von Ephrata bestimmt und von dieser auch bestellt war. Das Buch erschien 1739, war aber schon 1738, also im Geburtsjahre der deutschen Presse, in Angriff genommen. Ein Brief, der in der „Geistlichen Fama" abgedruckt und Germantown, 20. November 1738 datirt ist, sagt darüber:

„Saurs neue angefangene Druckerei wird ihm sauer und muß mehr Lehrgeld darin geben als in einigen Dingen, so er bis daher versucht. Er muß den Siebentägern d. h. denen, die den siebenten Wochentag heilig halten) ein gros Gesangbuch drucken: Sie sind scharff und eigen genug dabey, wie man hört: daher es ihme viele Molesten macht."

Die Entstehung der deutsch-amerikanischen Zeitungspresse.

Am 20. August 1739 erschien im Verlag von Christoph Saur das Blättchen, welches als Erstling der deutsch-amerikanischen Presse für immer einen denkwürdigen Platz in der Geschichte unseres Landes einnehmen wird. Es hatte vier Seiten mit doppelten Spalten, war 13 Zoll lang und 9 Zoll breit und führte den Titel: „Der Hoch-deutsch Pensylvanische Geschicht-Schreiber oder Sammlung wichtiger Nachrichten aus dem Natur- und Kirchen-Reich. Erstes Stück. August 20. 1739."

Die Anrede an den „Geneigten Leser", womit Saur das Blatt einführt, hebt folgendermaßen an:

„Unter andern Abgöttern, denen die grobe und subtille Welt der sogenanten Christen dienet, ist nicht der Geringste der Vorwitz, Curiosität und Begierde, gerne offt was Neues zu Schauen, zu Hören und zu Wissen, auch zu Sagen. Diesem Athenienfischen Geist nun ein Opffer zu bringen, mit Ausgebung dieser Sammlung, ist man gantz nicht willens, noch weniger, sich selbst damit auszubreiten, oder Ruhm und Nutzen zu suchen, sondern weil man ehmahlen versprochen, die nützlichste und wichtigste Geschichte u. Begebenheiten bekant zu machen, und auch, weil denkwürdige Geschichte, wann sie den Menschen zu Ohren und Gesicht kommen, öfters tieffern Eindruck und Nachdenken erregen, als Dinge, die da täglich vorkommen" u. s. w.

Demnächst kommt ein kurzer Abriß der politischen Nachrichten aus Europa, vom Kriege der „Persianer" mit dem großen „Mogel", der „Moscowiter" gegen die Türken und den überall drohenden Complicationen. Dann folgt die Proclamation des Gouverneurs von Pennsylvanien auf Anlaß der Kriegserklärung von England gegen Spanien.

Die zwei Anzeigen, womit die Zeitung schließt, beziehen sich auf gefundene Sachen. Die eine hat eine höchst naive Fassung; sie lautet:

„Es ist ein Gold Stück auff der Straße gefunden worden, welches ohne Zweifel jemand verloren hat. Wer dessen richtige Kennzeichen, worin es gewickelt und was dabey war, anzeigen kann, soll solches wieder haben bey dem Drucker hier von."

Christoph Saur war weit davon entfernt, eine Zeitung im gewöhnlichen Sinne des Wortes herausgeben zu wollen. Sein sittlicher Charakter sträubte sich dagegen, zur Verbreitung unzuverlässiger Nachrichten die Hand zu bieten, oder Lesestoff zum bloßen Zeitvertreib zu liefern. Noch ausdrücklicher als in den Einleitungsworten des Blattes, verwahrt er sich dagegen in dem Kalender, der zu gleicher Zeit erschien:

„Diejenigen," sagt er, „welche vielfältig nachgefraget und künftig noch nachfragen möchten, ob nicht bald deutsche Zeitungen zu haben, denen will man hiermit zu wissen thun, daß man gar nicht gesinnt ist, die edle Zeit solcher Gestalt zu verderben, daß man alle Woche etwas zusammen suchen sollte, welches keinen Nutzen hat, viel weniger Lügen darzu schreiben, wie der gemeine Welt=Lauff ist."

Sodann erfolgt die wirkliche Ankündigung seines Unternehmens, der Prospect, worin er sich folgendermaßen ausläßt:

„Es wird hiermit bekannt gemacht, daß man künftig hin gesinnt ist, eine Sammlung von nützlichen und merkwürdigen

Geschichten und Begebenheiten zu drucken, zum Theil aus dem Natur-Reiche, was etwa bey diesen Zeiten von Kriegen und Kriegsgeschrey, so wohl aus Europa als andern Theilen der Welt zu hören, so ferne man gewisse und zuverlässige Nachrichten haben kann: als auch gewisse und beglaubte Nachrichten aus dem Kirchen Reiche, so viel man vor nützlich erkennet...... Man ist zwar nicht willens, absolute sich an eine gewisse Zeit zu binden: jedoch solls vermuthlich des jahrs 4 mahl geschehen: also den 16. November, den 16. Februar, den 16. März und den 16. August, und komt hiervon das erste Stück als eine Probe."

Jede Entwickelungsgeschichte leitet auf einen ersten Keimfleck, dessen mikroskopische Winzigkeit, verglichen mit der ausgewachsenen Gestalt, uns in Verwunderung versetzt. Das Germantowner Zeitungsblatt, das „vermutblich" alle drei Monate erscheinen sollte, ohne daß der Herausgeber sich selbst dazu verpflichten will, bildet den Keimfleck der deutsch-amerikanischen Presse.

Der Vorschlag, Nachrichten von den wichtigsten Tagesereignissen in deutscher Sprache zu veröffentlichen, fand so viel Beifall, daß der „Hochdeutsche Geschichtschreiber" sogleich monatlich erscheinen konnte. Der Subscriptionspreis betrug 5 Shilling (40 Cents) für das Jahr, und anfangs hatten die Abnehmer noch das Recht, Anzeigen gratis einrücken zu lassen. Im Jahre 1741 ward die Zeitung vergrößert, 1745 änderte sie ihren Namen und hieß nun: „Hoch-deutsche Pensylvanische Berichte oder Sammlung wichtiger Nachrichten aus dem Natur- und Kirchenreiche". („Hochdeutsche" blieb im nächsten Jahre weg.) Der Grund zu dieser Aenderung wird in der Januar-Nummer von 1746 erklärt. Man (Saur gebraucht statt des editoriellen „wir" gern „man") habe gehofft, nur lauter wahrhaftige Geschichten aus dem Natur- und Kirchenreiche zu geben. „Man hat es aber nicht dahin bringen können. Darum hat man schon eine Zeit her den Titel „Geschichtschreiber" abgethan und statt dessen „Berichte" gesetzt, denn huntennach ist befunden, daß zuweilen eines oder das andere nicht geschehen, sondern nur berichtet oder erdichtet worden."

Von 1739 an kamen die „Berichte" zweimal des Monats heraus. Im Jahre 1762 erfuhr der Name der Zeitung eine abermalige

Amendirung. Der jüngere Saur nämlich, in dessen Hände das Geschäft nach seines Vaters Tode (1758) übergegangen war, machte sich ein Gewissen daraus, daß trotz aller Vorsicht zuweilen Nachrichten in der Zeitung mitgetheilt wurden, die sich später als unbegründet herausstellten. Er glaubte es daher seinen Lesern schuldig zu sein, sie auf das Vorkommen unvermeidlicher Zeitungsenten von vornherein vorzubereiten und für seine Nachrichten keine unbedingte Glaubwürdigkeit zu beanspruchen. Dies that er, indem er sein Blatt nunmehr mit folgendem Titel versah: „Germantowner Zeitung oder Sammlung wahrscheinlicher Nachrichten aus dem Natur- und Kirchenreiche, wie auch auf das gemeine Beste angesehene nützliche Unterrichte und Anmerkungen."

Dabei verblieb es bis 1773. Von diesem Jahre an erschien die Zeitung wöchentlich. Der alte Preis von 3 Shilling das Jahr blieb unverändert, trotzdem daß der Leser statt der ursprünglichen 12 Blätter nunmehr 52 erhielt, und jedes derselben etwa dreimal so groß war als das ursprüngliche Monatsblatt. Sehr originell und den Herren Zeitungs-Herausgebern unserer Zeit schwerlich einleuchtend war der Grund, den Saur für die Beibehaltung des alten Preises angab. Er erklärte nämlich, daß die größeren Kosten durch die größeren Einnahmen aus Anzeigen gedeckt würden, und ein redlicher Mann sich nicht doppelt müsse bezahlen lassen. Wie er es mit den Anzeigen hielt, lehrt eine Benachrichtigung ans Publikum vom 1. Mai 1755, wo es heißt:

„Wer um seines Nutzens willen oder ein privat Advertisement einsendet (nicht allzugroß), der zahlet 5 Schillinge. Wird sein Verlangen zum erstenmal ausgefunden, so giebt man zwey Schillinge zurück, auf das zweytemal ein Schilling zurück."

Die Uneigennützigkeit des Druckers ward vom Publikum nicht aufs Beste belohnt. Der saumselige Zahler, diese bête noire aller Landzeitungen bis auf unsere Tage, existirte auch damals schon, und Saur fand öfters Veranlassung, ihm ins Gewissen zu reden. Aber der gute Mann behandelte die Pflichtvergessenen mit einer Milde, die einen Stein hätte rühren können. Alles was er den Dickhäutern, die auf seiner schwarzen Liste standen, aufs Fell gab, war dies:

„Wer drei Jahre und darüber schuldet und sonst keine Reputation hat, muß es nicht übel nehmen, wenn er eine kleine Notiz bekommt." („Berichte". April 1759.)

Als Gotthard Armbruster, Saur's ehemaliger Lehrling, mit seinem Bruder Anton in Philadelphia eine Zeitung etablirte, zeigte Saur dies in seinem Blatte am 16. Mai 1748 in freundlicher Weise an und bemerkte dazu: „Nur bittet Saur die Unredlichen, die ihm noch niemals bezahlt haben, sie sollen es diesem nicht ebenso machen."

Die Zahl der Abonnenten war für die damalige Zeit eine sehr beträchtliche. Im Jahre 1751 belief sie sich auf 4000; einige Jahre später bedauert Saur, daß die Menge der zu druckenden Exemplare das rechtzeitige Erscheinen der Zeitung erschwere. Fuhrleute, welche die Vertheilung auf den Landwegen übernommen hatten, klagten „über die große Zahl der abzulegenden Blätter; allein auf die Conestogastraße wurden 350 versandt." Obwol in erster Linie für die Pennsylvanier Deutschen bestimmt, fand die Zeitung auch in andern Colonien, wo sich Deutsche niedergelassen, Eingang, in Virginien, Georgien und Carolina. Die Zeitung bestand, bis die Katastrophe, welche das Saur'sche Geschäft zu Anfange des Revolutionskrieges zertrümmerte, ihr ein Ende machte.

Saur druckt die Bibel.

Bald nach Errichtung seiner Druckerei dachte Christoph Saur daran, eine würdig ausgestattete deutsche Bibel zu verlegen. Für jene Zeit war dies ein großes Unternehmen. Die deutsche Bevölkerung in Pennsylvanien und den angrenzenden Colonien schwerlich mehr als siebzigtausend Seelen zählend, war über verhältnißmäßig weite Strecken zerstreut und hatte in dem neuen Lande mit der Noth des Lebens zu kämpfen. Eine englische Bibel erschien erst vierzig Jahre später, und selbst dann hielt der Verleger, Robert Aitken, es für gerathen, sich ganz besondere Garantien zu verschaffen, ehe er das Risiko des Druckes übernahm. Wäre die deutsche Einwanderung wirklich so roh und ungeschult gewesen, wie man es ihr hat nachsagen wollen, sie hätte sicherlich keinen Markt für drei

Auflagen einer großen Quart-Bibel, abgesehen von andern Werken, gestellt.

Ein Prospect, der wahrscheinlich zu Anfang des Jahres 1742 gedruckt ist*), enthält auf einer Seite als Probe von Format und Druck der angekündigten Bibel einen Theil der Bergpredigt, auf der andern Christoph Saur's Ansprache ans deutsche Publicum.

„Es ist zum Theil bekannt," hebt dies merkwürdige Document an, „daß verschiedene mahl Bibeln, Neue Testamenter u. s. w. sind nach Germantown an den Drucker gesandt worden, theils unter Dürftige umsonst, theils zu verkaufen, um das Geld den Dürftigen zu geben, welches man gethan hat, so weit es hat reichen mögen; man hat sodann mittlerweile dabei gesehen, daß es nicht weit hingereicht hat, indem Viele vor Bibeln und Testamenter sonderlich gerne hätten wollen bezahlen, wenn sie nur zu haben gewesen wären. Und da auch wohl zuweilen verschiedene sind aus Deutschland übergebracht worden, so ist offt solch hoher Preis darauf gesetzt worden, daß mancher abgeschreckt worden, oder nicht im Vermögen war, solche zu bezahlen."

Nachdem er sodann hervorgehoben, wie ersprießlich die Kenntniß von Gottes Wort für jeden Christen sei, erklärt er, unter welchen Bedingungen er bereit sei, eine Quart-Ausgabe mit guter Schrift auf starkem Papier zu unternehmen.

„Weil aber zu einem solchen Bibel-Druck ein größerer Verlag erfordert wird, als man vermögend ist, auszulegen, so hat man es für nöthig angesehen, pränumeriren zu lassen, oder deutlich zu sagen, daß ein Jeder, der eine Bibel verlangt, solle seinen Namen anzeigen und eine halbe Kron darauf bezahlen, welches darum nöthig ist, Erstlich, daß man wissen möge, wie viel man drucken dörffe und Zweytens, daß man eine Beyhülfe habe zum Verlag, weil das Papier zu einer Bibel allein 7 Shilling und 6 Pence kosten wird, Drittens, wann man genöthigt wird, zum Verlag etwas zu lehnen, daß man auch gewiß wisse wieder frey zu werden."

Nun folgt eine genauere Beschreibung des typographischen Stils

---

*) Auch in Bradford's Mercury, March, 1742 ist ein Prospect der Saur'schen Bibel veröffentlicht.

u. s. w., worin die Bibel gedruckt werden soll. Was den Preis betrifft, so könne man diesen nicht genau bestimmen, weil er theils von der Größe der Auflage, theils von dem Belauf freiwilliger Zuschüsse seitens wohlwollender Menschen abhängen würde. Jedenfalls aber solle die Bibel ungebunden nicht mehr als 14 Shilling kosten. Als die Bibel fertig war, kam sie noch billiger zu stehen, nämlich ungebunden auf 12 Shilling, gebunden auf 18 Shilling. „Für Arme und Bedürftige", sagt der „Hochdeutsche Geschichtschreiber", Juni 1743, „ist kein Preis."

Und so erschien denn im Sommer 1743 nach beharrlicher und gewissenhafter Arbeit in Germantown die erste auf dem westlichen Continente in einer europäischen Sprache gedruckte Ausgabe der Bibel. Der Titel in rothen und schwarzen Lettern gedruckt, lautet:

BIBLIA.
das ist
Die
Heilige Schrift,
Alles und Neues
Testaments.
Nach der deutschen Uebersetzung
D. Martin Luthers.
Mit jedes Capitels kurtzen Summarien, auch
beigefügten vielen und richtigen Parallelen;
Nebst dem gewöhnlichen Anhang
des dritten und vierten Buchs Esrä und des
dritten Buchs der Maccabäer.

Germantown.
Gedruckt bey Christoph Saur. 1743.

In der Vorrede bemerkt Saur: „Man hat die Hallische Bibel und zwar die 34ste Edition vor sich genommen, erstlich weil sie sehr reich an Parallelen (Anweisungen) ist, zweytens, weil man geglaubt, daß sie die wenigste Druckfehler in sich halte, weil der Satz stehen bleibt. Die Beschuldigung, daß man sein eigenes darunter gemenget und nicht bey Lutheri Uebersetzung geblieben sey, achtet man nicht werth, zu widersprechen."

Das Werk ist auf gutes dauerhaftes Papier gedruckt und bildet einen stattlichen Quartband. Das Alte Testament nimmt 995, das Neue 277 Seiten ein. Dazu kommen noch drei Seiten eines Registers der an den Sonntagen zu verlesenden Episteln und Evangelien, und vier Seiten, enthaltend einen „Kurtzen Begriff Von der Heiligen Schrifft und deren Uebersetzungen. Mit etlichen Anmerkungen".

Die Lettern waren aus Frankfurt a. M. von Heinrich Ehrenfried Luther, Doctor beider Rechte und Besitzer einer Schriftgießerei, bezogen. Als der Druck der Germantowner Bibel nun glücklich vollendet war, schickte ihm der amerikanische Verleger in der Freude seines Herzens ein Dutzend Exemplare zum Geschenk. Dieselben langten auch an, aber hatten unterwegs ein unerwartetes Abenteuer zu bestehen. Nämlich die „Königin von Ungarn", das Schiff, das sie trug, wurde in der Nähe vom Cap St. Malo von einem französischen oder spanischen Kaper weggenommen. Welchem glücklichen Umstande es zu verdanken ist, daß die Bibelsendung respectirt wurde, verlautet nicht; genug, nach etwa einem Jahre kamen die zwölf Saur'schen Bibeln, so sauber und frisch wie sie verpackt waren, in Frankfurt an und gereichten dem Empfänger zur ansehnenden Freude. Eins der Exemplare schenkte er der Frankfurter Stadtbibliothek, wo es sich bis auf den heutigen Tag befindet, mit folgender Weihinschrift:

"Sanctum hunc Codicem in India occidentali Nullo plane Exemplo et nec Anglico nec Batavo nec alio quovis idiomate antehac, nuper vero Germanico Primum et quidem typis officinæ suæ Favente Numine Excussam Splendidæ hujus Civitatis Bibliothecæ Dono dat H. E. Luther, J. U. D. et C. W. A. Francofurti quod ad Mœnum est Kalendis Junii MDCCXLIV."

D. h. Dieses heilige Buch, im westlichen Indien (Amerika) ohne jegliches Vorbild und weder in der englischen noch holländischen noch irgend einer andern Sprache zuvor erschienen, kürzlich aber in der deutschen Sprache zum ersten Male und zwar mit Lettern aus seiner Gießerei unter Gottes Beistand gedruckt, weihet der prachtvollen Stadtbibliothek zum Geschenk H. E. Luther, Doctor beider Rechte und Württembergischer Hofrath. Frankfurt am Main, den ersten Juni 1744.

Wir sehen, daß schon damals die Germantowner Bibel, als erste in Amerika gedruckte, besondere Aufmerksamkeit auf sich zog und als werthvolles Bibliotheksstück galt. Der Schriftgießer Heinrich Ehrenfried Luther, der die Typen geliefert hatte, war auf seinen Antheil daran ganz stolz und machte sich ein Vergnügen daraus, die ihm zugesandten Exemplare an distinguirte Personen zu verschenken. Eins, das er dem Geh. Rath von Münchhausen in Hannover gegeben, wurde von diesem der verwittweten Herzogin von Braunschweig, Elisabeth Sophie Marie, „als Zierde in dero Bibelvorrath" überlassen; ein anderes schenkte Luther dem kaiserl. russischen Geh. Hofrath Hermann Karl Keyserling, welcher während der Kaiserwahl in Frankfurt 1755 wurde Franz I. gewählt) in seinem Hause gewohnt hatte, worauf die lateinische Widmung ausdrücklich Bezug nahm: In memoriam habitationis qua aedes suas per plures menses honoravit.

In demselben Format und in derselben Ausstattung druckte Christoph Saur's Sohn 1763 und 1776 neue Auflagen der deutschen Bibel und jedesmal durfte in der Vorrede darauf hingewiesen werden, daß keine andere europäische Nation die Bibel in ihrer Sprache auf der westlichen Erdhälfte gedruckt habe.

Der Saur'sche Verlag.

Man ist gar zu geneigt gewesen, die deutschen Einwanderer des letzten Jahrhunderts durchgängig für ungeschulte Plebejer zu halten, die zwar rüstige Feldarbeiter und fleißige Handwerker abgaben, in deren Köpfen aber es wüst und leer aussah. Allerdings gehörten sie nicht den feingebildeten Ständen an, und daß der Jan Hagel unter ihnen vertreten war — wie das ja bis auf unsere Zeiten auch der Fall ist — unterliegt keinem Zweifel. Aber ein von der Cultur noch unbeleckter Hause war die deutsche Einwanderung nicht, das beweist die Ausdehnung und der buchhändlerische Erfolg des Saur'schen Verlages, der mindestens 150 Artikel umfaßte und ein Drittheil mehr, wenn man die neu aufgelegten Bücher hinzu rechnet. Das ist ein sehr ehrenwerther Ausweis, der schwerlich von vielen anderen Verlagsbuchhandlungen seitdem überflügelt worden ist. Von jenen Schriften dienten allerdings bei weitem die meisten den Zwecken der Andacht und der Erbauung. Aber worin denn sonst suchte der schlichte Mann des letzten Jahrhunderts Befreiung von dem Drange und der Angst des Irdischen?

Ein vollständiges Verzeichniß der Saur'schen Verlagsartikel zu liefern, wie dies im neunten und zehnten Bande des „Deutschen Pionier" versucht worden ist, dürfte hier nicht am Platze sein. Ebenso wenig aber darf ein Hinweis auf die wichtigeren oder besonders charakteristischen Germantowner Drucke unterbleiben, da die beiden Saur eben durch ihre Verlagsthätigkeit zu denkwürdigen Personen in der Geschichte von Pennsylvanien geworden sind.

Unter den Büchern sind mehrere von bedeutendem Umfang. Die Quart-Bibel hat 1272 Seiten, der Zionitische Weyrauchshügel 820, der Ausbund 812, das Schwenkfelder Gesangbuch 760, das Davidische Harfenspiel 572, das Reformirte Gesangbuch 562, wozu noch wenigstens 300 Seiten auf verschiedene Anhänge kommen. Was den Inhalt betrifft, so springt sogleich in die Augen, daß die Sekten weit mehr als die Kirchen vertreten sind. Der Grund dieser Erscheinung liegt auf der Hand. In der früheren Einwanderung bildeten eben die in Deutschland mißliebigen Sekten einen vorwiegenden Bestandtheil und in entsprechender Weise spiegelt sich diese religiöse Färbung in den Druckwerken der Periode ab. So finden wir denn 1737 den mystischen „Weyrauchshügel", 1742 Herrnhutische „Hirtenlieder", in demselben Jahre die erste Auflage vom „Ausbund", einer Sammlung der Märtyrerlieder der Wiedertäufer, die bei den Ohmischen und andern Mennoniten besonders beliebt waren. Das „Kleine Davidische Psalterspiel", das 1744 zum ersten Male in Germantown gedruckt wurde, ging ursprünglich von den „Inspirirten" in Deutschland und der Schweiz aus und kam in Pennsylvanien als Gesangbuch bei Dunkern und andern Sekten in Gebrauch. Für die Schwenkfelder druckte Saur 1762 das „Neu eingerichtete Gesangbuch". „Tersteegens Geistiges Blumengärtlein" (1747) war schon dem Titel zufolge für „innige Seelen", d. h. für mystisch und pietistisch angehauchte Christen bestimmt. Wie populär diese Erbauungslieder in Pennsylvanien waren, geht daraus hervor, daß sie 1773 bei Saur in der sechsten Auflage erschienen. Ebenso günstige Aufnahme fand Schabalie's „Wandlende Seel", das Werk eines mennonitischen Geistlichen in Holland, das in der Uebersetzung zum ersten Male 1767 herauskam und oft aufgelegt wurde. Eine den Mystikern sehr werthe Schrift, J. C. Lorigny's „Verborgenes Leben mit Christo in Gott", erschien in Germantown 1747; und Christian Hoburg's Postilla mystica 1738. Selbstverständlich fehlten auch Bunyan's „Pilgerreise" (1755) und Thomas a Kempis „Nachahmung Christi" (1750) nicht. Die „Paradiesische Alöe der jungfräulichen Keuschheit" des schwärmerischen Predigers Samuel Lutz aus Bern erschien 1771. Eins der ersten Bücher, die Saur druckte (1740), war eine deutsche Uebersetzung der Predigten Whitefield's, des bekannten methodistischen Reise Apostels. Auch Schriften der Quäker finden sich — theils englisch, theils deutsch. So R. Barclay's Apologie.

Von den drei Auflagen der Bibel ist schon die Rede gewesen. Das Neue Testament erschien zum ersten Male 1755 und zum siebenten Male 1777. Bekenntniß und Erbauungsschriften für Reformirte und Lutheraner gehörten gleichfalls, wenn auch in geringerer Zahl, zum Saur'ischen Verlage, z. B. Luther's Kleiner Katechismus (1752). Eine Franklin'sche Ausgabe desselben war 1744 vorausgegangen; der von Saur 1755 gedruckte Katechismus D. Martin Luther's verräth herrnhutisches Gepräge. Ein reformirtes Gesangbuch mit dem Heidelberger Katechismus erschien 1772, ein anderes 1753, das Marburger Lutherische 1770, Habermann's Gebete 1761. Eine religiöse Zeitschrift („Das Geistliche Magazin") gab der jüngere Saur 1764 und in den folgenden Jahren gratis heraus, weil ihm die Bibel von 1763 einen guten Gewinn abgeworfen hatte und er sich dankbar bezeigen wollte.

Neben diesen religiösen Publicationen kamen auch allerlei gemeinnützige vor, englische und deutsche Sprachlehren, Rechenbücher, u. dgl. Das politische Gebiet streifte Saur 1747 und 1748 als Gegner der Vertheidigungsmaßregeln, die Franklin in seiner Flugschrift: Plain Truth befürwortete.

Nur ein geschichtliches Werk weist der Verlag auf, nämlich eine Lebensbeschreibung Friedrich's des Großen (1760), der auffallender

Weise auf dem Titel und in dem ganzen Buche als Friedrich III. figurirt.

Das erste Unternehmen in englischer Sprache war: The Christian Pattern or Imitation of Jesus Christ. 1749. Von besonderer Wichtigkeit, als das erste Werk, das der Ueberzeugung der Universalisten das Wort redet, ist Paul Siegvolk's Everlasting Gospel. 1753. Das deutsche Original erschien erst 1769 im Nachdruck.

Als der ältere Christoph Saur 1758 starb, ging das Geschäft in die Hände des gleichnamigen Sohnes über, ohne daß eine wesentliche Aenderung in der Führung desselben eintrat, es sei denn das häufigere Vorkommen englischer Verlagswerke. In Germantown blieb auch er der einzige Drucker. In Philadelphia machte zuerst Joseph Crellius einen schwachen Versuch mit der deutschen Presse; ihm folgten die Brüder Anton und Gotthard Armbrüster, Johann Böhm und seit 1760 Heinrich Miller, der eine große Anzahl deutscher und englischer Bücher verlegte. Kurz ehe das Saur'sche Geschäft in der Brandung der Revolution unterging, traten in Philadelphia Melchior Steiner und Carl Cist in die Reihe deutscher Drucker.

Conflicte.

Die in Pennsylvanien durch das Grundgesetz anerkannte Religionsfreiheit führte Leute jeglichen Bekenntnisses ins Land, und schon in früher Zeit gab es ein Gewirr von allerlei Gläubigen: Quäker, Mennoniten, Dunker, Presbyterianer, Bischöfliche, Katholiken, Reformirte, Lutheraner, Schwenkfelder, Mährische Brüder, Inspirirte u. s. w. Was Wunder, wenn so verschiedene Geister auf einander platzten.

Christoph Saur sen., grundsätzlich ein Mann des Friedens, konnte dem Streite nicht immer aus dem Wege gehen, sobald er als Herausgeber eines Blattes seine Ansichten öffentlich kund gab. Was er für wahr und recht hielt, sprach er frei von der Leber weg; wo es sich um ernste und wichtige Fragen handelte, galt es ihm für unsittlich, zwischen der eigenen Ueberzeugung und seiner berufsmäßigen Wirksamkeit eine Scheidelinie zu ziehen.

Die Besonderheit seiner religiösen Richtung brachte ihn denn auch bald genug in Collision mit anderen Bekenntnissen.

Die deutschen Kanzelredner und Seelsorger in Pennsylvanien waren vor der Mitte des letzten Jahrhunderts nicht von der besten Qualität; wir finden unter ihnen Leute, über deren Vergangenheit ein gewisses Dunkel schwebte, Vaganten, die aus einem Berufe in den andern umsattelten, auch unsaubere Geister, die ein schamloses Leben führten. Es soll nicht gesagt werden, daß Saur diesen beklagenswerthen Zustand gerade als „Wasser auf seine Mühle" benutzte, aber er hatte von seinem Standpunkte aus auch keine Veranlassung, die Verirrungen der unberufenen Seelenhirten mit dem Mantel schonender Rücksicht zu bedecken. Daher stellte er den unsittlichen Wandel eines Andreä, Schnorr, Warning und Anderer ohne Scheu an den öffentlichen Pranger; auch nahm er, doch in ganz unparteiischer Weise, die ihm zufließenden Nachrichten über die Zwistigkeiten auf, welche in manchen deutschen Gemeinden ausbrachen, z. B. zwischen den Anhängern Schlatter's und Steiner's in der reformirten Kirche in Philadelphia, zwischen Mühlenberg und Nyberg in Lancaster, zwischen den Lutheranern und Herrnhutern in Tulpehocken. Nun wäre es wol nicht mehr als billig gewesen, nicht allein das Verwerfliche zu tadeln, sondern auch das Gute zu loben, z. B. die uneigennützige und segensreiche Thätigkeit eines H. M. Mühlenberg; aber es scheint, das Vorurtheil, das er von früh auf gegen Kirchen als Werkzeuge der Religion eingesogen hatte, schloß ihm den Mund. Daß die Prediger einen besonderen Stand bildeten, für welchen sie sich durch gelehrte Bildung vorbereiteten, daß sie vermöge ihres Amtes eine gewisse Autorität beanspruchten, daß sie in Gemeinschaft mit einander Ministerien und Synoden organisirten und für ihre Dienste ein Salär bezogen, alles dies war unserm Christoph gegen den Strich. Es sollte heute noch so gehalten werden, wie zu Zeiten Christi. „Wenn ein Diener Gottes Nahrung und Kleidung hat, so lasse er sich's genügen; wer vom Pflug und Webstuhl auf die Kanzel und von der Kanzel wieder zum Pflug und Webstuhl geht, der thut der Lehre Christi die größte Ehre an." Den besseren Geistlichen, die ohnehin mit Sorge und Noth zu kämpfen hatten, wie treu und gewissenhaft sie auch arbeiteten, mußte eine so kühle Auffassung der Situation wehe thun, und in ihren Augen war Christoph Saur nichts anders als ein Widersacher, ein Stein des Anstoßes.

Es liegt auf der Hand, daß zwischen der Kirche und diesem ungeberdigen Christen keine Verständigung möglich war. Christoph Saur mochte Mühlenberg, Brunnholtz, Handschuch, Weiß, Böhm und Schlatter für fromme, christlich gesinnte Männer halten — wie er denn auch nie ein unziemliches Wort gegen sie druckte — aber auf demselben Wege wandelte er nicht mit ihnen, und sie hatten keine Freude an ihm.

Hielt sich die Abneigung in diesem Falle frei von persönlichem Angriff, so kam es dagegen zwischen Saur und dem Grafen Zinzendorf zu einer ziemlich scharfen Controverse. Zinzendorf, der Pennsylvanien als „Herr von Thürnstein" bereiste, sich in seiner christlichen Demuth auch wol „Bruder Ludwig" nennen ließ, versuchte es bekanntlich, die deutschen Confessionen und Sekten unter einen, d. h. seinen Hut zu bringen, ein Experiment, das nicht nur gänzlich fehlschlug, sondern auch überall Mißstimmung und Hader hervorrief. Wie so viele Andere kam Christoph Saur mit ihm in unsanfte Berührung. Es würde viel zu weit führen, wollten wir uns auf die Streitfrage und die darüber gepflogenen Erörterungen einlassen. Der Umstand, durch welchen Saur hineingezogen wurde, war dieser. Auf Zinzendorf's Aufforderung, es möge Jeder, der Etwas gegen ihn habe, öffentlich damit herauskommen, machte ein gewisser Johann Heinrich Schönfeld Anschuldigungen, die in Saur's Zeitung publicirt wurden (März 1742). Der Graf antwortete hierauf mit einer spitzen Collectiv-Note an Christoph Saur, Johann Heinrich Eckstein, Adam Gruber, Theobald Ente „und Consorten" und trug den Streit auch in die englische Zeitung (Pennsylvania Gazette), worin er Schönfeld bezüchtigte, sechzehn Unwahrheiten gesagt zu haben. Es folgte von Seiten Saur's eine Erwiderung, die den Grafen zu christlicher Gesinnung und wahrer Demuth mahnte und ohne Zweifel als eine anmaßende Frechheit empfunden wurde. („Wenn Du Gott könntest lassen Dein Herz zerknirschen, mürbe machen und zubereiten, daß eine gründliche Demuth und herzliche Einfalt von darinnen herauskommt, so wäre uns auf einmal abgeholfen und durch Dein Exempel und Thun würde der Welt Heiland und sein Vater gepriesen werden.")

Übrigens war es nicht allein diese besondere Veranlassung, welche

Saur und die Separatisten gegen Zinzendorf und die Mährischen Brüder verstimmte. Saur hielt von vornherein nicht viel von der Heidenbekehrung, die im Programm der Herrnhuter eine so vornehme Stelle einnahm. Sobald die Zeit erfüllt sei, meinte er, würde sich der Herr in seiner eigenen Weise der Heiden annehmen. Adam Gruber, den Zinzendorf für sich zu gewinnen suchte, schreibt an einen Freund in Deutschland: „Ihr werdet von den Bekehrungen hier, wie man uns von denen vorgegebenen draußen gethan und amüsiret, große Dinge hören, aber wer nicht gefangen und benebelt ist, sieht's besser. Minen, Geberden, sinnliche Rührungen, Schwatzen vom Heiland, Blut, Lamm u. s. w. findet sich wol, aber gründliche Bekehrung von Menschen, der Welt, sich selber, zu Gott, sind so rar als jemalen." Hierzu kam noch, daß Christoph Saur an der zur Schau getragenen Herablassung, dem durchsichtigen Incognito und dem schlecht verhehlten Hochmuthe des gräflichen Predigers Anstoß nahm. „Hätte ich alles drucken wollen," sagt er, „was pro und contra kam, es gäbe eine Comödie; denn hier sind die Leute meistens Adamskinder, Brüder, und wissen Nichts von Grafen."

Wir kommen nun zu Saur's Betheiligung an einer Streitfrage, welche damals die öffentliche Aufmerksamkeit in hohem Grade beschäftigte, und die als Vorspiel ähnlicher Kämpfe in der Geschichte der Deutsch-Amerikaner von besonderer Wichtigkeit ist. Es handelt sich nämlich um den ersten, ernstlich gemeinten Angriff auf die deutsche Sprache und die nationalen Eigenthümlichkeiten der Eingewanderten überhaupt. Die dahin zielenden Maßnahmen hatten zu Anfang allerdings nicht eine so bestimmt ausgesprochene Tendenz, aber das Unternehmen, das als humane, mildthätige Fürsorge für die armen gottverlassenen Deutschen in die Welt trat, erhielt nach und nach eine politische und stark nativistische Färbung.

Michael Schlatter, der bekannte Prediger, der unter den Reformirten in Pennsylvanien eine ähnliche organisatorische Thätigkeit entfaltete wie H. M. Mühlenberg unter den Lutheranern, ließ es sich angelegen sein, zur Unterstützung Pennsylvanischer Kirchen und Schulen in Holland, Deutschland und der Schweiz Mittel aufzubringen. Mühlenberg berichtet darüber in den „Halle'schen Nachrichten":

„Sie (die Reformirten in Holland u. s. w.) haben sich durch die bewegliche Vorstellung, so Herr Slatter, erster Reformirter Prediger allhie, in Person und schriftlich gethan, dahin erwecken lassen, daß unter den Reformirten in Europa eine Collecte veranstaltet, und ein ansehnliches gesamlet worden, welches sie zu einem Capital geschlagen, auf Interesse in Europa geleget haben, womit ihre Prediger und Schulmeister allhie nach eines ieden Bedürfniß salariret werden. Ja, da die in Holländischer Sprache herausgekommene Vorstellung des Herren Slatters auch in die Englische Sprache durch einen Englischen Prediger in Holland übersetzet worden, hat es einen solchen Eindruck bey der Englischen Nation gemacht, daß auch selbsten Ihro Königliche Großbritannische Majestät und das Hohe Königliche Haus eine grosse Summa zu geben in allerhöchsten Gnaden geruhet haben, worinnen denn vornehme Herren und Lords mit reichen Beysteuern nachgefolget sind. Welche Gaben denn, die sich auf zwanzig tausend Pfund Sterling belaufen sollen, auf Königlichen Allerhöchsten Befehl in die Hände gewisser hohen Herren und Trustees, die eine Society for propagating the Knowledge of God among the germans ausmachen, geleget worden, von deren Interessen allhie Freyschulen angeleget und gehalten werden sollen unter der Inspection des Herrn Pfarrer Slatters. Man freuet sich billig darüber und es wäre höchst unchristlich, wenn man's mit schelen Augen ansehn solte, weil man eigentlich keine Gunst für unsere Lutherische Glieder davon erwarten kann" u. s. w.

Die Reise M. Schlatter's nach Europa war in den Jahren 1751 und 1752 unternommen worden. Im Jahre 1753 erschien ein anderer Mann auf der Schaubühne dieser mildthätigen Verhandlungen, und mit den neuen Kräften, welche er der Sache zuführte, gab er derselben auch eine neue Wendung. Es war dies der Ehrw. William Smith, unter allen, welche diesen weitverbreiteten Namen führen, in Pennsylvanien wohl der berühmteste. Als erster Provost des College, der jetzigen Universität von Pennsylvanien, als geistreicher Kanzelredner, als rüstiger Agitator und entschiedener Parteigänger der anglikanischen Kirche, der unter den Quäkern wol gern den Hecht im Karpfenteiche gespielt hätte, unerwarteter Weise aber zur Rolle eines Märtyrers kam, wird er in der Geschichte Pennsylvaniens unvergessen bleiben.

Smith war ein geborener Schotte. In seinem fünfundzwanzigsten Jahre (1751) begab er sich nach New York und zwei Jahre darauf nach Philadelphia, wo er sogleich für das College gewonnen wurde. Nach kurzem Aufenthalt entschloß er sich, England noch einmal zu besuchen und schon am 15. October 1753 schiffte er sich in New York ein. In England kaum angelangt, richtete er an die „Gesellschaft zur Ausbreitung des Evangeliums" ein sehr ausführliches Memorial über die Nothwendigkeit, den Deutschen in Pennsylvanien eine systematische Erziehung, namentlich Unterricht im Englischen zu verschaffen. Die Motivirung ist zum Theil sehr pedantisch ausgefallen; Montesquieu, Numa Pompilius und andere Größen hätten nicht heraufbeschworen zu werden brauchen; gegen die Sache selbst aber war sicherlich nichts einzuwenden, und man muß zugestehen, daß Smith's Vorschlag in mancher Hinsicht schonender und liberaler war, als das jetzt bestehende Freischulensystem, das die deutsche Sprache inmitten einer deutschredenden Bevölkerung gänzlich ignorirt. Und doch schnarrt ein häßlicher Mißton durch das ganze Schriftstück, bei dem Einem weh zu Muthe wird. Der Ehrw. Smith hatte höchst abenteuerliche Vorstellungen von den Deutschen, die er nur aus Hörensagen kannte. Er spricht von ihrer trübseligen Lage, ihrer Unfähigkeit, Lehrer zu unterhalten (während doch mit den Kirchen überall Schulen verbunden waren), von der zu befürchtenden Entartung der Einwanderer in den Zustand urwüchsiger Wilden (wood-born savages), von der Aussicht, daß sie in Finsterniß und Götzendienst versinken (d. h. katholisch werden), und er spielt als letzten Trumpf die Prophezeiung aus, daß, wenn man seinem Rathe nicht folge, die Deutschen mit den Landesfeinden, den Franzosen an der westlichen Grenze, gemeinsame Sache machen werden. Alles das war reine Windbeutelei, die sich um so widerwärtiger ausnimmt, da sie der Verfasser mit allen Künsten der Rhetorik aufschminkt und herausputzt.

Auf den Erzbischof Hering, dem die Denkschrift zur Begutachtung übergeben wurde, machte sie einen tiefen Eindruck. Er endossirte sie mit empfehlenden Worten und schloß, die Wohlfahrt der Colonie werde einen empfindlichen Stoß erleiden, wenn eine so große Zahl nüchterner und nützlicher Protestanten den französischen Papisten und Jesuiten als Beute zufalle, oder sich mit den Indianerstämmen, die im Solde und unter dem Einflusse der Franzosen stehen, vermischte.

Der Ehrw. W. Smith traf am 22. Mai 1754 wieder in Philadelphia ein, und schon am 30. Mai erließ er an den Secretär der Gesellschaft in England, den Ehrw. Samuel Chandler, ein Schreiben, worin er von Neuem auf die Gefahr einer Verbindung der Deutschen mit den feindlichen Franzosen am Ohio hindeutet und von Plänen spricht, die systematisch verfolgt würden, um die Deutschen den Franzosen in die Arme zu führen. Dies einfältige Geschwätz, das auch nicht den Schatten einer Thatsache hinter sich hatte, muß von England aus an die Colonial-Behörde rapportirt worden sein. Wenigstens sahen sich die Lutheraner und Reformirten in diesem Jahre (1754) veranlaßt, ihre unbedingte Treue der Landesregierung und dem Souverän gegenüber durch ausdrückliche Erklärungen zu bekräftigen. Ebenso wies der Reformirte Coetus von Pennsylvanien die absichtlich ausgestreuten Gerüchte von der Neigung der reformirten Deutschen zum Katholicismus und vom Einfluß der Jesuiten auf sie mit Indignation zurück.

Für die Leitung der Schulangelegenheiten war in Pennsylvanien ein Ausschuß ernannt worden, der aus folgenden hervorragenden Männern bestand: James Hamilton, William Allen, Richard Peters, Benjamin Franklin, Conrad Weiser und Ehrw. W. Smith. Am 10. August 1754 beschloß dieser Ausschuß, sobald wie möglich Schulen in Reading, York, Easton, Lancaster, Neu-Hanover und Skippack zu eröffnen. An jedem dieser Plätze sollte ein unparteiisch zusammengesetzter Schulrath die Aufsicht über den Unterricht führen und die Details besorgen.

Der Ehrw. H. M. Mühlenberg drückte brieflich seine Freude und Dankbarkeit über den Entwurf aus. Zugleich machte er darauf aufmerksam, daß die Sache einen entschiedenen und einflußreichen Gegner habe, und dieser sei der Drucker Christoph Saur. Durch seine überall gelesene Zeitung nehme er die deutsche Bevölkerung gegen die projectirten Schulen ein. Nur durch die Errichtung einer der Sache günstigen Presse, durch Herausgabe einer Zeitung, Druck von Kalendern u. s. w. könne diesem schädlichen Einflusse entgegen gearbeitet werden.

In der That finden wir Christoph Saur in eifriger Opposition gegen die den Deutschen dargebotene Wohlthat. Er witterte dahinter ein Danaer-Geschenk und sprach sich in diesem Sinne in einem Briefe an Conrad Weiser, der ja selbst zu dem Ausschusse gehörte, ganz unverhohlen aus. Das Project, meinte er, laufe darauf hinaus, dem deutschen Gottesdienste ein Ende zu machen und die Deutschen aus wehrlosen Christen zu kriegführenden zu bekehren. „Es werde dahin kommen, daß man den Deutschen englische Prediger besolde und solche Gottesmänner in Philadelphia mache oder in Jersey schmiede und auspolire." Er führt die verschiedenen Einwände auf, die ihm zu Ohren gekommen seien; viele Eltern wollten nicht, daß ihre Kinder in gemeinsamen Schulen mit schlecht gesitteten Kindern umgingen, für Viele sei die Entfernung zu weit und Anderes mehr. Auch machte es ihn stutzig, daß ein Theil der Gesellschaftsmitglieder Freimaurer waren; die Grundsätze derselben hielt er für unvereinbar mit wahrhaft christlicher Gesinnung. In der September-Nummer des Jahres 1754 macht er über das Project folgenden Bemerkungen:

„Gewisse Berichte melden, daß 6 englische freye Schulen sollen im Lande gehalten werden vor die Teutschen, in den Städten Philadelphia, Lancaster, Yorktown, Reading und Easton, die teutsche Prediger sollen sich üben, englisch zu predigen, damit die Teutschen nach und nach mit den Englischen ein einig Volk werden und englische Prediger haben mögen. Die Berichte melden dabey, es geschehe aus Beysorge, damit die Menge der Teutschen nicht ein apartes Volk ausmachen und zur Zeit eines Krieges zu den Franzosen übergehen und zu ihnen halten möchten zum Schaden der englischen Nation. Es ist löblich von der neuen Societät in Engelland, daß sie so freigebig und gutwillig sind, die Teutschen die englische Sprache umsonst zu lernen. Wenn aber Schlatter die Teutschen dermaßen als eine schelmmäßige Nation hat angegeben, welche zur Kriegszeit betrüglicher Weise es mit den Franzosen halten werden oder möchten, so hat er gewiß unweislich gethan, dem König und sich selbst zur Schande. Man kann nicht denken, daß viele Teutsche so untreu seyen, wie er wohl denken möchte. Die Eirischen, die Schweden, die Welschen behalten ihre Sprache und werden nicht vor untreu angesehen. Ach! würden ihnen doch nur wahre gottselige Schulmeister gegeben, welche ihnen mit wahrem christlichen Leben vorwandelten bei der englischen Sprache, so wäre doch die Hoffnung, daß etwas Gutes daraus entstünde."

Die vielbesprochenen Schulen traten endlich zwischen Februar und Mai 1755 ins Leben und zwar in Neu-Providence (Trappe), Ober-

Salford, Reading, Tulpehocken, Heidelberg, Vincent Township in
Chester County, Easton und Lancaster. Das Salär der Lehrer be=
trug 25 bis 30 Pfund (67 bis 80 Dollars). Auch die Pfarrer gingen
nicht ganz leer aus; mehrere derselben erhielten eine Kleinigkeit
für katechetischen Unterricht in den Freischulen. Ehrw. Michael
Schlatter wurde als Oberaufseher der Schulen bestellt.

Mag immerhin Christoph Saur's Antipathie gegen diese den
Deutschen anoctroyirten Schulen zum Theil auf Rechnung seiner
religiösen Vorurtheile kommen, es zeigte sich bald, daß sein Miß=
trauen nicht ohne Grund war. Es trat klar zu Tage, daß die humane
Fürsorge für die armen verwahrlosten Fremdlinge einen politischen
Nebenzweck hatte. Bis dahin hatten es die Deutschen im Ganzen
und Großen mit der Quäker=Partei gehalten. Es galt, dieses Bünd=
niß zu sprengen, um der Partei der Erbeigenthümer die Herrschaft
zu verschaffen. Die Errichtung der Schulen unter den Auspicien
Wm. Smith's und seiner Freunde war ein Zug in diesem Spiele,
ein anderer war die politische Entrechtung der Deutschen, so lange
sie sich nicht zur Raison bringen ließen. Mit diesem Plane trat
der Ehrw. Wm. Smith, in welchem sich der Politiker mehr und
mehr entpuppte, ganz unverhohlen in einem 1755 in London gedruckten
Schreiben hervor. Er wirft darin zunächst den Quäkern den Fehde=
handschuh hin; über die Deutschen aber schwingt er unmuthig die
Geißel, weil sie zu den Quäkern hielten.

„Die Deutschen," sagt Ehrw. Smith, „statt wie zuvor ein friedsames
fleißiges Volk zu sein, haben ihre Wichtigkeit entdeckt und sind nun
frech, bösartig und widersetzlich geworden; in einigen Counties be=
drohen sie das Leben Derer, die nicht mit ihnen übereinstimmen. Um
sie von der Bewaffnung zum Schutze der Provinz und vom Anschluß
an die Gegen=Partei abzuhalten, haben die Quäker sie gegen die Re=
gierung aufgehetzt, und zwar mit der Behauptung, ihre Freiheit stehe
auf dem Spiele." — „Sie (die Deutschen) werden bald im Stande sein,
denn ich sehe kein Hinderniß, das im Wege stünde, uns Gesetz und
Sprache vorzuschreiben oder sich mit den Franzosen zu verbünden und
die englischen Einwohner aus dem Lande zu treiben." — „In der That
ist es klar, daß die Franzosen ihre Hoffnung auf die große Menge der
Deutschen setzen. Sie besitzen jetzt das ausgedehnte und fruchtbare

Land am Ohio jenseits der deutschen Ansiedlungen. Sie wissen, die Deutschen sind außerordentlich unwissend und halten eine große Farm für den größten Segen in der Welt."

Mit derselben Kaltblütigkeit verleumdet er Christoph Saur.

„Die Quäker", sagt er, „bedienen sich eines deutschen Druckers, der ehemals einer der französischen Propheten in Deutschland war und bei scharfblickenden Leuten im Verdacht steht, ein papistischer Emissär zu sein. Er druckt eine Zeitung ganz in deutscher Sprache, die allgemein von den Deutschen gelesen wird und bei ihnen Glauben findet. Diesen Mann, der Saur heißt, haben sie in Sold genommen und auf diese Weise den Deutschen beigebracht, man wolle sie zu Knechten machen, die jungen Leute zwingen, Soldaten zu werden" u. s. w. – „Sie (die Quäker) fürchten Nichts so sehr, als daß die Deutschen den regelmäßigen Geistlichen Achtung erweisen. Erfahren sie, daß ein Geistlicher beim Volke wohlgelitten ist, so lassen sie seinen Charakter sogleich durch diesen Drucker angreifen, ärgern ihn, bringen Zwiespalt in die Gemeinde, ermuthigen Vagabunden und vorgebliche Prediger, die sie von Zeit zu Zeit aufstellen."

Um die Deutschen nun von dieser ungebührlichen Zuneigung zu den Quäkern zu curiren, hat der Verfasser, Ehrw. Smith, verschiedene Mittel in petto; das mildeste darunter ist die Errichtung von Schulen, wo den Kindern die Grundsätze einer vernünftigen Regierung und die Kenntniß der englischen Sprache beigebracht werden sollten. Damit aber mittlerweile dem bestehenden Uebel kräftig gesteuert werde, schlägt er weiter vor, den Deutschen das Stimmrecht zu entziehen, bis sie eine hinlängliche Kenntniß der englischen Sprache und der Constitution haben.

„Was kann unverständiger und unpolitischer sein, als einem Haufen unwissender, aufgeblasener, halsstarriger Lümmel, die mit unserer Sprache, unseren Sitten, unseren Gesetzen und Interessen unbekannt sind, das Recht anzuvertrauen, fast jedes Mitglied der Assembly zu wählen? In einem Zeitraume von zwanzig Jahren können sie sich mit diesen Dingen bekannt machen."

Aber warum dabei stehen bleiben? Selbst dann dürfte das Volk nicht ganz, wie es soll, gebändigt sein. Um ihn zu brechen, diesen starren Sinn, muß „Ein neu Gesetz in diesen Landen verkündigt werden," nämlich, und das ist die nächste Forderung des Ehrw. Smith, „alle Verschreibungen, Verträge, Testamente und sonstigen Urkunden sind ungültig, wenn nicht in englischer Sprache abgefaßt; keine Zeitung, kein Kalender, überhaupt keine periodische Schrift, welchen Namen sie auch führe, soll in einer fremden Sprache gedruckt oder verbreitet werden. Sollte man dies zu streng finden (wozu indessen kein vernünftiger Grund vorliege), so müsse man wenigstens verlangen, daß jede derartige Druckschrift in nebenlaufenden Spalten eine getreue und schickliche englische Uebersetzung enthält." Zum Schluß erfolgt noch einmal die Versicherung, im Unterlassungsfalle werde die Provinz unfehlbar in die Hände der Franzosen fallen.

Die Widersprüche, Absurditäten und Erfindungen dieses gegen Quäker und Deutsche geschleuderten Pasquills wurden nach dem Erscheinen desselben in Gegenschriften bloßgestellt. Auch Saur nahm in seinem Blatte („Pensylvanische Berichte", 16. September 1755) Notiz davon. Er bemerkt zunächst, daß die Herabwürdigung der Deutschen um so unziemlicher sei, da ja die Sachsen, von denen die Engländer abstammen, auch aus Deutschland gekommen seien. Ferner erinnert er den Schreiber des Pamphlets daran, daß der König selbst ein geborener Deutscher sei, der durch seinen Heldenmuth das deutsche Reich von der Uebermacht der Franzosen befreiet habe. (Anspielung auf die Schlacht bei Dettingen, 1743.) Die gegen Saur persönlich gerichtete Anschuldigung, er sei einer der französischen Propheten, ein päpstlicher Emissär, stehe im Solde der Quäker ꝛc., weist er als boshafte Unwahrheit zurück. Er habe vor 31 Jahren ein Land verlassen, wo die Leute leibeigen seien, und seit er in Pennsylvania weile, in zahlreichen Briefen an Freunde und Bekannte dieses gute Land wegen seiner Freiheit und gelinden Regierung gepriesen. In Folge davon habe die Einwanderung mehr und mehr zugenommen.

„Weil aber Saur", fährt er fort, „auch gesehen hat, daß bald eine andere Gattung Leute, nämlich solche, die gar keine Furcht Gottes haben, an die Regierung kommen, die aus Mangel an Vertrauen auf Gottes Schutz nichts anders können, als ihr Vertrauen auf menschliche Macht, menschlichen Schutz, fleischliche Waffen und Gewehr, auf Soldaten, Festungen und Miliz setzen, so hat Saur, nicht um Lohn, sondern aus freier Bewegung den Teutschen gerathen, sie sollen die Leute zu ihren

Vorstehern wählen, welche Gott bisher die Ehre gegeben und der Einwohner im Lande, so viel nur möglich ist, geschonet."

Auch die tückische Insinuation, daß die Deutschen keine treuen Unterthanen des Königs wären, sondern es heimlich mit den Franzosen hielten, wies Saur in seiner Zeitung als verläumderische Anschuldigung zurück und forderte seine Landsleute auf, einen gemeinsamen Protest dagegen zu erlassen.

Es wird gesagt, Christoph Saur's Widerstand gegen die Schulen sei der Fels gewesen, woran das ganze Project gescheitert sei. Man nimmt wohl richtiger an, daß Ehrw. Smith's maßlose Verunglimpfung der Deutschen die Schulen einfach unmöglich machte. Sie führten eine kurze und kränkliche Existenz. Schon im September 1756 hat das Pennsylvanische Committee zu berichten, daß drei der eröffneten Schulen eingegangen seien; als Grund wird die Unsicherheit der Grenzansiedelungen in Folge der Indianerangriffe angeführt. Anderseits wissen wir, daß die Reformirten nichts mehr damit zu thun haben wollten. Ehrw. William Stoy berichtet an die holländischen Kirchenlichter im Namen des hiesigen Reformirten Coetus, daß kein Nutzen dieser Schulen für die reformirte Kirche erweislich sei. Der einzige Zweck sei die Verbreitung der englischen Sprache, und dieser Zweck sei ein politischer. Auch verdroß es die Reformirten, daß sie den Lutheranern nachgesetzt wurden, weil sie der anglikanischen Kirche nicht so nahe ständen, wie die letzteren.

Die Entrüstung der Deutschen über Ehrw. Smith's unziemliche Angriffe erstreckte sich nicht allein auf diesen, sondern auch auf den unschuldigen Schlatter, als habe derselbe die Anschwärzung der Deutschen als Rebellen mitzuverantworten.

In Philadelphia fanden sich im Sommer 1756 eines Morgens am Schandpfahl in der Marktstraße blutige Ohren in effigie angenagelt mit einer Unterschrift, die auf den Ehrw. Wm. Smith deutete, welchem damals vorgeworfen wurde, daß er sich einen Meineid habe zu Schulden kommen lassen. Sogleich verbreitete sich das Gerücht, dem Schlatter wären die Ohren abgeschnitten. Christoph Saur unternahm es, den wahren Sachverhalt zu erklären, wobei er bemerkt: „Da der Mann (Schlatter) ohne dem sehr wenige Liebhaber im Lande unter den Teutschen hat, so könnte dies viel Lügen und unnütze Reden verursachen."

Schlatter war zu bedauern. Auch bei seiner Gemeinde in Philadelphia und beim Reformirten Coetus kam er um sein Ansehen, so daß er sich veranlaßt sah, seine Pfarre aufzugeben und eine Kaplanstelle in der Armee anzunehmen. Harbaugh, sein Biograph, möchte uns glauben machen, daß Saur ihn hingeopfert hat. Vielmehr war die Ursache seines Falles (von andern nicht hieher gehörigen Verwickelungen abgesehen) seine unglückliche Verknüpfung mit der Schulangelegenheit, nachdem diese in ein so mißliebiges Stadium getreten war. Hätte die Sache den Boden behalten, worauf Schlatter sie anfangs mit redlichem Eifer gesetzt hatte, so wäre der Verlauf für die Schulen ein ganz anderer gewesen.

Der Ehrw. H. M. Mühlenberg, welcher die Gründung der Freischulen warm befürwortete, sah in Christoph Saur den Störenfried und Spielverderber, den Querkopf, der die wohlthätigen Entwürfe edler Menschenfreunde schändlicher Weise hintertrieb. Aber wäre der fromme Prediger nicht allein so unschuldig wie die Tauben, sondern auch so klug wie die Schlangen gewesen, so wäre es ihm nicht entgangen, daß die humanen Vorschläge sehr stark mit politischen Absichten versetzt waren. Er bemerkte das Netz nicht, das gesponnen, ja um ihn selbst gesponnen wurde. Er ahnte nicht, daß während er Smith's Pläne empfahl und förderte, dieser auf die Absorption aller Lutheraner in Amerika in die Hochkirche sann. „Ich werde", schrieb Ehrw. Smith an den Bischof von Oxford am 1. November 1756, „einen Plan unterbreiten, um alle deutschen Lutheraner in diesem Lande mit der Kirche zu vereinen, was sich meiner Ueberzeugung nach leicht wird durchführen lassen."

Von anglikanischem Standpunkte aus betrachtet, war dies ein sehr verdienstliches Vorhaben, aber der Sinnesart der Deutschen konnte es nimmermehr zusagen. Und wie sich hier der Widerspruch zwischen der vorgespiegelten Toleranz und der im Schilde geführten Proselytenmacherei kund gibt, so durchzogen den an sich ganz löblichen Erziehungsplan noch viele andere Dissonanzen. Man erwartete von den Deutschen die dankbare Annahme einer Wohlthat und denuncirte sie zugleich als angehende, dem Landesfeinde sich zuneigende Rebellen. Man schilderte sie erst als Halbwilde, als unwissende Barbaren und bejammerte dann, daß ihnen wegen des Einflusses der Presse so schwer beizukommen sei. Man wollte sie gewinnen und stieß sie durch den Vorschlag zurück, ihnen das Stimmrecht zu entziehen und den Druck deutscher Zeitungen zu verbieten. Man versuchte, Saur's Einfluß zu untergraben und bediente sich dazu einer plumpen Verläumdung, an die kein Mensch glaubte.

Zur völligen Auflösung gelangten die den Deutschen angebotenen Freischulen spätestens im Jahre 1762, vielleicht vorher. Die Gelder dazu scheinen so ziemlich alle aus fremden Landen gekommen zu sein, obschon Spuren da sind, daß auch in Pennsylvanien Etwas für die gute Sache aufgebracht wurde. So fand am 24. Juni 1754 im Theater zu Philadelphia eine Benefiz-Vorstellung für die Freischulen statt, und zwar mit Aufführung der Stücke „Der erzürnte Ehemann" und „Der Backfisch". Ehrw. Smith befand sich unter den Zuschauern.

Um der Saur'schen Presse einen Damm entgegenzusetzen, wurde auf Mühlenberg's Rath und unter den Auspicien der Schulcommission ein Concurrenz Unternehmen ins Leben gerufen, wozu Benjamin Franklin durch den billigen Verkauf einer Buchdruckerpresse und die Anstellung eines deutschen Setzers (Anton Armbrüster) seine Hülfe lieh. Die deutsche Zeitung, welche unter diesen Umständen um die Mitte des Jahres 1755 entstand, führte den Titel: „Philadelphische Zeitung von allerhand auswärtig und einheimischen merkwürdigen Sachen". Die gesetzliche Verantwortung für den Inhalt dieses Blattes muß wol auf Ehrw. Wm. Smith geruht haben, denn dieser gerieth in Folge seines Patronats in eine höchst fatale Klemme, nämlich ins gemeine Stadtgefängniß. Die Sache, welche die größte Aufregung in der Provinz hervorrief, verhielt sich in der Kürze so: Der Richter Wm. Moore, ein hervorragender Politiker, dessen Tochter Smith später heirathete, hatte im Jahre 1757 ein den Quäkern anstößiges, sonst aber durchaus ziemliches, zu seiner eigenen Rechtfertigung geschriebenes Memorial in den beiden englischen Zeitungen zum Abdruck gebracht. Ehrw. Smith ließ es übersetzen und in die deutsche Zeitung einrücken, nicht ahnend, daß der milde Quäker, dem er so manchen Fußtritt versetzt, auf der Lauer lag und plötzlich hervorschnellen sollte. Auf Beschluß der quäkerischen Assembly wurde der verblüffte Hochkirchenmann am 6. Januar 1758 in Gewahrsam genommen und trotz heroischer Anstrengungen am 25. desselben Monats wegen der deutschen Publication der angeblichen Schmähschrift ins Gefängniß gesteckt, wo er 11 Wochen saß, bis das Obergericht seine Entlassung verfügte. Im Herbste ließ ihn die Assembly abermals festnehmen, und er blieb bis zur Vertagung derselben ein Gefangener, weil er die geforderte Genugthuung nicht leisten wollte.

Auf Veranlassung und Risiko des Schulrathes druckte die Presse Franklin's und Armbrüster's auch mehrere deutsche Bücher, wie Katechismen und Erbauungsschriften. Darunter war „Das Leben Gottes in der Seele des Menschen", ein mystisch gefärbtes Büchlein. Gegen dies hatte Christoph Saur so wenig einzuwenden, daß er es dringend empfahl, ja selbst herausgab. Gewiß aber ein Dorn im Auge war dem Friedensmanne die Ausgabe der „Kriegsartikel" in deutscher Sprache. Wie der Schulrath, der es sich zur Aufgabe machte, erbauliche und erziehende Bücher unter den Deutschen in Umlauf zu bringen, auf diese Wahl gerieth, ließe sich schwerlich verstehen, wenn nicht die vorhin erwähnte politische Tendenz jener Körperschaft den Schlüssel dazu gäbe.

Ueber die Frage, was die Erziehung denn eigentlich bezwecke und was sie leisten solle, spricht sich Saur deutlich genug, und zwar ganz in Uebereinstimmung mit seinem beschränkten religiösen Standpunkte aus. Er hielt nichts von höherer Bildung. Diese sei den Christen mehr hinderlich, als fördersam. Eine Erziehung, die zur Sittlichkeit, Frömmigkeit und Gottesfurcht führe, sei gut und nützlich; aber Schulgelehrsamkeit habe nichts zu schaffen mit gottseligem Wandel. Als Christus sich seine Jünger auserlesen, habe er die Einfältigen den Schriftgelehrten vorgezogen.

Diese Ansicht ist denn auch bei den Dunkern und verwandten Sekten bis auf neuere Zeiten maßgebend geblieben.

Christoph Saur sen., und die Politik.

Bis über die Mitte des letzten Jahrhunderts hinaus war Pennsylvanien der Schauplatz eines höchst erbitterten Kampfes zwischen der Executive und der gesetzgebenden Gewalt. Die Quäker, welche in der

Assembly die Majorität hatten, widersetzten sich hartnäckig dem Bestreben der Gouverneure, die Provinz in Vertheidigungsstand zu setzen, indem sie die dazu nöthigen Geldvorschüsse verweigerten. Andererseits vertraten die Gouverneure zu einseitig die Interessen der Erbeigenthümer und aus diesem Widerstreit entspann sich ein Hader, worin beide Seiten eine wahre Virtuosität von Bissigkeit entfalteten.

Am Schlusse seiner Botschaft an die Assembly vom 24. September 1755 bemerkt der Stellvertretende Gouverneur Robert Hunter Morris: „Noch muß ich Sie erinnern, meine Herren, daß Sie in einer früheren Botschaft erklärt haben, Sie wären schlichte Leute (a plain people) und hätten keine Freude am Wortgefecht. Aber schlagen Sie Ihre Protocolle der letzten fünfzehn Jahre nach, um nicht weiter zurückzugehen, so finden Sie darin mehr Chicane, mehr Vergeudung von Zeit und Geld durch leichtfertige Zänkerei, mehr beispiellose Beschimpfung Ihrer Gouverneure und mehr pflichtwidriges Benehmen gegen die Krone, als in allen übrigen Colonien Seiner Majestät zusammen." Aus dieser kleinen Stilprobe läßt sich einigermaßen abnehmen, was für eine Stimmung zwischen den beiden coordinirten Regierungsgewalten von Pennsylvanien eingetreten war.

Christoph Saur und die deutschen „wehrlosen Christen" standen auf Seiten der Quäker, weil sie deren Abscheu gegen Krieg und Waffenführung theilten. Als im Jahre 1747 die Errichtung einer freiwilligen Schutzmannschaft befürwortet und auch ins Werk gesetzt wurde, erhob Saur entschiedenen Protest dagegen. In Verlagsartikeln und in seiner Zeitung trat er für den Frieden um jeden Preis auf. Wer Lust zum Exerciren habe, meint er, der solle den Flegel in die Hand nehmen und in seiner Scheune exerciren; das bringe doch Nutzen. Als Gilbert Tennent, der feurige Presbyterianer, den Gott der Heerscharen predigte und den Soldaten die Erlaubniß gab, bei Regenwetter in seiner Kirche zu exerciren, war Saur empört und bat die frommen Leute, die gedruckte Predigt dem Feuer zu überantworten. Wurde die Frage gestellt, was man denn thun solle, wenn es wirklich einmal zu einer feindlichen Invasion käme, so war seine Antwort: „Dem Herrn vertrauen".

„Die, welche im Glauben stark sind, haben keine Furcht, wenn sich Krieg wider sie erhebt. Wenn die Welt voll von Franzosen und Spaniern wär und wollten sie verschlingen, so fürchteten sie sich nimmermehr, es muß ihnen doch gelingen. Wenn man sie wolte heißen Festungen bauen, so sagen sie: Ein feste Burg ist unser Gott, ein gute Wehr und Waffen. — Wenn Gott den Krieg nach Pennsylvanien wenden will, so sagen sie: Herr, Dein Wille geschehe, mache es, wie Du wilt. Sie haben ihre Güter nicht so lieb, daß sie sich darum streiten, noch davor fechten. Sie haben auch ihr Leben nicht so lieb, daß sie einem andern davor das Leben nehmen solten, denn wann es Gott so schicket, daß sie sterben sollen, so wissen sie, daß sie sogleich einen bessern Platz und besseres Leben bekommen, als sie verlieren können."

Das im Jahre 1748 drohende Kriegsgewölk zog ohne schlimme Folgen vorüber. Aber im J. 1755 sollte der Traum des ewigen Friedens an der rauhen Wirklichkeit zu Schanden werden. Mit dem Ueberfall der Niederlassung bei Shamokin fing eine entsetzliche Reihe von Metzeleien an, welche die von den Franzosen angehetzten Indianer an den Bewohnern des offenen Landes verübten. Nach Braddock's Niederlage verschlimmerte sich die Situation. Der Landmann am Pfluge wurde aus dem Versteck niedergeschossen, das einsame Gehöft überfallen; im jähen Schrecken flohen die Ansiedler von Haus und Hof. Am 25. November 1755 kamen 600 Landbewohner, meistens Deutsche, nach Philadelphia, friedlich und in geziemender Ordnung, wie eine Zeitung bemerkt, um vom Gouverneur zu vernehmen, ob denn kein Schutz, keine Rettung zu erwarten sei. Nach langem Zaudern und Markten gab die Assembly endlich ihre Zustimmung zu der Ausgabe von Creditscheinen im Belauf von £30,000, so daß die allernöthigsten Vertheidigungsmaßregeln getroffen werden konnten. Christoph Saur, der die Wiederwahl der alten Assembly=Mitglieder im October 1755 mit Freuden begrüßt hatte, sah selbst in diesem Zugeständniß ein bedenkliches Abweichen vom Pfade der Gottseligkeit. Sollte einmal Geld verausgabt werden, so hätte er es lieber darauf verwendet, die Indianer durch Geschenke zu befriedigen.

„Wir hören," sagt seine Zeitung, „daß 60,000 Pfd. Geld soll gemacht werden, um Philadelphia gegen Franzosen und Indianer zu vertheidigen und Festungen an den Grenzen zu bauen. Bei diesen Umständen sind verschiedene Gedanken. Gott sagt: Wenn mein Volk wolte in meinen Wegen wandeln, so wolte ich ihre Feinde bald dämpfen. Pfalter 81. Wo Gerechtigkeit gehandhabt und armen Unterdrückten geholfen wird, da ist Gott eine veste Burg und starke Mauer. Es dürfte besser sein, solche Leute mit 10,000 Pfd. Geschenken zu befriedigen, daß die Geflüchteten wieder auf ihr Land ziehen und in Frieden leben können, als 100,000 Pfd. an den Krieg wenden."

Wie im Jahr 1747, so trat auch jetzt wieder Benjamin Franklin mit praktischen Vorschlägen hervor. Ein von ihm entworfenes Milizgesetz, das den Aufruf von Freiwilligen bezweckte und also Niemand gegen sein Gewissen zum Kriegsdienste zwang, erhielt die Zustimmung der Assembly und die Genehmigung des Gouverneurs. Bald meldeten sich mehr als 500 Freiwillige, an deren Spitze der energische Drucker und Staatsmann nach Gnadenhütten am Lehigh Strome marschirte, um daselbst Schutzwerke anzulegen. Dies geschah im Januar und Februar 1756 trotz Sturm und Kälte. Nach der Stadt zurückgekehrt hatte er die Freude, die Zahl der sich anbietenden Vertheidiger täglich wachsen zu sehen. Er wurde zum Obersten eines Regiments gewählt, dem sich eine Compagnie Artillerie anschloß. Sein eigenes deutsches Blatt, die „Philadelphier Zeitung", berichtet darüber am 6. März 1756: „Neun Compagnien erschienen sogleich mit ihrem Gewehr. Und wir haben das Vergnügen gehabt zu sehen, daß unsere teutsche Leute einen ansehnlichen Theil dieser Mannschaft ausgemacht haben."

Nicht so freudig war der Eindruck, den diese kriegerischen Vorbereitungen auf Christoph Saur machten. Er war von seiner Principienreiterei selbst durch das Aeußerste nicht abzubringen. In der Nummer vom 1. Juni 1756 schreibt er:

„Am verwichenen 18. May sind die verschiedenen 6 Compagnien Militz aus Philadelphia in Germantown zusammengekommen und haben sich exercirt und geübt, wie sie den Feinden thun wollen, wenn sie kommen oder sie zu ihnen. Eine jede Compagnie hatte etwas Apartes auf ihren Fahnen, zum Exempel einen Elephanten, einen schlafenden Löwen. Das Merkwürdigste oder Seltsamste war, daß auf einem Fahnen das Bild des Friedensfürsten, des Herrn Jesu mit seinen 11 oder 12 Jüngern recht deutlich und kenntlich abgemahlt war. Sie brachten 4 Stückwägen mit ihren Canonen von Philadelphia, welche zur Linken und zur Rechten abgefeuert wurden. Es war eine große Menge Zuschauer aus der Nachbarschaft, aus Germantown und Philadelphia dabei, welche es mit Lust ansahen. Die wenigsten waren betrübt, daß das so lang gesegnete, ruhige und friedliche Pennsylvanien nun auch zur Mördergrube worden ist und ferner werden soll."

Daß diese Sinnesweise, sowie überhaupt die Stellung, welche Saur den Erbeigenthümern gegenüber einnahm, auf einen Theil der Bevölkerung einen peinlichen Eindruck machte, ist nicht zu verwundern. Conrad Weiser, der in seinem Tulpehocken den Jammer und die Angst seiner heimgesuchten Nachbarn aus nächster Nähe kannte, war über gewisse Ausstellungen, die Saur in seiner Zeitung machte, so aufgebracht, daß er seinen Landsmann beim Gouverneur (William Denny) geradezu denuncirte.

Die Sache wurde für eine künftige Erwägung zurückgelegt und dabei verblieb es. Dagegen kam es bei einer anderen Gelegenheit wirklich dazu, daß der beharrliche Anwalt friedlicher Maßregeln eine Vorladung vor die Kriegsbehörde erhielt. Es war dies nach dem ersten Friedensschlusse mit den „Sechs Nationen" in Easton, wodurch zwar die Beruhigung des Landes wesentlich gefördert war, ohne indessen den Unthaten anderer Stämme ein Ende zu machen. Saur bemerkte nun in seiner Zeitung vom 24. Juni 1758, daß die Botschafter, welche zu den Delaware-Indianern gesandt seien, über das Verhalten des Königs Tiedinskung günstig berichteten, daß aber andere Indianer mißvergnügt seien. „Auch sind die Minissing-Indianer noch feindselig, weil sie nichts für ihr Land bekommen haben, und den Indianern, welche ihre Satisfaction von unsern Proprietors gehofft, wird die Zeit auch lang, zu wissen, ob sie etwas bekommen werden oder nicht. Wie man hört, klopfen einige Indianer aufs Neue an die unrechte Thür."

General Forbes, der gegen Ende Juni 1758 im Begriff stand, eine kräftige Demonstration gegen Fort Duquesne zu machen, und der damals noch in Philadelphia verweilte, wurde von diesem Ausfalle durch eine verschlimmernde Uebersetzung in Kenntniß gesetzt. Die Folge davon war, daß Saur am 30. Juni einen schriftlichen Befehl erhielt, unter der Begleitung von 14 mitgesandten Bergschotten, um 12 Uhr im Wirthshaus „Zum Hirschen" an der Lancaster Straße zu erscheinen, wo der General ein Wörtlein mit ihm zu reden habe. Die Schotten gehörten zu Oberst Montgomery's kürzlich eingetroffenem

Regimente von Hochländern, deren eigenthümliche Equipirung vom Volke mit Staunen begafft wurde. Diese seltsame Escorte blieb indessen dem friedlichen Drucker erlassen; die Hochländer verließen sein Haus eine Stunde vor ihm und trafen eine Stunde nach ihm an dem bezeichneten Orte ein.

Das Verhör im Wirthshaus „Zum Hirschen" lief für den Arrestanten recht glimpflich ab. Auf die Frage, ob die incriminirte Stelle nicht gegen den König, die Regierung und die Provinz gerichtet sei, antwortete Saur verneinend und machte darauf aufmerksam, daß die Uebersetzung den Sinn entstelle. Er versicherte, daß ihm die Wohlfahrt des Landes und die Ehre der Regierung am Herzen liege; von dieser Gesinnung beseelt, habe er seit 34 Jahren seine Landsleute zur Auswanderung nach Pennsylvanien ermuntert. General Forbes schenkte ihm Glauben und warnte ihn nur, künftig Nichts zu drucken, das gegen den König, die Regierung und die Provinz sei. Dazu machte sich Saur gern anheischig; auch erbot er sich, etwaige Irrthümer in seiner Darstellung zu berichtigen. Es wurde ihm indessen kein Punkt bezeichnet. Die Schlichtung der ganzen Sache, sagt er, nahm nicht mehr als drei Minuten. Die höfliche Behandlung, die der hartnäckige Friedensapostel von dem Manne der fleischlichen Gewalt erfuhr, machte auf ihn einen sehr günstigen Eindruck. Er versicherte, „er habe bei den rothen Generälen mehr Verstand, Klugheit und Moderation gefunden, als bei den schwarzen" (d. h. schwarzröckigen) und sprach die Hoffnung aus, die Expedition des General Forbes gegen Fort Duquesne werde von Erfolg gekrönt werden, so daß etwas Heldenmäßiges davon zu berichten sei. General Forbes gelangte in den Besitz der feindlichen Festung, aber daß er das Herz des alten Saur gewonnen, war ein Sieg, dessen er sich nicht minder rühmen durfte.

Christoph Saur sen. über die Mißbräuche des Passagier-Transports.

Die Art und Weise, wie ehedem deutsche Emigranten von Holland nach Amerika verschifft und während der Seereise behandelt wurden, gehört zu den schmachvollsten Erscheinungen der Vergangenheit. Die unglücklichen Opfer geldgieriger Spekulanten wurden in den dumpfigen, von keinem Luftzug berührten Schiffsraum eng verpackt; bei elender Proviantirung, Vernachlässigung der Reinlichkeit und anderer Gesundheitsmaßregeln verfielen sie der furchtbaren Schiffspest, und während der Ueberfahrt wurden Hunderte durch Krankheit dahingerafft. Die Meisten zahlten für die Beförderung nicht baar, sondern verbanden sich contractlich, die Kosten nach ihrer Ankunft abzuverdienen, was drei- bis siebenjährige Knechtschaft bedeutete. Damit den Rhedern oder Capitainen nun das durch sie selbst verschuldete Absterben so vieler Passagiere keine Einbuße an Geld verursache, setzten sie in den Contract eine Klausel, wodurch die überlebenden Angehörigen oder auch andere Mitpassagiere für die Ueberfahrtskosten der Gestorbenen verantwortlich wurden.

Zu welcher Zeit diese schändlichen Mißbräuche ihren Anfang nahmen, ist nicht genau zu ermitteln. Das erste Schiff, das deutsche Auswanderer nach Amerika brachte, die „Concord" (1683 von London nach Philadelphia), verlor keinen Passagier; für Gesundheit und reichliche Lebensmittel war aufs Beste gesorgt. Was wir in den folgenden Jahrzehnten über die deutsche Einwanderung erfahren, betrifft lediglich die Verbreitung derselben im Lande, während die Beförderungszustände in Dunkel gehüllt bleiben. Aber der erste Lichtstrahl, der darauf fällt, erschließt nichts Erfreuliches. Caspar Wister, aus Neckar-Gemünd, der im Jahre 1717 nach Philadelphia kam, schreibt 1732:

„Auf der Reise geht es bisweilen erbärmlich her. Im vergangenen Jahre ist ein Schiff unter andern 24 Wochen auf der See herumgefahren, und sind von 150 Personen, die darauf gewesen, über 100 jämmerlich verschmachtet und Hungers gestorben. Wegen Mangel der Speise haben sie auf dem Schiffe Ratten und Mäuse gefangen und eine Maus für einen halben Gulden verkauffet; zuletzt sind die übrigen noch, halb verschmachtet, an ein anderes Land gekommen, wo sie nach vielem ausgestandenen Elend noch im Arrest gehalten und gezwungen worden, sowohl für die Lebendigen als für die Verstorbenen das gantze Schiffs-Lohn zu bezahlen. In diesem Jahre sind wieder 10 Schiffe angekommen, darauf sich an die 3000 Seelen befunden. Ein Schiff davon ist 17 Wochen unterwegs gewesen und sind fast 60 Personen davon auf der See gestorben. Die übrigen aber alle sind krank, ohnmächtig und, was das schlimmste ist, noch dabey arm und ohne Mittel.

...... Jede Person, so über 14 Jahre alt, muß 6 Duplonen für die Fracht von Rotterdam aus bezahlen, und die von 4 bis 14 Jahren die Hälfte. Wer nun dieses Geld nicht hat und hierher kömmt, der muß sich auf 3, 4, 6, 8 und mehr Jahre verkauffen lassen und als Sclave dafür dienen."

Mag auch in den beiden angeführten Fällen die Größe des Elends durch die ungewöhnlich lange Dauer der Ueberfahrt herbeigeführt sein, so steht doch fest, daß die Sterblichkeitsziffer auf fast allen Emigranten= schiffen eine entsetzliche Höhe erreichte. Ein Brief aus Germantown, im October 1738 geschrieben, berichtet:

„Die Menge Menschen so sich aufreitzen lassen, diß Jahr ins Land zu kommen, bringen und machen keinen geringen Jammer ins Land. Denn außerdem, daß so viele hundert auf denen Schiffen zur See durch Krankheiten gestorben, dafür die Hinterbleibende, so noch welche aus einer Familie übrig, zahlen und dienen müssen, so ist ein ungemeiner Geldmangel und Noth unter den Menschen, daß es kaum zu sagen."

Ein anderer Brief aus Germantown aus derselben Zeit gibt die Zahl der auf 15 Schiffen im Jahre 1738 Gestorbenen „bei mäßiger Berechnung" als 1600 an. Christoph Saur selbst schätzt in einem Schreiben die Zahl der Opfer sogar auf 2000. Sollte der Leser ver= meinen, diese Zahlen seien zu enorm, um Glauben zu verdienen, so rufen wir einen Zeugen auf, der mit dabei war, nämlich Heinrich Keppele, der später ein angesehener Kaufmann und der erste Präsident der Deutschen Gesellschaft von Pennsylvanien wurde. Er wanderte in eben diesem Jahre 1738 aus und war ein Passagier auf der „Charming Molly" Capitain Charles Stedman. Er erzählt in seinem Tagebuche, daß sich 3124 „Frachten" (ein Kind wurde als halbe Fracht gerechnet) auf dem Schiffe befanden, und daß der Tod während der Ueberfahrt 250 Seelen hinwegraffte, nicht Derer zu gedenken, welche bald nach ihrer Ankunft erlagen. Saur bringt in seiner Zeitung noch mehr Einzel= heiten über die abscheulichen Zustände des Passagier=Transports. Er zieht haarsträubende Thatsachen vor das Forum der Oeffentlichkeit, warnt seine Landsleute vor der Hinterlist der sogenannten „Neu= länder" oder „Seelenverkäufer", räth ihnen Vorsicht an bei der Un= terzeichnung des Contractes und empfiehlt, die Zahl der Passagiere, die Proviantirung, den Schutz des Eigenthums und die eingegangenen

Verbindlichkeiten zum Gegenstande gesetzlicher Vorschriften zu machen. Hier folgen nunmehr einige Auszüge aus seiner Zeitung. Im Februar 1745 wird erzählt:

„Ein ander Schiff ist in Philadelphia ankommen mit Teutschen; es wird gesagt, es seyen 400 gewesen und es sollen nicht viel über 50 beym Leben seyn, sie nahmen ihr Brod alle 2 Wochen und manche aßen in 4-5-6 Tagen, was sie in 15 Tagen essen sollten. Und wan sie auch in 8 Tagen nichts gekochtes kriegten, so war ihr Brod desto eher all und wann sie dann noch 3 Tage über die 2 Wochen warten mußten, so verschmachteten die, welche kein Geld mehr hatten, denn wer Geld hatte und wolte, der konte beym Stenermann Mehl genug haben, das Pfund für 3 pens Sterling und eine Quart Buttelie Wein vor ein 7 Kopstiks Thaler; daher ein gewisser Mann, nachdem seine Frau schon verschmachtet war, hat alle Tag eine Buttel Wein und Mehl vor sich und seine 5 Kinder gekaufft und sind also beym Leben blieben, da hergegen ein anderer Mann, der in einer Wochen mit seinem Brod fertig war, bath den Capitain um ein wenig Brod, bekam aber nichts, so kam er mit seinem weib zum Capitain gekrochen und bath, er möchte ihn doch über Bord werffen, damit er nicht so langsam sterben müsse, dan es wäre noch lang biß Brodtag; das wollte der Capitain auch nicht thun, er bringet so dan dem Stenermann sein Säcklein, er solle ihm doch ein wenig Mehl darein thun, er habe aber kein Geld; der gehet hin und thut ihm Sand und Steinkohlen ins Säckgen und bringets ihm, der Mann weinete, legte sich nieder und starb samt seinem weib ehe der Brodtag kam; nichts desto weniger müssen die Lebendigen bezahlen vor das Brod so die Todten haben essen sollen. Wann dann solche Leuthe keine Christliche Liebe und Barmherzigkeit auf einer Seite sahen, und fragen ob keine Gerechtigkeit in solch gelobtem Lande sey, so wird geantwortet: Ja, aber wer den Weg dazu nicht recht weiß, der muß sie theuer kauffen. Wann sie dann lange gerathschlagt haben, so ist keine Mauß, die der Katz die Schellen anhängen will."

Nicht immer und nicht auf jedem Schiffe ging es so unmenschlich zu. Im Jahre 1748 berichtet die Zeitung: „Sieben Schiffe sind zu Rotterdam mit teutschen Neukommern abgefahren, drei sind davon in Philadelphia ankommen, das letzte in 31 Tagen von Land zu Land, alle frisch und gesund so viel man weiß. Sie sind auch menschlich gehalten worden. Die übrigen Schiffe werden täglich erwartet." Aber schon im nächsten Jahre erklang das Klagelied aufs Neue. In der Nummer vom 16. September 1749 lesen wir:

„Von Reisenden aus Europa wird berichtet, daß dies Jahr wenigstens 20 Schiffe mit Teutschen von Rotterdam nach Pennsylvanien kommen sollen. Bis nun sind 8 Schiffe angekommen mit Schweizern, Würtenbergern, Pfälzern, Hanauern und Elsassern, welches letzt gemeldte Schiff sehr viele Kranken hat und beinahe die Hälfte gestorben sind und sterben noch täglich. Nachdem der Doctor das Schiff visitiret und dem Gouverneur berichtet hatte, so mußte das Schiff wieder stromabwärts fahren. Der Capitain samt etlichen Seglern sind auch schon auf der See gestorben. Es ist schon lange Zeit ziemlich offenbahr, daß die „Neuländer" vor jeden Kopf oder Fracht eine halbe Dublone bekommen, den sie dem Kauffmann oder Capitain nach Holland bringen und sind fracht frey. Alle Verständige gönnens ihnen, wenn sie 10 mal so viel bekämen, aber gemeiniglich müssen die Leute so viel mehr bezahlen oder wird ihnen das Proviant schlecht oder knapp gegeben und selten gehalten, was ihnen versprochen worden, oft ist der Accord nicht nach der Abrede oder gar nicht unterschrieben. Da darf denn der „Neuländer" das Maul nicht aufthun, denn es ist ihnen zugestopft."

Im Jahre 1750 sah sich Saur wiederum veranlaßt, auf die Sache zurückzukommen. In der Februar-Nummer der Zeitung bemerkt er:

„Schon so viele Jahre her ist mit Leidwesen angesehen worden, daß viele Teutsche Neukommer gar schlechte Seereisen gehabt, daß manche haben sterben müssen, und absonderlich dieses Jahr sind über zwei Tausend gestorben, meistens weil sie nicht menschlich sind tractirt worden, hauptsächlich weil sie zu dichte gepackt worden, daß ein Kranker des andern Othem hat holen müssen und von dem Gestanck, Unreinigkeit und Mangel der Lebensmittel vielmahl Scharbock, Gelbfieber, Ruhr und andere ansteckende Krankheiten entstanden. Zuweilen war das Schiff so sehr mit Waar beladen, daß zu wenig Platz vor Brod und Wasser war, viele dorfften nicht kochen, was sie selbst bey sich hatten. Der Wein ward von den Seglern heimlich gesoffen. — Einige Lebensmittel und Kleider wurden in andere Schiffe gepackt und

kamen lange hernach, daß viele Leute mußten betteln und sich ver=
serben,* weil sie das Ihrige nicht bey sich hatten. Viele mußten
bezahlen vor die, die Hungers und Durstes gestorben sind. War ein
Kind in Holland dreizehn Jahre und neun Monate alt nach dem
Taufscheine und hat also für halbe Fracht bezahlt oder wars schuldig,
bekam auch nur halben Platz, halb Wasser und halb Brod u. s. w.
und kam nach drei Monaten nach Philadelphia, so war es vierzehn
Jahr alt und mußte vor gantze Fracht bezahlen per force. Auch
mußten Viele vor die Todten noch Kopfgeld geben. Leuten, die
bezahlt hatten, wurden ihre Kisten verkaufft, gestohlen und aus=
geleert."

Um dieselbe Zeit (17. Januar 1750) wurde allerdings ein Gesetz
erlassen, das den Einwanderern hinreichenden Raum und Schutz
während der Ueberfahrt sichern sollte, aber es blieb unbeachtet. Das
geringe Salär der Aufsichtsbeamten setzte sie der Gefahr aus, für
ein gereichtes Douceur ein Auge zuzudrücken. Mehrere Jahre später
wurde daher ein erneuter Versuch gemacht, durch wirksamere Gesetz=
gebung dem schreienden Uebel abzuhelfen. Lassen wir darüber Saur
noch einmal das Wort nehmen: „So wie bekannt ist," bemerkt er im
December 1754, „haben einige Teutsche der Assembly vorgestellt den
Mangel der armen Teutschen, welche letzlich in den vielen Schiffen
sind krank und in äußerster Armuth übrig geblieben, daneben be=
gehrt, daß durch eine Verordnung der gar zu großen Ungerechtigkeit
ins Künftige möge gesteuert werden." — Dann erwähnt er den Un=
fug, der mit dem Passagiergut getrieben wird, dessen Verladung auf
andern Schiffen und oft vorkommende Veruntreuung. Er fährt fort:
„Auch weil es gar zu unmenschlich ist, daß Leute in der größten
Armuth gezwungen werden, sich vor andere Arme zu verbürgen, um
andern ihre Schulden zu bezahlen, die etwa sterben oder aus dem
Lande gehen, oder mit tausend Seufftzern über Ungerechtigkeit klagen.
wann sie gezahlt haben und noch hernach gegen ihren Willen vor
andere zahlen müssen, wie denn einer von den letzten Kaufleuten
sogar die Wittwen zusammen verbindet, was Hr. Keppele nicht thut,
welcher auch die Accorde gehalten. —— Auch ist zu erwägen, ob nicht

---

*) Verserben — von dem englischen Worte serve, dienen — also verdingen.

ein oder zwei ehrliche Visitatoren der Schiffe nöthig seien, welche sich erkundigen, ob den Leuten ihr Accord gehalten und ob sie den gebührlichen Platz gehabt und die statt der Armen die Klagen den Richtern vorbringen. Man hoffet, die Assembly und der Gouvernör werden das Elend erwägen und solche Leute als ihre Nebenmenschen ansehen. Inzwischen haben die Quäker in ihrer Versammlung 50 Pfund zusammengelegt für die armen, hungrigen, kranken und vor Kälte starrenden Leute. Man hört, daß der Gouvernör selbst eine reiche Beisteuer gethan habe. Es ist auch vorgestellt worden, daß es für die arme Kranke nöthig und nützlich wäre — wenn es keine ansteckende Krankheit ist — auf einem trockenen gesunden Platz ein Haus zu bauen mit Stubenöfen u. s. w. Wenn es nicht seyn könnte, so dürfte bey den Teutschen wohl so viel zusammen gesteuert werden, als zum Bau des Hauses von nöthen ist."

Es kam denn auch wirklich dazu, daß die Assembly ein verbessertes Gesetz zum Schutz der Einwanderer annahm und dem Gouverneur Robert Hunter Morris zur Billigung vorlegte. Dieser antwortete vorläufig am 7. Januar 1755, daß er dasselbe verschiedenen Mitgliedern seines Rathes zur Begutachtung unterbreitet habe. Trotzdem daß die Assembly unter demselben Datum den Gouverneur dringend ersuchte, keinen Aufschub eintreten zu lassen, sondern dem wichtigen Gesetze durch seine Namensunterschrift Kraft und Gültigkeit zu verleihen, fand es Morris für angemessen, nicht allein bis zur Mitte Mai zu verziehen, sondern wichtige Bestimmungen des Gesetzes auszumerzen. Die gestrichenen Paragraphen verboten es, das Passagiergut in anderen Schiffen nachzusenden und Andere als Angehörige für die Ueberfahrtskosten der auf der Reise Gestorbenen verantwortlich zu halten. Die Assembly protestirte ernstlich gegen die Handlungsweise des Gouverneurs und deutete diesem an, daß gerade die Personen, deren Rath er eingeholt und befolgt hatte, an dem Fortbestehen der Mißbräuche, die das Gesetz abstellen sollte, persönlich interessirt wären.

In diesem kritischen Zeitpunkte glaubte Saur alle Bedenken bei Seite setzen zu müssen, und richtete persönlich an den Gouverneur Morris zwei Briefe, worin er dem höchsten Staatsbeamten reinen Wein einschenkt und ernstlich ins Gewissen redet. Der erste ist den 15. März datirt und lautet in deutscher Uebersetzung wie folgt:*

„Vor dreißig Jahren kam ich in diese Provinz aus einem Lande, wo keine Gewissensfreiheit bestand, keine Rücksichten der Menschlichkeit bei dem damaligen Landesfürsten Gewicht hatten, wo Leibeigenschaft die Leute nöthigte, wöchentlich drei Tage für ihren Herrn mit einem Pferde und drei Tage mit Haue, Schaufel und Spaten zu arbeiten, oder einen Arbeiter zu stellen. Als ich hier ankam und die Zustände so ganz verschieden von denen daheim fand, schrieb ich an meine Freunde und Bekannte in Betreff der bürgerlichen und Religionsfreiheit und anderer Vorzüge, die das Land bot. Meine Briefe wurden gedruckt und durch öfteren Nachdruck weit verbreitet; sie veranlaßten viele tausend Menschen, herzukommen, wofür Viele dem Herrn dankbar sind. Damals war der Preis der Ueberfahrt 5 Pistolen; der Zudrang zu den Schiffen war groß, und die Rheder standen sich beim Transport von Auswanderern besser als bei der Verschiffung von Waaren. Aber Geldgier verleitete Steadman, die armen Passagiere wie Heringe zusammen zu packen, und da nicht alle unter Deck Platz fanden, lagerte er viele auf dem Deck. Mangel an Raum und Wasser, so wie die Sonnenhitze bei dem südlichen Curse verursachte Krankheit und Tod. So Viele starben, daß allein in einem Jahre nicht weniger als 2000 Leichname in die See versenkt wurden. Steadman hatte sich in Holland das Privileg erkauft, daß kein Capitain oder Rheder Passagiere einnehmen durfte, so lange er nicht selbst 2000 Kopf geladen hatte. Dieser mörderische Handel that meinem Herzen weh, besonders da ich erfuhr, daß Todesfälle den Profit vergrößerten. Es kam mir bei, daß meine günstigen Briefe die entfernte Ursache von vieler Leute Tod wären. Ich wandte mich daher an die Behörden von Rotterdam, und die Folge war, daß Steadman sein Monopol verlor. Auch unsere Legislatur wurde angegangen, und dieselbe erließ ein Gesetz, das gut ist, aber nicht befolgt wird. Herr Spoffort, ein armer alter Capitain, ward zum Inspector der Passagier-Schiffe ernannt; sein Salär betrug zwei oder dreihundert Dollars das Jahr, wofür er verschwieg, daß Leute

---

* Nach einer Abschrift der englischen Originale, im Besitz des Herrn Abraham H. Cassel.

zuweilen nicht mehr als 12 Zoll Raum und nicht halb genug Brod und Wasser hatten. Dieser starb, worauf die Assembly einen Herrn Trotter anstellte, der die Schiffe gleichfalls durchschlüpfen ließ, wiewol manche Passagiere gar keinen Raum hatten, außer im langen Boote, was so gut wie ihr Todesurtheil war. Klagen liefen in Menge ein. Viele aus Philadelphia und fast Alle in Germantown unterzeichneten eine Bittschrift des Inhalts, daß die Assembly die Stelle dem Thomas Say in Philadelphia, einem englischen Kaufmanne, geben möge, der über dem Verdachte steht, sich durch Bestechung zur Verheimlichung von Mißbräuchen bestimmen zu lassen; oder wolle man Herrn Trotter nicht absetzen, so möge man ihm Herrn Daniel Mackinett, einen Händler in Philadelphia, adjungiren, der Deutsch und Englisch verstehe, daher mit den Leuten reden könne. Aber, so viel mir bekannt ist, war Alles vergebens."

Saur lenkt des Gouverneurs Aufmerksamkeit zunächst auf eine andere Niederträchtigkeit, deren sich gewissenlose Capitaine häufig schuldig machten, die Erzwingung eines höheren als des ausbedungenen Fahrpreises. Statt 7½ Pistolen, worauf der Contract lautete, nahmen sie 9 und hielten das Passagiergut als Pfand, bis der geforderte Preis bezahlt oder Sicherheit dafür geleistet war. Es stand den betrogenen Passagieren allerdings der Weg des Rechtes offen, aber ihre Unbekanntschaft mit der englischen Sprache, mit den Landeseinrichtungen, und ihre bedrängte Lage machten den Schutz der Gesetze, wie sie bestanden, durchaus illusorisch. Dazu kam noch, daß ihre Sachen, die sie zurück lassen mußten, in den Händen der Schiffsmannschaft nichts weniger als gut aufgehoben waren; fanden sich die Kisten überhaupt noch vor, so waren sie nicht selten erbrochen und geplündert.

Andere Uebelstände, die der Abhülfe bedurften, werden von Saur mit Freimüthigkeit zur Sprache gebracht: die mancherlei Härten, welche aus der rücksichtslosen Verdingung der Passagiere zur Abtragung ihrer Schuld entstanden, der Mangel eines temporären Zufluchtshauses für Kranke und Bedürftige, wozu die Deutschen gern beisteuern würden.

Er schließt: „Verehrter Herr, ich bin alt und schwach, wanke dem Grabe zu und werde bald nicht mehr sein. Ich hoffe, Eure Excellenz wird es mir nicht verübeln, die Hülflosen Ihrem Schutze empfohlen zu haben. Möge der Herr uns vor allem Uebel und jeglicher Unbill bewahren; daß dies geschehe, dürfen wir um so eher hoffen, wenn wir an Anderen, die in Bedrängniß und Gefahr sind, ebenso handeln. Möge der Herr Ihnen Weisheit und Geduld verleihen, daß Ihre Verwaltung eine gesegnete sei, und wenn die Zeit kommt, Ihnen den Lohn eines guten und getreuen Dieners geben.

Ihr gehorsamster Diener   Christoph Saur."

Im zweiten Briefe, datirt den 12. Mai 1755, beschwert sich Saur über die Weigerung des Gouverneurs, dem Paragraphen des Gesetzes, der sich auf das Passagiergut bezog, seine Zustimmung zu ertheilen. Die Habseligkeiten der Einwanderer wurden nämlich nicht immer auf dieselben Schiffe verladen, worauf jene kamen, entweder weil jeder Fußbreit des Raumes zur Unterbringung von Passagieren dienen mußte, oder weil es auf Schmuggelei mit Waaren abgesehen war, die fälschlich als Passagiergut angegeben wurden. Saur schildert die Folgen dieses abscheulichen Mißbrauchs mit lebhaften Farben. „Würden die Leute," sagt er, „die in der vorhin erwähnten Weise ihr Gepäck entweder ganz eingebüßt oder durch Oeffnung der Kisten zum Theil verloren haben, aufgefordert, sich zu melden, um Ersatz, sei es auch zur Hälfte zu erhalten, Sie würden, verehrter Herr Gouverneur, Sich über den Schwarm von 2—3000 Menschen höchlichst wundern. Und doch scheint es, daß diese Leute keine Gerechtigkeit zu erwarten haben bis zum Tage des jüngsten Gerichts, wo ein unparteiischer Richter den Richterstuhl einnimmt." Es ist noch hinzuzufügen, daß die damaligen Anstrengungen ohne Erfolg waren, und daß es der Deutschen Gesellschaft von Pennsylvanien (gegründet den 26. Dec. 1764) vorbehalten blieb, zu einem verbesserten Schutzgesetze für die Einwanderer im Jahre 1765 den Anstoß zu geben.

Der jüngere Christoph Saur.

Christoph Saur, der Vater, mit welchem wir uns so weit beschäftigt haben, starb am 25. September 1758 in Germantown. Der Sohn widmete ihm folgenden Nachruf, der nicht allein für den Verstorbenen, sondern auch für den Verfasser charakteristisch ist:

„Am 25. September hat der alte und wohlbekannte Buchdrucker Christoph Saur das zeitliche Leben verlassen im 64sten Jahr seines

Alters, nachdem er 34 Jahre in diesem Lande gewohnt hatte. Er war allezeit leutselig und freundlich gegen Freunde und Feinde. Er hat sich weder seiner Geschicklichkeit noch seines Verstandes überhoben, sondern hat sich niedrig gehalten. Er hat allezeit vor des Landes Beste und Freyheit gesorget und hat sich weder durch Geschencke noch Schmeicheleyen der Großen bewegen lassen, solches aus der Acht zu lassen; daher er sich endlich den Haß solcher Großen und Kleinen auf den Hals gezogen hat, welche gerne gesehen hätten, daß das Land unter Knechtschaft und Sklaverei gebracht würde nach dem Leiblichen und in Finsternus und Dunkelheit im Geistlichen, damit sie in solchem trüben Wasser fischen könten. Allein er hat ihren Haß so wenig gefürchtet als ihre Gunst gesuchet und hat ein wachsam offen Auge gehabt und ihre Rathschläge entdeckt, wo er sie gemercket hat.

„Ich wolte zwar lieber wie bisher mein Stück Brod mit meinem Buchbinder-Handwerk verdienen und der Last von der Druckerey überhoben seyn, welches viel leichter wäre, allein so lange niemand da ist, dem ich die Druckerey anvertrauen kan, so finde ich mich um Gottes und meines Nächsten willen genöthiget, es so lange fortzuführen, biß es der Vorsehung gefallen möchte, mir einen Gehülfen zu geben, der sich weder durch Geld noch Schmeicheley bewegen läßt, etwas zu drucken, das wider die Ehre Gottes und das Wohlseyn des Landes ist; denn zur Ehre Gottes und Wohlseyn des Landes ist diese Druckerey gewidmet und ich werde solchen Zweck allezeit zu behaupten suchen."

Christoph Saur jun. war am 21. September 1721 zu Laasphe im Wittgenstein'schen geboren und kam mit seinen Eltern 1724 nach Pennsylvanien. Hier wuchs er unter seines Vaters Pflege heran. Der mütterlichen Aufsicht mußte er entrathen, seit Frau Saur sich als Schwester Marcella ins Kloster von Ephrata begeben hatte. In mancher Hinsicht glich der junge Saur seinem Vater. Wie er dessen Nachfolger im Geschäfte wurde, so vererbten sich auf ihn die unbengsamen religiösen Grundsätze und sittlichen Maximen des Alten. Das unverfälschte Christenthum, glaubte er, sei in keiner der confessionellen Kirchen zu finden und Vieles, was diesen für erlaubt oder pflichtmäßig galt, verwarf er als gottlos und unchristlich. Vor allen Dingen bekannte er sich zu der Ansicht, daß der Christ nicht Böses mit Bösem vergelten, ja nicht einmal das Zwangsrecht ausüben oder die Waffen zur

Selbstvertheidigung führen dürfe. Wir werden sehen, welche unheilvolle Folgen diese starre Lehre für ihn haben sollte.

In seinem sechzehnten Jahre trat er in die Gemeinde der Täufer oder Dunker ein, indem er, wie er sich selbst ausdrückt, durch „die heilige Taufe wiedergeboren wurde." Er blieb seinem Bekenntnisse bis zu seinem Ende treu und gewann unter den „Brüdern" durch seinen aufopfernden Eifer und seine unwandelbare Festigkeit eine einflußreiche Stellung. Die Dunker kennen keinen geistlichen Stand. Diejenigen, welche einen inneren Ruf in sich verspüren und die erforderlichen Fähigkeiten besitzen, werden zur Ausübung der geistlichen Handlungen zugelassen. Und so wurde denn auch dem jungen Saur die Würde eines Dieners des Herrn ertheilt. Er taufte zum ersten Male im November 1748. Am 10. Juni 1753 wurde ihm durch feierliches Händeauflegen seine Berufung bestätigt. Er war ein Mitglied der ältesten Dunker-Gemeinde von Amerika, derselben, welche 1723 am 25. December unter Peter Becker zusammen trat, und zu Beggarstown, dem oberen Theile von Germantown, in Johann Pettikofer's Hause ihre Andachtsübungen verrichtete. Saur stand dem Hauptredner, Alexander Mack jun., als „Ermahner" zur Seite.

Vor seines Vaters Ableben widmete sich Chr. Saur jun. der Buchbinderei, hielt aber auch Bücher feil, und verlegte seit 1756 einige Artikel unter eigener Verantwortlichkeit.

Am 21. April 1751 verheirathete er sich mit Jungfrau Catharine Sharpneck. Der Ehe entsposen neun Kinder, Christiane geb. 1752, Christoph geb. 1754, Daniel geb. 1755, Samuel geb. 1757, Peter geb. 1759, Catharine geb. 1761, Esther geb. 1762, David geb. 1764, Samuel geb. 1767. — Samuel starb als Kind und Christiane vor dem Jahre 1777. Frau Catharine Saur starb am 8. Jan. 1777.

Sobald er als Erbe und Nachfolger das Geschäft seines Vaters übernommen hatte, ging er mit rüstigem Eifer ans Werk und bei seinem Unternehmungsgeiste, verbunden mit unverbrüchlicher Ehrenhaftigkeit wurde er zum wohlhabenden Manne. Unter die Bücher, welche der jüngere Saur gedruckt und verlegt hat, gehören als vornehmste Stücke die zweite und die dritte Auflage der deutschen Quart-Bibel (1763 und 1776). Da die zweite Auflage einen reichlichen Gewinn abwarf, so glaubte er ein Uebriges thun zu müssen und trug die

Schuld der Dankbarkeit durch unentgeltliche Vertheilung des monatlich erscheinenden „Geistlichen Magazins" ab (1764—1766). Dies ist die erste religiöse Zeitschrift in deutscher Sprache, die in Amerika erschienen ist.

Aber nicht allein Drucker, Verleger und Buchbinder war der jüngere Saur; gerade wie sein Vater, aber in noch ausgedehnterem Maße betrieb er eine Anzahl anderer Geschäfte. So ziemlich Alles, was zur Herstellung der Bücher erforderlich war, fabricirte er selbst. Er goß seine eigenen Typen, und es ist auf die Thatsache besonders hinzuweisen, daß dies die ersten waren, die in Amerika angefertigt wurden. Christoph Saur jun. war der Pionier der Typengießerei. Er fabricirte sowol englische wie deutsche Schriften, und daß sich dieselben eines vortheilhaften Rufes erfreuten, geht aus der ehrenden Anerkennung hervor, womit die Pennsylvanische Convention, die vom 23. bis 28. Januar 1775 tagte, darauf hinwies. Unter den Beschlüssen nämlich, welche die Beförderung einheimischer Industrie im Auge haben, galt der folgende dem Saur'schen Unternehmen:

„Da Buchdruckerschriften von beträchtlicher Vollkommenheit von einem geschickten Künstler in Germantown fabricirt werden, so sei den Buchdruckern empfohlen, diese Schriften denen, die künftig eingeführt werden, vorzuziehen."

Eine Papiermühle baute Saur 1773 am Wissahickon, nicht weit vom Ausfluß desselben in den Schuylkill. Auch Buchdruckerschwärze und Kienruß fabricirte er, und seine Pressen wurden unter seiner Aufsicht angefertigt. Ferner ward ihm die Einführung eiserner, aus Platten zusammengefügter Oefen zugeschrieben, die er in Lancaster County gießen ließ. Von Benjamin Franklin verbessert, erhielten diese sogenannten „Pennsylvanischen Oefen" einen vortheilhaften Ruf und weite Verbreitung.

Allerlei Apothekerwaaren, Theriak, Antimon, Aloe u. s. w., die Saur zum Verkauf hielt, finden sich in Anzeigen der Zeitung erwähnt. Einzelne Mittel galten unter dem Volke für unübertrefflich; Recepte dazu soll er vom Dr. De Benneville erhalten haben.

Was nun die Stellung des jüngeren Christoph Saur zur Landespolitik und den von ihm geübten Einfluß betrifft, so ist uns leider die Hauptquelle, woraus wir Kenntniß darüber schöpfen könnten, versiegt.

Die Zeitung, die Saur herausgab, ist nur bis zum Jahre 1761 in einem einzigen Exemplare erhalten, von 1762 an fehlt sie gänzlich.

Daß Saur politischen Controversen nicht aus dem Wege ging, sehen wir aus Streitartikeln gegen ihn, die unter der Chiffre A. B. in Miller's „Staatsboten" im J. 1765 und 1766 erschienen. Wäre der Verfasser, anstatt pöbelhafte Schimpfreden auszustoßen, auf die Sache, um die es sich handelte, eingegangen, so wäre uns damit besser gedient gewesen. In seinem Zorn nennt er Saur störrisch, aufgeblasen, stolz und trotzig, einen Wolf im Schafpelz, der sich in Staatshändel mischt u. s. w.

„Ey, wie wohl würde es dem Herrn Saur thun, wenn er den guten Einwohnern dieser Provinz weis machen könnte, er sey nicht nur der Hohepriester mit den Urim und Thummim, bey dem das Volk das Licht und Recht erfragen müsse, sondern auch der Dictator, nach dessen Maßgeben die hochansehnliche Landrathsversammlung ihre Rathschlüsse zu machen hätte."

Natürlich war Saur ein entschiedener Gegner der Sclaverei. Er spricht sein herzliches Bedauern darüber aus, daß einzelne Deutsche sich haben schwach genug finden lassen, die früher von den Deutschen allgemein gehegte Gesinnung in Betreff der Sclaverei zu verleugnen.

„Es ist mit großem Jammer wahrgenommen worden, daß die teutsche Nation sich nun auch gefallen läßt, in den unmenschlichen Handel des Negerkaufens sich einzulassen, weil sie keine teutschen Serven mehr haben können. Und ob sie wohl Alles zu dieser Zeit aufs Theuerste bezahlt kriegen, doch nicht gern einem Taglöhner, Knecht oder Magd auch einen guten Lohn gönnen." („Pensylvanische Berichte", 13. Februar 1761.)

Nach einer Darstellung der Scheußlichkeit des Sclavenhandels fährt er fort:

„In Pensylvanien hat diese gottlose Handelschaft noch nicht wollen von Statten gehen, weil die Teutschen noch immer einen Abscheu daran bezeugt haben; aber nun bey etlichen Jahren her haben sich auch etliche gefallen lassen, Theil zu nehmen an dieser Ungerechtigkeit und weil die Kaufleute sehen, daß ihre schwarze Waare Abgang findet, so sind nun, wie gewiß versichert wird, drey Schiffe von Philadelphia nach der Africanischen Küste gesandt, solche arme Creaturen zu holen, welches zuvor noch nie geschehen ist. Gott erbarme sich über unser Land, ehe das Sündenmaas zu voll werde und die göttlichen Zorngerichte noch härter treffen müssen, als sie bisher getroffen haben!"

Sein starkes Gefühl für Recht und Billigkeit veranlaßte Saur einmal, einem Manne, der eine Anzeige in seine Zeitung hatte rücken lassen, gerade wegen dieser Anzeige, mit heroischer Rücksichtslosigkeit den Kopf zu waschen. Ein gewisser Georg Adam Weidner zeigte an, daß ihm ein Neger entlaufen sei, „barfuß mit weißlichem Camisol, altem Hute, alten leinenen Hosen" u. s. w. und bot 20 Shilling Belohnung für dessen Ablieferung. Unter die Anzeige setzte nun Saur in größerer Schrift folgende Bemerkung.

„Es ist zu verwundern, daß der gemeldte Neger so unverständig war und ist barfuß und in lauter alten Kleidern weggegangen; er hätte sollen die neuen anziehen (wenn er welche gehabt hat). Wenn die Meister öfter ihrem Gesinde thäten, was recht und gleich ist, und dächten, daß sie auch einen Herrn im Himmel haben, nach Col. t. v. 1, so dächte Mancher an kein Weglaufen. Aber Geiz ist die Wurzel alles Uebels."

Als der ältere Saur vom irdischen Schauplatze abtrat, waren die von ihm bekämpften Freischulen so gut wie todt und sein Sohn hatte daher keine Veranlassung, die Fehde wieder aufzunehmen. Dagegen bezeigte er durch seine Theilnahme an der Gründung der Germantowner Akademie, daß ihm die Sache der Erziehung, ungetrübt durch politische und sektirerische Nebenzwecke, aufrichtig am Herzen lag. Am 6. December 1759 fand eine Versammlung der Bewohner von Germantown in Daniel Mackinet's Hause statt, um über die Errichtung einer Schule für deutschen und englischen Unterricht zu berathschlagen. Bei solchen Gelegenheiten führen Geldzeichnungen weit schneller zum Ziele als beredte Worte, und die Anwesenden, zu denen auch Christoph Saur gehörte, gingen darin mit gutem Beispiele voran. Der Ausschuß, den die Versammlung zur Erhebung von Beiträgen erwählte, bestand aus folgenden Personen: Christoph Meng, Christoph Saur, Baltus (Sebaldus) Reser, Daniel Mackinet, John Jones und Charles Bensell. Ihre Bemühungen waren so erfolgreich, daß schon am 1. Januar 1760 ein Bau-Committee, worunter sich wiederum Saur befand, gewählt werden konnte. Nicht lange darauf wurde der Bauplatz angekauft und das Schulgebäude errichtet. Die Eröffnung der Schule fand im September 1761 statt. Die ersten Lehrer waren Hilarius Becker fürs Deutsche, David James Dove fürs Englische, und Thomas Pratt, ein Hülfslehrer. Die Germantowner Akademie besteht bis zum heutigen Tage als ein nützliches und geachtetes Institut; nur hat die deutsche Sprache mit dem Wechsel der Bevölkerung, welche jetzt eine fast ausschließlich englisch=redende ist, das Feld räumen müssen.

Daß Saur als Geschäftsmann sehr erfolgreich war, wurde bereits erwähnt. In richtiger Voraussicht, daß das Grundeigenthum in Germantown mit der Zeit im Werth steigen müsse, legte er das Erübrigte im Ankauf von Grundstücken und Häusern an, und so gehörte er denn beim Anfang der Revolution zu den wohlhabendsten Männern seines Städtchens.

Am 23. März 1777 machte er sein Testament, worin er mit größter Bedachtsamkeit und Fürsorge über sein Hab und Gut zum Besten seiner sieben lebenden Kinder verfügte. Mit dem Vorbehalt eines Ausgleichs durch Baarzahlung auf Grund unparteiischer Abschätzung vermachte er jedem Kinde — seinen Sohn Peter ausgenommen — einen Theil seines liegenden Eigenthums, das aus 9 Parcellen bestand. Peter, der keine Neigung hatte, Germantown zu seiner bleibenden Heimath zu machen, sollte als sein Erbtheil theils Zubehör der Druckerei, theils baares Geld erhalten. Die Typen, Druckerpressen, Matrizen und sonstigen Geräthschaften, so wie der Vorrath gedruckter Werke wurden deshalb ihm und Christoph bestimmt. Als der 56jährige Mann seinen Namen unter das ausführliche Schriftstück setzte, durfte er hoffen, für seine Kinder, denen er ein liebender Vater war, gut gesorgt zu haben, wie er denn selbst einem behäbigen Alter entgegen sah.

<blockquote>
Aber, ach! indem wir hoffen,
Hat uns Unheil schon betroffen!
</blockquote>

Fest wie der Erde Grund schien sein Glück gebaut, als ein jähes Mißgeschick über ihn hereinbrach, in Folge dessen sein Wohlstand zerstob, er selbst obdachlos und bettelarm davonziehen mußte und für seine Kinder nicht eine Hufe Landes, ja nicht der Pfühl eines Bettes hinterblieb. Wie kam das?

Christoph Saur, der jüngere, und die amerikanische Revolution.

Während seines ganzen Lebens hatte Christoph Saur aus religiösen Motiven den ewigen Frieden befürwortet und den Gebrauch der Waffen für irgend welchen Zweck als einen Verstoß gegen die Vorschriften des Christenthums verdammt. Als nun der Unabhängigkeitskrieg ausbrach, konnte er nicht anders, als diesem Grundsatze, der mit seiner sittlich-religiösen Ueberzeugung aufs Innigste verwachsen war, treu bleiben. Er hielt es nicht mit England, aber fand auch kein Gefallen an dem gewaltsamen Widerstande gegen das alte Regiment. Die Trübsale, welche der Krieg mit sich brachte, die Erschütterung aller bestehenden Verhältnisse, die Unruhe und ängstliche Spannung der Bürger, die bittere Noth, in welche so Viele versanken, galten ihm als eine Strafe des Himmels für mannigfache Uebertretungen. Wir können uns nicht auf seine Zeitung berufen, denn kein Exemplar derselben aus jenen Tagen hat sich erhalten, aber der Grundton der Betrachtungen, die Saur über die Zeitläufte anstellte, wird derselbe gewesen sein, der in einem Gedichte seines Kalenders für das Jahr 1778 durchklingt. Unter der Ueberschrift: „Anrede eines nachdenkenden Amerikaners an seine Mitbürger" folgt eine Strafrede auf die Sünden der Zeit und ihre Folgen:

> „Du sonst so glücklich Land, das unzählbaren Segen
> Von Gott und der Natur empfing,
> Und bei dem allen doch auf alten Laster Wegen
> Mit unverschämter Stirne ging!
> O Land! Was bist Du nun? Ein Schauplatz voller Klagen,
> Ein recht bedauernswürdig Land!
> Gedrückt von Mord und Raub und tausend andern Plagen,
> Die Niemand hier vorher gekannt;
> Verwüstung, Hunger, Noth, zu groß sie zu beschreiben,
> Begleiten nun des Würgers Schwert.
>
> Der Acker lieget wüst, die Felder unbebauet;
> Der Landmann trägt aus Zwang das Schwert,
> Und stürzt in Krieg und Schlacht, und was das Auge schauet,
> Ist Alles bitterer Thränen werth."

Dann kommt der Dichter auf die Schlechtigkeit der Männer zu sprechen.

> „Wie lange habt ihr schon der Gottheit Zorn getragen,
> Und dennoch bessert ihr euch nicht:
> So ruchlos wie zuvor, so jüdisch in dem Handel,
> So frech und so gewissenlos
> Als ehmals, bleibet ihr im alten Sünden Wandel,
> Von Buße fern, von Hoffnung bloß."

Auch die Frauen bekommen ihr Theil:

> „Des Hochmuths Schwindelgeist ließ sich in Moden sehen,
> Die fremde Länder ausgeheckt,
> Verlarvt und lächerlich sah man die Weiber gehen
> Mit Sammt und Seide ganz bedeckt.
> Statt stiller Häuslichkeit, Fleiß, Sittsamkeit und Tugend,
> Fand man sie faul beim theuren Thee,
> Den ganzen Tag nichts thun," u. s. w.

Man muß nicht glauben, Christoph Saur habe allein oder etwa mit wenigen Sonderlingen diese Stellung lamentirender Passivität eingenommen. Alle frommen Sektirer, die Dunker, Mennoniten, Schwenkfelder, Herrnhuter und Quäker waren principielle Gegner des Kriegs. Dazu kam nun, daß nicht Wenige von der übrigen Bevölkerung in dem Kriege den Ruin des Landes zu sehen glaubten, oder auch gegen das alte Herrscherhaus eine loyale Gesinnung hegten. Manche der angesehensten Familien in Philadelphia und viele hervorragende Männer des Staates sträubten sich auf das Entschiedenste gegen die Empörung. Die Quäker erließen einen förmlichen Protest gegen das Gebahren der Revolutions=Partei (24. Januar 1775).

Die Patrioten erwehrten sich dieser unbequemen Opposition durch sehr energische Maßregeln. Durch ein am 13. Juni 1777 erlassenes Gesetz machte die Legislatur von Pennsylvanien es jedem Erwachsenen zur Pflicht, dem Könige von England abzuschwören und dem freien unabhängigen Staate Pennsylvanien den Treueid zu leisten. Am 1. April 1778 und 5. December desselben Jahres erhielt dies Gesetz Zusätze mit verschärften Maßregeln gegen die „Landesfeinde und Verräther." Auf Tories, Verräther und Verdächtige wurde eine rechte Hetzjagd angestellt. Als sich die englische Invasions=Armee nach der Schlacht am Brandywine der Stadt Philadelphia näherte, wurde eine Anzahl Personen, namentlich Quäker, festgenommen und nach Virginien geschafft.

Am 8. Mai 1778 erschien eine Proclamation, welche 56 Bürger als verdächtig namhaft machte und aufforderte, sich vor dem 25. Juni zu stellen, widrigenfalls sie als Landesverräther angesehen und behandelt werden sollten. Eine ähnliche Vorladung vom 24. Mai 1778 schließt die Namen von Christoph Saur und dessen Sohn Christoph ein. Der Termin, innerhalb dessen sie sich vor einem Oberrichter oder Friedensrichter stellen konnten, um sich auf die Anklage des Verraths zu verantworten, endete mit dem 6. Juli 1778. Um diese Zeit aber war Christoph Saur bereits den Schergen in die Hände gefallen und in einer Lage, die ihm alle Kunde von der ihn betreffenden Proclamation abschnitt. — Als nämlich im Herbste 1777 Germantown, das ehedem so stille Städtchen, vom Kriegslärm heran- und abziehender Truppen erfüllt war, entschloß sich Christoph Saur, zu seinen Söhnen Christoph und Peter in Philadelphia zu ziehen. Dies war ein unglücklicher Schritt. Die beiden genannten Söhne hatten sich unverhohlen für die Sache der Engländer erklärt, und Philadelphia war seit dem 26. September im Besitz der feindlichen Armee unter General Howe. Doch hatte sich Christoph Saur damit keiner ungesetzlichen Handlung schuldig gemacht. Erst das Gesetz vom 1. April 1778 verbot es, Philadelphia zu betreten. Als Saur nun am 23. Mai nach Germantown zurückkehrte, wurde er gefangen genommen, mißhandelt und erst auf Verwendung des Generals Mühlenberg wieder in Freiheit gesetzt mit der Erlaubniß, nach Metutchen, einem einsamen Landstädtchen, zu gehen. Während er sich dort aufhielt, erschien die vorhin erwähnte öffentliche Vorladung, die nicht an ihn gelangte, und von der er nichts erfuhr.

Wir wollen ihn nun die Geschichte seines Unglückes selbst erzählen lassen. Der von ihm englisch abgefaßte Bericht hat sich unter den Familienpapieren erhalten und befindet sich im Besitz eines seiner Nachkommen, des Herrn Abraham H. Cassel:

„Ein wahrhafter Bericht, wie es mir, Christoph Saur, während des Krieges ergangen ist."

„Als ich hörte, daß eine Anzahl Quäker vertrieben und nach Virginien geschafft waren und mehrere hundert angesehene Männer auf der Liste standen, um demnächst festgenommen und in Gewahrsam gebracht zu werden, daß auch mein Name dabei war und man bereits den Anfang mit einigen Müllern am Wissahickon gemacht hatte, die aus dem Schooße ihrer Familien gerissen wurden, so ging ich mit mir zu Rathe, was das Beste für mich sei, zu thun. Ich wußte, Germantown würde ein unruhiger Ort bleiben, Engländer und Amerikaner marschirten durch, hinein und heraus. Da nun drei meiner Kinder in Philadelphia ansäßig waren, so entschloß ich mich, auch hinzuziehen und daselbst in Frieden zu leben. Demgemäß begab ich mich nach Philadelphia, viele Monate, ehe es verboten wurde, dorthin zu gehen. Dort lebte ich ruhig bis zum 25. Mai 1778. An diesem Tage kehrte ich nach Germantown zurück, blieb in meinem Hause die Nacht über und den nächsten Tag bis 10 Uhr Abends, als Soldaten von Mc Lean's Compagnie mein Haus umstellten und mich aus dem Bette holten. Es war eine dunkle Nacht; sie führten mich durch ein Maisfeld und da ich nicht so schnell vorwärts konnte, wie sie wollten, so stachen sie mich zu wiederholten Malen mit ihren Bayonnetten in den Rücken, bis wir zu Bastian Miller's Scheuer kamen, wo sie mich bis zum nächsten Morgen hielten. Nun zogen sie mich aus, nackt bis auf die Haut, gaben mir ein altes Hemd und zerrissene Hosen, daß ich kaum meine Scham bedecken konnte, schnitten mir Haar und Bart ab, und befleckten mich mit rother und schwarzer Oelfarbe. So führten sie mich barfuß und barhaupt an einem warmen und sonnigen Tage, bis einer meiner Freunde (des Ehrw. Peter Keyser's Vater), der mich in diesem Zustande sah, die Soldaten fragte, wenn er mir ein Paar Schuhe gäbe, ob sie mir dieselben nicht abnehmen würden? Der Offizier versicherte, daß dies nicht geschehen solle; darauf nahm Jener die Schuhe von seinen Füßen und den Hut von seinem Kopfe und versah mich damit. Nachdem wir sechs Meilen gegangen, kam ein Soldat und verlangte meine Schuhe, zog sie mir aus und gab mir dafür seine alten, die meinen Füßen sehr wehe thaten. Am 26. um 9 Uhr kam ich im Lager an und wurde vor den Profoß gebracht. Die Anschuldigung gegen mich in dem Mittimus war, ich sei ein Unterdrücker der Gerechten und ein Spion. Am 27. des Morgens bewegte Gott das Herz des edelmüthigen Generals Mühlenberg, zu mir zu kommen und sich nach meiner Angelegenheit zu erkundigen. Er versprach, mit General Washington zu reden und mir Verhör zu verschaffen. Nächsten Tags ließ er mir sagen, ich möge ein Gesuch an General Washington richten. Dies that ich, und Dank der gütigen Vorsehung und des treuen Beistandes des besagten Generals Mühlenberg, wurde ich am 29. Mai aus der Haft des Profoßes entlassen. Aber da es nicht bei mir stand (as I was not free), den Staaten den Eid zu leisten, durfte ich nicht nach Germantown zurückkehren, wie aus dem folgenden Paß erhellt:

„Der Inhaber dieses, Herr Sowers, hat die Erlaubniß, nach Metutchen zu gehen, jedoch nicht nach Germantown zurückzukehren, so lange der Feind im Staate ist; er hat sich gebührlich aufzuführen. Gegeben unter meiner eigenhändigen Unterschrift in der Orderly Office, den 30. Mai 1778.

       Nicholas Gilman, Assistant-Adjutant.

„Ich ging daher nach Metutchen und blieb dort bis zum 27. Juni, an welchem Tage ich nach Germantown zurückkehrte. Dort lebte ich bis zum 27. Juli, als Oberst Smith und Oberst Thompson nach meinem Hause kamen und mich fragten, ob ich Sicherheit beim Obergericht in Lancaster geleistet habe. Ich antwortete: Nein. Darauf sagten sie: Warum nicht? Ich erwiederte, weil ich keine Aufforderung erhalten habe. Das ist unmöglich, bemerkte Thompson: es ist durch die Zeitungen und öffentliche Anschläge bekannt gemacht worden. Ich erzählte, daß ich zur Zeit im Gewahrsam des Profoßes und in Metutchen gewesen sei, keine Bekanntmachung gesehen und von der ganzen Sache vor Ablauf des gesetzten Termines nichts gehört habe. Haben Sie den Staaten den Eid geleistet? Nein, erwiederte ich. Warum nicht? Waren Sie an den König so anhänglich? Nein, es war nicht Anhänglichkeit an den König. Aber da in dem Erlaß angeordnet ist, daß Die, welche den Eid nicht leisten, kein Recht haben sollen zu kaufen und zu verkaufen, und da ich in dem Buche der Offenbarung finde, daß eine Zeit kommen wird, wo ein solches Zeichen gegeben wird, so konnte ich den Eid nicht leisten, so lange eine solche Bedingung daran geknüpft ist. — Aber Sie sind zu den Englischen in Philadelphia gegangen, sagte er. Allerdings, antwortete ich, und wissen Sie warum? Nein, entgegnete er, und ich begehre auch nicht, es zu wissen. Dann sagten sie mir, sie seien gekommen, ein Inventar meines beweglichen Eigenthums aufzunehmen, dasselbe zu verkaufen und mein liegendes Eigenthum zu vermiethen. Ich bedeutete sie, daß ich über mich ergehen lassen werde, was der Herr zugebe. Smith behielt mich im Auge, daß ich nicht etwa Sachen auf die Seite schaffe. Thompson holte einen Abschätzer und Schriftführer, worauf sie die Abschätzung vornahmen. Ich bat sie, mir mein Bett zu lassen, aber Smith gab zur Antwort, sie hätten kein Recht, mir irgend was zu lassen, außer Kleidung und Nahrungsmittel. — (Nicht einmal diese Ausnahme beobachteten sie, denn als sie ein Faß eingepökeltes Rindfleisch fanden, setzten sie es mit auf die Liste.)

„Ich bat sie darauf um einige Arzneimittel, die ich für den Gebrauch meiner Familie bei Seite gesetzt hatte, hauptsächlich meines Vaters und meine eigenen Präparate, deren Bestandtheile Niemand kannte. Aber Smith sagte, Medizinen wären werthvoll und müßten verkauft werden. Dann bat ich um weiter nichts, als um meine Brille, die mir gegeben wurde. Am 28. kündigte man mir an, daß ich das Haus zu verlassen habe, da es vermiethet werden solle. Ich zog also am 30. Juli aus, und sie schickten sich an, meine Habe zum Verkauf zu bringen.* Ehe die Versteigerung stattfand, kam mein Sohn Daniel und versuchte, einen Aufschub zu erwirken. Er wandte sich deshalb an Timothy Matlack und fragte ihn, ob sein Vater nicht ein Verhör haben solle. Ja, war die Antwort, aber wir müssen zuerst seine Sachen verkaufen. Er wandte sich sodann an Herrn Lewis, um den Verkauf bis zur Zeit der nächsten Gerichtssitzung aufschieben

* Der Verkauf des Saur'schen Hausraths u. s. w. ist angezeigt in Henrich Miller's „Pennsylvanischen Staatsboten", 19. August 1778, wie folgt:

Germantown, Philad. County, den 4. August 1778.

Es wird öffentlich versteigert werden am Montage, d. 24ten an Christoph Sauer, des älteren, seinem Hause, in Germantown und von Tage zu Tage fortgefahren werden, bis alles verkauft ist, sein ganzer Hausrath, bestehend in Federbetten, Bettzeug, Stühlen, Tischen, Schreibtischen, Büffeten und Küchengeschirr, alle seine Druckschriften, eine Druckerpreß u. s. w. Gleichfalls ein groß Assortment von gedruckten Bibeln, eine Verschiedenheit von andern Sorten zum Binden fertig, in deutscher Sprache und eine Anzahl Deutscher und Englischer bereits gebundener Bücher. Ein groß Assortment Mahlerfarben und Oehl, eine Quantität Schwefel, Spießglas, Alaun, Vitriol, Terpentinspiritus, eine Verschiedenheit von Drogereyen, und mehr andere Sachen zu weitläufig zu melden. Es wird bey der Versteigerung gehörig zugegen sein

George Smith, Agent für Philadelphia County.

zu lassen. Dieser that Alles, was er konnte, aber sie hatten sich eine Lüge ausgedacht, nämlich daß ich oder einer meiner Leute ins Haus geschlichen sei und alle Neuen Testamente zerstört habe, und daß, würde der Verkauf bis zur nächsten Gerichtssitzung verschoben, bis dahin Alles zerstört sein würde. Daher beschleunigten sie die Versteigerung meines beweglichen Eigenthums und verpachteten meine Häuser und Ländereien auf ein Jahr. Sodann verkauften sie auch diese gegen die ausdrückliche Einschränkung, welche die Convention in Betreff verfallenen Eigenthums gestattet hatte, nämlich daß liegende Habe nicht verkauft werden solle, bis der jüngste Sohn volljährig geworden sei. Auf diese Weise setzten sie nicht allein eine leitende Regel bei Seite, indem sie mein Eigenthum verkauften, sondern hießen mich auch in allen Zeitungen einen Verräther, ohne jedwede Ursache, ohne Verhör und Untersuchung. Ich hatte mich nie eine Meile weit von meinem Wohnplatz entfernt, und ihr eigener Anwalt Bradford hat einem Freunde von mir erklärt: Wenn ich mein Leben nicht verwirkt hätte, so wäre auch mein Eigenthum nicht verfallen; sie hätten eben so wenig Recht über mein Eigenthum wie über mein Leben."

Soweit Christoph Saur's eigene Darstellung. Alles was er an liegendem Eigenthum besaß, Land, Häuser, Mühlen u. s. w., wurde im Laufe des Jahres 1780 von den Confiscations-Agenten an den Meistbietenden verkauft. Die genauen Angaben darüber, wo das Land gelegen war, wie begrenzt, von welchem Flächenraum, wer es kaufte und wie viel es brachte, wird man im 12. Bande der Colonial Records pp. 281, 299, 326, 348, 449, und 709 verzeichnet finden. Der Erlös war anscheinend ein beträchtlicher; so wurden 70 Acker Land in Roxborough für 17,010 Pfund (46,960 Dollars) verkauft, aber da das Continentalgeld, worin Zahlung geleistet ward, immer werthloser wurde (ein Pfund Butter kostete damals 15 Dollars, ein Paar Schuhe 120 Dollars), so durften die Käufer, welche für ihre Papierlappen Land und Häuser von steigendem Werthe erhielten, wohl ins Fäustchen lachen.

Christoph Saur ertrug den schmerzlichen Wechsel seiner Lage mit Ergebung und ohne Murren. Hätte er die ihm zustehenden Rechtsmittel benutzt, eine Revision des gegen ihn angewandten Verfahrens verlangt, die Zurückgabe des confiscirten Eigenthums an die Familie als Erbgut beansprucht, wie das Gesetz es anordnete, so wäre wol das Schlimmste abgewendet worden. Wahrscheinlich aber ließ er Alles über sich ergehen, ohne sich zu wehren; als consequenter Dunker verschmähte er, sein Recht und seine Ansprüche auf gerichtlichem Wege zu verfolgen. Den Verlust seines Vermögens nahm er als eine Fügung, als eine Prüfung hin, aber es schmerzte ihn doch, als Verräther hingestellt zu sein. Er war sich bewußt, daß dieser Vorwurf unverdient sei. Er hatte Nichts gethan, eine so gehässige Anschuldigung zu rechtfertigen, und die Regierung hatte nicht einmal den Versuch gemacht, ihm das Verbrechen nachzuweisen, wofür sie ihn strafte. Daß es ihm nicht einerlei war, seinen Namen mit diesem Makel behaftet zu sehen, geht aus einer Anfrage hervor, die er nebst mehreren anderen an die Versammlung seiner Glaubensbrüder richtete: "If a man is openly declared a traitor without a cause, without a hearing or trial, when he was not absent and might have been heard, is it just to let him lie forever under that reproach?"

Er verbrachte den Rest seines Lebens meistens in Metutchen, wo er im Hause seines Freundes Stamm gastliche Aufnahme fand. Auch soll er sein altes Handwerk, die Buchbinderei, wieder ausgeübt haben, um einigen Lebensunterhalt zu erwerben. Unter seinen Glaubensgenossen blieb er als Prediger thätig, vollzog zuweilen Taufen und knüpfte den Ehebund.

Es wird erzählt, zwei Wochen vor seinem Tode sei er zu Fuß nach Skippack, eine Entfernung von 12 Meilen gegangen, um in der Dunker-Gemeinde zu predigen und nach dem Gottesdienst sei er in derselben apostolischen Weise nach Hause zurückgekehrt. Er starb am 26. August 1784 im Alter von 63 Jahren.

Aus den Trümmern der Saur'schen Buchhandlung bauten Andere ein ähnliches Geschäft auf, das sich aber nicht zu der alten Höhe erhob. Ein Buchbinder, Namens Peter Leibert, und dessen Schwiegersohn Michael Billmeyer, kauften einen Theil des confiscirten Lagers und Druckmaterials auf und etablirten 1784 die Firma Leibert und Billmeyer, welche einen Theil der Saur'schen Artikel neu auflegte und andere druckte.

Von Christoph Saur's Söhnen widmeten sich mehrere dem Geschäfte, womit seit vierzig Jahren der Name Saur so ehrenvoll verknüpft war. Christoph und Peter druckten in Philadelphia, während der englischen Occupation, die Gedichte des Pastors Kunze und auch eine Wochenzeitung, welche die Sache der Tories vertrat. Nach Abzug der Engländer begab sich Christoph Saur der Dritte nach St. John in New Brunswick und veröffentlichte dort die Royal Gazette. Er starb 1799 in Baltimore. Samuel Saur ließ sich zuerst in Germantown, dann um das Jahr 1792 in Chestnut Hill als Drucker und Verleger nieder. Nach einem abermaligen Aufenthalte in Philadelphia siedelte er 1795 nach Baltimore über, wohin er den deutschen Buchdruck verpflanzte. David Saur druckte und verlegte einige kleine Sachen in Philadelphia und zog dann nach Norristown, wo er längere Zeit als Verleger thätig war. Sein Enkel Charles J. Sower ist ein geachteter Buchhändler in Philadelphia.

Ephrata.

Eine amerikanische Klostergeschichte.

> Ich habe Sorge, derselben Enthusiasten werden mehr kommen, in grauen Röcken einhergehen, die Köpfe hängen, sauer sehen, ersoffen in ihren Gedanken und verdüstert.
>
> Luther's Tischreden.

Erster Abschnitt.

Ein Besuch.

In Amerika ist das eigenthümliche Gefühl, das sich uns bei der Betrachtung altersgrauer Denkmäler aufdrängt, ein Luxusartikel, den man sich nicht, wie in Europa, jederzeit verschaffen kann. Die geheimnißvolle Hinterlassenschaft der Urbewohner dieses Landes liegt uns doch zu fern und entbehrt zu sehr der verwandtschaftlichen Vermittelung, um unser Gemüth in Wallung zu versetzen. Unser eigener Stamm aber hat noch keine mulstrige Rumpelkammer der Geschichte aufzuweisen, keine Ritterburgen, Verliesse, Tempelruinen, Hünengräber, Runensteine, Hexengrotten, Pfahlbauten und dergleichen Ueberbleibsel der Vorzeit, woran wir uns mit romantischem Schauer weiden könnten. Unsere Geschichte ist von gestern, selbst unsere ehrwürdige Unabhängigkeitshalle nimmt sich modern aus und was einmal im Verfall ist, geht rasch den Weg des gewöhnlichen Schuttes. Und doch kann ich euch einen Platz nennen, wo es euch ganz archäologisch zu Muthe wird. Wollt ihr einmal den „Hauch der Vergangenheit" wittern, so geht nach Ephrata in Lancaster County, Pennsylvania, und beseht euch dort die alten Klostergebäude.

Ephrata liegt an der Reading und Columbia Eisenbahn, etwa zwanzig Meilen von Reading. Um zum Kloster zu gelangen, folgen wir der Landstraße, die vom Bahnhofe in nordwestlicher Richtung verläuft. Zunächst bemerken wir Nichts, das an die Stätte der Entsagung und Weltverdrossenheit erinnert, wo einst deutsche Schwärmer und Schwärmerinnen wundersame Pfade wandelten. Putzmacherinnen und Schneider, die an den Fenstern Modebilder ausgehängt haben, lassen keinen Zweifel darüber aufkommen, daß im Kampfe mit der „Welt" Ephrata den Kürzeren gezogen hat. Und auch der Tabak, der auf den Feldern so üppig wächst, was ist er anders als ein Brandopfer auf den Altären des Genusses?

Nachdem wir so eine halbe Meile gegangen sind, kommen wir an eine Brücke, die über den Cocalico führt, und dieser Name, der in der „Chronik von Ephrata" so häufig vorkommt und, beiläufig gesagt, aus Koch-Halekung, d. h. Schlangenhöhle, entstanden ist, erinnert uns daran, daß wir dem Ziele nahe sind. Ein Seitenweg zur Linken bringt uns auf einen offenen Anger, und nun bemerken wir alterthümliche, seltsam aussehende Holzbauten, von denen die drei größeren sich unzweifelhaft als die ehemaligen Klostergebäude zu erkennen geben.

Die hohen Giebeldächer und die unregelmäßig vertheilten Fensterchen, die etwa zwei Fuß ins Gevierte messen, fallen zuerst ins Auge. Von Außen sind die Häuser, welche die Form länglicher Vierecke haben, mit Latten bekleidet, die zwar nicht angestrichen, aber vom Alter schwarz gebeizt sind. Die Eingänge sind ohne Stufen; die Thürschwellen liegen unmittelbar auf dem Erdreich. Wir treten nun an das zunächst gelegene südliche Gebäude heran und öffnen die niedrige Pforte. Wir stehen in einem engen, schwach erleuchteten Gange, der die ganze Länge des Gebäudes bis zum anderen Ende durchläuft und wohl fünfundsiebzig Schuh lang sein mag. Der Fußboden ist von Estrich, rechts und links sieht man eine Menge Thüren, durch welche nur Leute von kleiner Statur eingehen können, ohne sich zu bengen. Nichts regt sich, unsere Schritte hallen unheimlich durch den langen Corridor. Ist dies ein „verwunschenes" Haus, worin die Geister der „Einsamen Brüder" und der entsagenden Schwestern spuken?

Wir öffnen eine Thüre und finden denn doch eine lebende Seele in Gestalt einer alten Frau, die uns freundlich anläßt. Sie spricht deutsch in der pennsylvanischen Mundart und gibt uns bereitwillig Auskunft. Das Zimmer, das wir betreten haben, ist niedrig und wird durch eins jener kleinen viereckigen Fenster erleuchtet, sieht übrigens in seinem weißen Kalkanwurf reinlich, und mit dem altmodischen, gut gearbeiteten Hausrath einigermaßen behaglich aus.

Der Gang scheidet eine doppelte Reihe von Zimmern, deren Thüren in hölzernen Angeln schwingen und hölzerne Klinken, keine Schlösser haben. Hier ruhten die Mönche oder „Einsamen Brüder" des Nachts von ihrer Tagesarbeit auf einer harten Pritsche, und, wie versichert wird, hatten sie kein anderes Kopfkissen, als einen abgerundeten Holzklotz. Ehedem waren auf der südlichen Seite zehn solcher

Zellen, etwa sieben Fuß hoch, zehn Fuß lang und fünf Fuß breit, jetzt sind einige derselben durch Wegnahme der Wände zu größeren Räumen vereinigt worden. Auf der entgegengesetzten Seite sind drei größere Zimmer und jedes hat mehrere Schlafkammern, die den beschriebenen Zellen ganz ähnlich sind. Sie waren für je drei Stubenkameraden bestimmt. In der Mitte des Gebäudes durchschneidet ein ziemlich breiter Quergang den Corridor, verläuft aber nur auf einer Seite ins Freie. Hier steigen die Schornsteine auf und befinden sich die Feuerherde, welche jetzt mit modernen Kochöfen versehen sind.

Zu den oberen Stockwerken führen steile, enge und dunkle Treppen, mit einem Seile statt des Geländers als Anhalt beim Klimmen.

Die Vertheilung des Raumes im zweiten und dritten Stockwerk ist so ziemlich dieselbe wie im Erdgeschoß. Eine große Anzahl der Zimmer steht entweder leer oder dient zur Aufbewahrung alten Hausrathes und als Vorrathskammern. Vom dritten Stockwerk steigt man zum Bodenraum auf, der sich über die ganze Fläche des Gebäudes erstreckt. Die Dachbalken und Sparren sind mit hölzernen Zapfen zusammengefügt, eine Bevorzugung des Holzes vor dem Metall, die wir schon bei den Thürangeln und Klinken kennen lernten. Zur Zeit des Klosterlebens waren auch Trinkgeschirre, Teller und selbst der Abendmahlsbecher aus Holz.

Wir gingen nun über den Rasen an zwei baufälligen Kabachen vorbei auf das zweite große Gebäude zu, das ehemalige „Saron." Im Aeußeren ist es dem beschriebenen sehr ähnlich, eben so düster, vierschrötig und mit Fensterchen betupft. Rechtwinkelig daran stößt ein etwas niedrigerer Bau, dessen unterer Raum den Siebentägern, d. h. den Dunkern oder Täufern, welche den siebenten Tag heilig halten, als Versammlungssaal für gottesdienstliche Zwecke dient. Weder Altar noch Kanzel findet sich vor. Die ganze innere Ausrüstung besteht aus langen Tischen und Bänken, die so einfach sind, wie ein Zimmermann sie machen kann. Sie haben keinen Anstrich, sind aber höchst sauber gehalten. Die Zimmerdecke bilden solide Bretter, welche zwischen die schweren durchlaufenden Balken eingefügt sind und seit dem Bau im Jahre 1746 keine Veränderung erfahren zu haben scheinen.

Besonders auffällig ist die Ausschmückung des Betsaals mit kunstfertig beschriebenen Wandtafeln aus Papier, die ringsum aufge=

hängt sind. Diese Fracturschriften, wozu Verse bedeutsamen Inhaltes oder auch Stellen aus der Offenbarung Johannis gewählt sind, stammen aus der alten Klosterzeit und gemahnen an die ehemaligen Bewohner, namentlich an die trauten Schwestern, die aller irdischen Liebe entsagten und die Gluth ihrer Empfindungen „dem Lamme" darbrachten. Diese übersinnliche Liebe lodert denn auch recht feurig in großer Fracturschrift aus den Denkversen an der Wand empor. Da lesen wir:

„So lebet denn die reine Schaar
Im Innern Tempel hier beysammen,
Entrissen aller Weltgefahr
In heiß verliebten Liebesflammen,
Und lebet dann in Hoffnung hin
Nach der beglückten Freiheit die dort oben,
Da sie nach dem verliebten Sinn
Ihn ohne Zeit und End wird loben.

Ueber dem Eingange hängt eine Tafel mit folgenden Versen:

„Die Thur zum Eingang in das Haus,
Wo die vereinten Seelen wohnen,
Laßt keines mehr von da hinaus,
Weil Gott thut selber unter ihnen thronen.
Ihr Glück blüht in vereinten Liebesflammen
Weil sie aus Gott und seiner Lieb herstammen."

Eine andere Inschrift lautet:

„Die Lieb ist unsre Kron und heller Tugend-Spigel,
Die Weisheit unsre Lust und reines Gottes-Sigel.
Das Lamm ist unser Schatz, dem wir uns anvertrauen
Und folgen seinem Gang als reineste Jungfrauen."

Auch einige allegorische Bilder aus der alten Klosterzeit hängen an den Wänden des Betsaales, sind aber sehr verblichen. Eins stellt den Himmel in drei Abstufungen dar.

Wir verließen nun den „Saal", und fanden im Schwesternhause „Saron" eine behäbige und freundliche Alte, die sich ihr Zimmer recht wohnlich eingerichtet hatte. Sie ertrug unsere Zudringlichkeit mit christlicher Ergebung, zeigte uns mehrere in Ephrata gedruckte, jetzt höchst seltene Bücher und endlich auch einen sorgsam verwahrten Schatz, den, wie sie sagte, nur wenige Besucher zu sehen bekommen. Es war ein Meisterwerk der Kalligraphie, das ehemals in Ephrata angefertigte Schriftenbuch. Den Anfang macht das Alphabet in Fractur-Buchstaben, und jeder derselben füllt ein ganzes Quartblatt. Um die mit Tusche aufgetragenen Grundlinien laufen zierlich geschlungene Schnörkel in Arabeskenstil und innerhalb derselben befinden sich allerliebste Bildchen in Farben, die einen allegorisch=religiösen Gegenstand darstellen. Auf einem dieser Blätter ist als Verzierung ein Bruder und eine Schwester des Klosters in der von ihnen angenommenen Tracht (Talar und Capuze) abgebildet. Man hätte stundenlang bei diesem Prachtwerke, das ebenso sehr für den ausdauernden Fleiß wie für die Geschicklichkeit der „Einsamen" zeugt, verweilen können, ohne zu ermüden. Auf dem Titel stehen diese Worte:

"Des Christen A. B. C. ist Leiden, Dulden, Hoffen;
Wer dieses hat gelernt, der hat sein Ziel getroffen.
Ephrata MDCCL."

Eine Curiosität sui generis, die sich in einer der Zellen befindet, ist ein enorm großer, sehr sauber und fest geflochtener Korb. Nun, das wäre am Ende nichts so Seltsames. Aber das Räthselhafte dabei ist, wie dieser Riesenkorb je in diese Zelle gelangen konnte, denn Thür und Fenster sind offenbar viel zu klein, um ihn durchzulassen. Er erinnert an das chinesische puzzle, die elfenbeinerne Kugel in der zart gearbeiteten, vielfach durchbrochenen Kapsel, deren Oeffnungen der Kugel keinen Durchgang gestatten. Wirklich ist auch die Lösung dieselbe. Der Korb ist nie draußen gewesen. Eine fromme und fleißige Schwester, Pauline, welche einst diese Zelle bewohnte, hatte sich die Aufgabe gestellt, für wirthschaftliche Zwecke einen recht soliden Korb von seltenem Umfange zu flechten und widmete der Arbeit viele Wochen unermüdlichen Fleißes. Erst als sie damit fertig war, fand sie zu ihrer Ueberraschung, daß ihr Korb viel zu groß für die Thür sei, und so ist er denn bis auf den heutigen Tag als Gefangener an seiner Geburtsstätte zurückgeblieben.

Zweiter Abschnitt.
Das Nest der Schwärmer.

Wir haben in der vorausgegangenen Beschreibung dem Leser die fossilen Ueberreste, die, wenn auch brüchige, doch bedeutungsvolle Schale des einst im Kloster zu Ephrata hausenden Völkleins vorgezeigt. Es bleibt nun die Frage zu beantworten: Von welcher Beschaffenheit war denn das merkwürdige Lebewesen, das in diesem Zellenbau die seiner Natur entsprechende Hülse fand? Wie konnte es Protestanten beifallen, sich in ein Kloster einzusperren? Wie löst sich das Räthsel, daß deutsche Einwanderer Anachoreten wurden, deren Weltsinn so wenig zu dem frischem Aufleben des neugegründeten Gemeinwesens stimmte?

Alles in der Welt hat seinen Entstehungsgrund und seine Vorgeschichte. Auch die Schwärmer von Ephrata kamen nicht vom Himmel herabgeschneit. Wir müssen nach Deutschland blicken, uns die gegen Ende des siebzehnten und zu Anfang des achtzehnten Jahrhunderts dort hervortretenden religiösen Zustände vergegenwärtigen, um die Anomalie eines der Entsagung und Mystik geweihten Klosters in Pennsylvanien zu verstehen.

Was die Kirchen damals für das christliche Leben leisteten, galt vielen frommen Gemüthern und subtilen Köpfen als durchaus unzulänglich. Während Jacob Spener, der Stifter des Pietismus, bemüht war, seiner Kirche einen kräftigeren Geist, ein innigeres Leben, eine entschiedenere Heilswirkung zu verleihen, gab es andere sogenannte „Erweckte", die ihren eigenen Weg gingen. Die Kirche war ihnen verhaßt als eine störende, schwerfällige, prunkvolle Maschinerie, die sich unberufen zwischen den Menschen und seinen Schöpfer, zwischen den Christen und seinen Heiland drängte. In England, wo sich ganz ähnliche Strömungen kundgaben, entstanden daraus Sekten, die in der Geschichte der christlichen Religion Stellung genommen haben. In Deutschland war die Widerstandsfähigkeit der geistlichen Empörer gegen den Druck viel zu schwach; daher gelangten die Ansätze zur Sektenbildung nicht weit über die erste Kindheit hinaus und die frühzeitig erdrosselten oder verkommenen Producte des mystischen und separatistischen Dranges nehmen sich in den Kirchengeschichten wie in Spiritus aufbewahrte Mißgeburten aus.

Auch diese geringfügigen Ueberbleibsel der großen „Erweckung", die im letzten Jahrhundert so viel von sich reden machte, wären noch unansehnlicher ausgefallen, hätte es nicht in Deutschland ein paar Winkel gegeben, wo die verfehmten Sektirer eine Freistätte fanden. Dieselben Wortführer exaltirter Gottseligkeit, welche im weiten Reiche wie vogelfreie Banditen umhergescheucht wurden, durften in Büdingen und Wittgenstein nicht nur ungestraft wandeln, sondern erfreuten sich landesherrlicher Gnade und Protection. In der That war das Wittgensteinische der Schauplatz sehr merkwürdiger Vorgänge, welche zu den in Pennsylvanien sich abspielenden Sektengeschichten in genauer Beziehung stehen.

Die beiden Grafschaften Sayn-Wittgenstein-Wittgenstein und Sayn-Wittgenstein-Berleburg, welche den jetzigen Kreis Wittgenstein im westphälischen Regierungs-Bezirk Arnsberg bilden, standen zu Anfang des vorigen Jahrhunderts unter der Regierung verwandter Linien des gräflichen Hauses von Wittgenstein. Bereits zur Zeit, als die Aufhebung des Edicts von Nantes zahlreiche Reformirte aus Frankreich ins Ausland trieb, hatten Hugenotten im Wittgensteinischen gastliche Aufnahme gefunden, und die einmal grundsätzlich anerkannte religiöse Duldung erstreckte sich später auf alle ihres Glaubens wegen verjagten und verfolgten Christen, so daß das kleine abgeschlossene Ländchen eine feste Burg für Wiedertäufer, Pietisten, Separatisten, Inspirirte und Herrnhuter wurde.

Aufs Bitterste denuncirten die orthodoxen Gegner des Pietismus die dortigen Zustände, indem sie aussprengten, „im Wittgensteinischen und am Rhein entsagten vornehme Standespersonen aus Frömmigkeit ihren Aemtern, liefen die Gräfinnen von ihren Männern, um geistliche Ehen mit exaltirten Predigern einzugehen, in Waldhütten zu wohnen, auf den Stein der Weisen zu laboriren; die Wälder seien voll von Lauben und Höhlen, in welchen die geist-

lichen Eheleute, die Mannspersonen mit langen Bärten nach dem
Vorgange Horch's und dem Muster der ersten Christen Arnold's mit
einander hausten."

In Wittgenstein-Berleburg fand namentlich die sogenannte
philadelphische oder bruderliebende Gemeinde, ein Bund mystisch-
pietistischer, dem Kirchenbabel feindseliger Christen eine unangefochtene
Stätte. Er stand in Verbindung mit den englischen Mystikern, Jane
Leade, James Pordage u. s. w., arbeitete dem „tausendjährigen
Reiche Christi" vor, hatte eine Presse, worauf „Die Fama" gedruckt
wurde und gab die weitläufig commentirte „Berleburger Bibel" in
acht Foliobänden heraus (1726-1742), welche den wahren und tieferen
Sinn der göttlichen Offenbarung erschließen sollte.

Was für unruhige Geister waren es denn, die diese schwär-
merische Sturm und Drangzeit im Wittgensteinischen heraufbeschworen? Vor Allen verdient genannt zu werden Ernst Christoph
Hochmann von Hochenau, ein Mann, der auch auf den Stifter des
Klosters von Ephrata entschiedenen Einfluß geübt hat. Er war im
Jahre 1670 in Lauenburg geboren, wurde in Halle von Dr. A. H.
Francke zu lebendiger Erfassung des Christenthums angeregt und
in Gießen von Gottfried Arnold der mystischen Speculation zuge-
führt. Wegen seiner widerkirchlichen Richtung und seines rücksichtslosen Auftretens vielfach verfolgt, gelangte er 1693 nach Wittgenstein,
wo er bei der gräflichen Familie zu hohem Ansehen gelangte.
Später baute er bei Schwarzenau auf hohem Berge eine einsame,
nur Kammer und Küche enthaltende Hütte, die er seine Friedens-
burg nannte. Dort lebte er bis 1721 in entsagender Kreuzigung des
Fleisches, wie ein weltflüchtiger Eremit. Seine den Mystikern des
reinsten Wassers entlehnten und maßlos fanatischen Ansichten
über die Ehe oder vielmehr Ehelosigkeit fanden, wie wir sehen
werden, einen fruchtbaren Boden bei den Klosterheiligen von Ephrata.
Er unterschied fünferlei Arten der Ehe: die ganz thierische, die ehr-
bare aber noch heidnische, die christliche, die jungfräuliche und die
Ehe mit Christo Jesu, dem keuschen Lamme allein. Eben die letzte
war es, zu welcher sich, den Inschriften des Betsaales zufolge, die
holden Schwestern von Ephrata mit aller Inbrunst bekannten.

Zu demselben Kreise gehörte Dr. Heinrich Horch (geboren zu

Eschwege (1652), ein gelehrter Theologe und Mitarbeiter an der Marburger Bibel (1712), der Vorläuferin des großen Berleburger Bibelwerkes. Er bekleidete an verschiedenen Orten Pfarr- und Lehrämter, erklärte sich gegen Kirche, Abendmahl und Kindertaufe, hielt den Cölibat für preiswürdiger als die Ehe und wurde durch phantastische Grillen dem Wahnsinn in die Arme geworfen. Bei der Pietisten-Verfolgung aus Hessen vertrieben, dachte er daran, nach Pennsylvanien auszuwandern, doch zerschlug sich dies Project an der Weigerung seiner Frau, ihm dahin zu folgen.

Zu den frommen Asceten und Einsiedlern bei Schwarzenau gehörte ferner der aufrichtige und ehrenhafte Mystiker Carl Hektor von Marsay, ein Franzose, der sich durch die Schriften der bekannten Antoinette von Bourignon und Madame Guyon zur Weltentsagung und tiefsinnigen Grübelei bestimmen ließ. Marsay litt an einer Ueberempfindlichkeit des Gewissens und schwankte stets zwischen Angst um sein Seelenheil und freudiger Ekstase. Im Jahre 1725 und wiederum im nächsten Jahre erwachte in ihm ein starker Trieb, nach Pennsylvanien in eine völlige Einsamkeit zu ziehen. Er erhielt von den dortigen Separatisten die lockendsten Briefe; es kann deshalb kaum einem Zweifel unterliegen, daß er mit ihnen bereits vorher vertraut gewesen war. Gerade um jene Zeit war die religiöse Erregung in Pennsylvanien in vollem Schwange; die Erfolge der „Erwecker" waren 1724 der Art, daß sie einen Bericht darüber an ihre Brüder in Deutschland sandten und der Auszug der Eremiten in die „Wüste", d. h. nach Lancaster County, begann im Jahre 1725.

Ein ganz specifisches Element der Schwärmer, die im Wittgensteiner Lande Aufnahme fanden, bildeten die „Inspirirten", deren Blüthezeit in die Jahre 1715 bis 1730 fällt. In ihnen steigerte sich der mystische Taumel zum convulsivischen Veitstanze und zur Prophetie im somnambülen Zustande. Es muß von ihnen hier um so mehr die Rede sein, da zu der Gährung der Geister, die sich in Pennsylvanien kund gab, auch ihre Hefe mitgeholfen hat, und mehrere der Inspirirten, die in Deutschland von sich reden machten, ihre Laufbahn in Pennsylvanien beschlossen.

Die Inspiration, d. h. der Anhauch oder Einhauch des göttlichen Geistes, war in Deutschland eigentlich ein französischer Einfuhrartikel. Als die „Neuen Propheten", nach dem Fehlschlagen des Aufstandes in den Cevennen, aus Frankreich vertrieben wurden, begaben sie sich theils in die französische Schweiz, theils nach England und erschienen von dort aus auch bald in Deutschland. Mit der Inspiration war es ernstlich und buchstäblich gemeint. Die Leute hielten sich wirklich vom göttlichen Geiste besessen. Ihr Flügelmann, der Büdinger Bossattler Rock, fing seine Reden nicht selten mit den Worten an: „So spricht der Herr durch seinen Knecht Rock." Die Begnadeten, welche dem göttlichen Einhauche offen waren, hießen „Werkzeuge", die ihnen zugehende Offenbarung die „Einsprache", und die Verkündigung derselben, welcher „Bewegungen", d. h. Krampfanfälle, vorausgingen, die „Aussprache". Das „Werkzeug" gerieth vor der „Aussprache" in einen halbbewußten, schlafwachen Zustand, bewegte sich mit geschlossenen Augen frei, kniete, tanzte und sprang. Bei der „Aussprache" wurde jede Silbe stoßweise hervorgebracht; unter die Reden und Prophezeiungen mischten sich zuweilen ganz sinnlose Worte und albernes Gefasel.

Die „Aussprachen" der „Werkzeuge" wurden gesammelt und gedruckt. Der gelehrte Magister Eberhard Ludwig Gruber, unstreitig der begabteste unter den Inspirirten, veröffentlichte 1715: „Unterschiedliche Erfahrungsvolle Zeugnisse, welche einige in Gott verbundene Freunde von der so sehr verhaßten und verschrieen Inspirationssache rc. abgefaßet." Schon der Titel dieser Schrift erinnert an das erste in Ephrata gedruckte Buch: „Urständliche und Erfahrungsvolle Hohe Zeugnisse rc.", welches Conrad Beissel, den Stifter des Klosters, zum Verfasser hat.

Es finden sich noch andere Berührungspunkte der Inspirirten mit der Auswanderung nach Pennsylvanien. Einige der „Werkzeuge" kamen 1726 herüber, aber ihre Prophetengabe war damals schon erloschen.

Besonders zu nennen sind Johann Adam Gruber, der Sohn des vorhin erwähnten Eberhard Ludwig, Johann Carl Gleim und Daniel Blasius Mackinet. Mackinet, ein Strumpfweber aus Hanau, wurde Weihnachten 1714 „erweckt" und reiste als Sendbote der Inspirirten mit J. A. Gruber durch Westdeutschland, Elsaß und die Schweiz, scheint sich aber nach seiner Ankunft in Amerika durchaus ruhig

verhalten zu haben. Bei der Gründung der Deutschen Gesellschaft
(1764) wurde er zu deren Secretär erwählt.

Es darf bei dieser Gelegenheit noch auf eine andere Thatsache hingewiesen werden, welche deutsch-pennsylvanische Sekten in eine beachtenswerthe Beziehung zu den Inspirirten bringt. Das Gesangbuch, dessen sich die Inspirations-Gemeinden bedienten, war das "Davidische Psalter-Spiel der Kinder Zions von alten und neuen Geistesgesängen" und aus demselben ging das "Kleine Davidische Psalterspiel der Kinder Zions" hervor, das in Germantown zum ersten Male 1744 gedruckt wurde und später in wiederholten Auflagen erschienen ist.

In noch engerem Zusammenhange als mit den Vorhergehenden standen die Klosterleute von Ephrata mit den Dunkern, die sich selbst "Brüder" nennen, während die gebräuchliche Bezeichnung von ihrer Taufweise, dem Eintauchen oder Eintunken, herrührt. Die erste Gemeinde der Dunker entstand auf Alexander Mack's Anregung 1708 in Schwarzenau, wo sich acht Personen in der Eder taufen ließen. Sie gingen von der Ansicht aus, daß die Kirchen in der Erfassung der Religion fehl gegangen sind und daß nur eine Rückkehr zu der unverfälschten, allein auf die Bibel sich gründenden Christuslehre zum Heil führen kann. In ihren sittlich-religiösen Ueberzeugungen stehen die Dunker ziemlich auf demselben Boden wie die Mennoniten. Sie führen keine Waffen, treten daher nicht in den Kriegsdienst, haben das größte Vertrauen in die Macht der Milde und leisten keinen Widerstand gegen Gewalt. Bei Mißhelligkeiten und Streitfragen legen sie ihre Sache den Kirchenältesten vor, deren Entscheidung endgültig ist. Gegen Nichtbrüder dürfen sie nothgedrungen Processe führen, nachdem sie die Erlaubniß ihrer kirchlichen Vorgesetzten dazu eingeholt haben. Sie leisten keinen Eid, nehmen kein öffentliches Amt an und lassen ihre bedrängten Brüder keine Noth leiden. In allen Dingen, die zum äußern Leben gehören, wie Kleidung, Hausrath, Speise und Trank, beobachten sie die größte Einfachheit. Wie die Mennoniten ertheilen sie die Taufe nur Erwachsenen und betrachten dieselbe als die symbolische Beglaubigung der inneren Wiedergeburt; sie unterscheiden sich aber von jenen durch die Art und Weise, wie sie den Taufact vollziehen. Die Mennoniten begnügen sich mit der Benetzung des Hauptes, bei den Dunkern wird der Täufling knieend dreimal untergetaucht im Namen des Vaters, des Sohnes und des Heiligen Geistes. Auch die Fußwaschung und das Liebesmahl gehören zu ihren religiösen Gebräuchen. Die auf günstigem Boden gepflanzte Gemeinde von Schwarzenau erfreute sich gedeihlicher Zunahme und bald entstand eine Zweigkirche in Marienborn, das unter der Herrschaft des Grafen von Isenburg-Büdingen stand. Als die Obrigkeit das öffentliche Taufbad nicht mehr gestatten wollte, zog die Marienborner Gemeinde (1715) nach Crefeld. Hier scheint sie nicht so sehr unter der Ungunst der Verhältnisse als durch innere Zerrüttung gelitten zu haben, und der größte Theil derselben wanderte 1719 mit ihrem Prediger Peter Becker nach Pennsylvanien aus. Dorthin folgten ihnen die Schwarzenauer im Jahr 1729, nachdem sie eine Zeit lang in Friesland verweilt hatten.

In der neuen Heimath schien anfangs der alte Eifer zu erkalten; durch die praktischen Aufgaben des Lebens, denen sich die Ansiedler in den ersten Jahren widmen mußten, ward ihr Sinn in die Bahnen der unwiedergeborenen Welt zurückgelenkt. Allmälig aber sammelten sie sich, gedachten ihres alten Gelöbnisses und ihre weihevolle Stimmung erwachte von Neuem. Am 25. December 1723 ließ sich eine Anzahl von Personen im Wissahickon bei Germantown von Peter Becker taufen. Im nächsten Jahre unternahmen die Brüder theils zu Fuß, theils beritten, eine Erweckungsreise nach Falckner's Swamp, Oley, Conestoga und den Schuylkill entlang. Bei dieser Gelegenheit entstand, wie wir sehen werden, die Spaltung, aus welcher die von Conrad Beissel geführte Sekte und in weiterer Folge der Orden der Einsamen Brüder von Ephrata hervorging.

Dritter Abschnitt.
Conrad's Wanderjahre.

Johann Conrad Beissel, der Stifter des Klosters, erblickte das Licht der Welt im Jahre 1690 zu Eberbach, einem Städtlein am Neckar in der Pfalz, jetzt zu Baden gehörig. Er war der jüngste Sohn eines Bäckers, der sich dem Trunke ergeben hatte und zwei Monate vor der Geburt des Kindes das Zeitliche segnete. Seine Mutter starb, als er acht Jahre alt war, und der verwaiste Knabe wuchs mit seinen Geschwistern in kümmerlichen Verhältnissen auf. Sobald er das nöthige Alter erreicht hatte, kam er zu einem lustigen Bäcker in die Lehre, der sich auch aufs Geigenspiel verstand. Conrad machte sich dies zu Nutze und hatte herzliche Freude an der Musik. Neben dem Mehlfasse stand seine Geige, und nach dem Teigkneten kam der Ländler. Bei Hochzeiten und anderen Lustbarkeiten pflegte er wol eins aufzuspielen, und der muntere Bursche ließ es sich nicht nehmen, bei solchen Gelegenheiten sein Instrument zuweilen aufs Pult zu werfen und eine schmucke Dirne im Tanze zu drehen.

Zur Verwunderung seiner Freunde wurde er in seinem fünfundzwanzigsten Jahre von den „Bußgeistern" ergriffen. Dies war 1715, als die „Erweckung" noch im vollen Gange war, und die Inspirirten anfingen, in Deutschland Aufsehen zu erregen. Seinem Herzensfreunde Georg Stiefel, der später mit ihm in Pennsylvanien einsiedelte, gab er die erste Kunde von seiner Bekehrung. Schon damals umpanzerte er sein empfindsames Herz gegen die Pfeile des losen Cupido, „gab dem Weibe dieser Welt gute Nacht". Seine Wanderschaft brachte ihn nach Straßburg, Mannheim, Heidelberg. Einmal war er nahe daran, mit vierhundert Bäckergesellen nach Ungarn in den Türkenkrieg zu ziehen. Es war das wol um die Zeit, als

    Prinz Eugen, der edle Ritter,
    Wollt dem Kaiser wiederum kriegen
    Stadt und Festung Belgarad.

Die vierhundert gingen und wurden von den Türken sämmtlich nieder=
gesäbelt. Conrad Beissel, der zu Hause geblieben war, dankte seinem
Schöpfer, daß er ihn vor diesem grausamen Schicksal bewahrt hatte.
In Heidelberg erwies sich seine Bekehrung von praktischem Nutzen.
Er stand als Gesell beim Bäcker Prior und das ihm aufgegangene
Licht erstreckte sich auch auf die Geheimnisse, welche beim Brodbacken
obwalten. In Folge davon lief sein Meister allen andern Bäckern in
Heidelberg den Rang ab und erhielt für seine ausgezeichnete Waare
selbst Bestellungen aus Frankfurt. Zu gleicher Zeit blieben Beissel's
geistige Bedürfnisse nicht vernachlässigt. Am meisten sagten ihm die
frommen Conventikel zu, die insgeheim und zuweilen in der Wald=
einsamkeit abgehalten wurden. Es scheint, daß er mehr und mehr
in die pietistische Strömung gerieth, welche damals von der hohen
Obrigkeit scheel angesehen wurde, und da die mißgünstige Bäckerzunft
es ihm nicht vergessen konnte, daß er sie mit seinem vorzüglichen Brode
ausgestochen hatte, so stieg unversehens ein Gewitter über ihm auf.
Er wurde dem Stadtrath als Pietist denuncirt und eingesteckt. Ein
Vergehen gegen die bürgerlichen Gesetze war ihm nicht nachzuweisen,
aber anstatt ihn freizugeben, schickte ihm die Behörde einen geistlichen
Ausschuß auf den Hals, um ihn auf kirchliche Wege zurückzuführen.
Da er sich nicht dazu verstehen wollte, wurde er ausgewiesen, oder, wie
sich die „Chronik von Ephrata" ausdrückt, erhielt er das consilium
abeundi.

Aus dem reisenden Handwerksburschen wurde nun ein vagiren=
der Pietist. Als solcher kam er mit wahlverwandtschaftlichen Ele=
menten und auch mit mancherlei seltsamen Geistern in Berührung.
An den Täufern von Schwarzenau gefiel es ihm nicht, daß sie sich
zu einer festen Gemeinde organisirt hatten; als strenger Separatist
wollte er sich von aller Verklammerung frei halten. Die wichtigste
Bekanntschaft, die Conrad Beissel nach seiner Ausweisung aus
Heidelberg machte, war die mit den Inspirirten. Ein Bäcker,
Namens Schatz, bei welchem er arbeitete, eröffnete ihm den Zugang
zu ihnen. Zwar schloß er sich keiner Gemeinde an, aber er besuchte
doch ihre Versammlungen, verkehrte mit dem Knecht Gottes Joh. Fr.
Rock, und nannte den Geist der Inspiration einen saubern, reinen,
jungfräulichen.

Die vielen Stöße und Fußtritte, welche Conrad als Separatist hinnehmen mußte, verleideten ihm endlich sein Vaterland. „Damals," sagt er später in einer theosophischen Epistel, „als ich mußte mein Vaterland verlassen, wurde ich aufs Feld hinausgeworfen und mußte da in meinem Blute liegen und Niemand bejammerte mich." In demselben Sendschreiben ruft er aus: „O Land! Land! wie will es Dir ergehen? O Chur=Pfalz, Chur=Pfalz! was hast Du auf Dir? — — Darum wird ein unbarmherzig Gericht über Dich ergehen, weil Du keine Barmherzigkeit an Gottes Auserwählten gethan, sondern dieselben verfolget und von Dir gewiesen." — Dazu kam noch, daß es ihm recht erbärmlich ging, und er sich nur mit knapper Noth durch Wollspinnen ernähren konnte. Als daher sein Freund Stiefel, bei dem er wohnte, und ein anderer junger Mann, Namens Stunz oder Stumpf, vorschlugen, sie wollten gemeinschaftlich nach Amerika auswandern und Stunz sich erbot, die Reisekosten für Beissel vorzustrecken, gab dieser seine Zustimmung. Vergebens suchten seine Freunde ihm den Gedanken auszureden. Der gefaßte Entschluß kam zur Ausführung und im Herbste 1720 langten Beissel, Stiefel und Stunz, denen sich noch Andere, wie Simon König, und Heinrich Van Bebber angeschlossen hatten, wohlbehalten in Boston an, von wo sie sich stracks nach Pennsylvanien begaben.

In Pennsylvanien fand Beissel zu seiner Verwunderung, daß die Leute, welche daheim ihres erleuchteten Glaubens halber Trübsal erlitten hatten, recht vergnüglich lebten, zum Wohlstande gelangten und sogar obrigkeitliche Würden bekleideten. Darob schüttelte Conrad bedenklich den Kopf. Dieser Weltsinn wollte ihm nicht gefallen. Weit mehr muthete ihn die Laufbahn des Eremiten Kelpius an, der bei Germantown von der Welt zurückgezogen gelebt hatte und vor zwölf Jahren in die ewige Herrlichkeit eingegangen war. Noch war das Andenken an den seltsamen Grübler frisch, viele seiner Anhänger lebten noch, und Conrad Beissel sah in ihm ein leuchtendes Vorbild. Einstweilen war er jedoch genöthigt, für seinen Unterhalt zu sorgen, und da das Bäckerhandwerk in Germantown Nichts abwarf, so trat er bei dem Weber Peter Becker, dem Vorsteher der Dunker=Gemeinde, in die Lehre. Ein Jahr lang hielt er's so aus, dann aber machte er sich mit seinem Freunde Stunz nach Lancaster County auf, und die Beiden errichteten sich im Herbst 1721 am Mühlbach, einem Nebenflusse des Conestoga, eine Hütte in der Einsamkeit. Während sie hier ein recht idyllisches Leben führten, besuchte sie der junge Isaak Van Bebber und beredete Beissel, mit ihm einen Ausflug nach Bohemia Manor in Cecil County, Maryland, zu unternehmen. Vermuthlich galt diese Reise den „Labadisten", oder vielmehr deren Ueberbleibseln in Bohemia Manor. Die auf religiös-communistischem Fundamente gegründete Colonie derselben war allerdings schon aufgelöst oder in der Auflösung begriffen, als Conrad Beissel seinen Besuch abstattete, aber er mag es der Mühe werth erachtet haben, sich an Ort und Stelle über das Leben und Treiben dieser Mystiker, ihr Hauswesen und ihre gesellschaftliche Einrichtung zu unterrichten.

Es waren dieselben Leute, welche Wm. Penn im J. 1677 in Wieward (bei Leeuwarden) in Friesland besucht hatte. Nach einem fehlgeschlagenen Versuche, sich in Surinam eine neue Heimath zu gründen, entsandten sie Jaspers Dankers und Peter Schlüter aus Wesel nach Nordamerika, um eine passende Stätte für sie ausfindig zu machen und kauften auf Empfehlung derselben von Augustin Hermans eine Landstrecke von 3750 Acker in Maryland. (August 1684.) Der unbeschränkte Leiter der klösterlichen Anstalt, die sich auf diesem Besitzthume erhob, war Peter Schlüter; seine Frau machte er zur Aebtissin über die weiblichen Mitglieder. Dieser geistliche Oberhirt, der sich, beiläufig bemerkt, auf weltliche Geschäfte sehr gut verstand, beherzigte bei seiner Amtsführung den alten Spruch, dass nur der geschundene Mensch die gehörige Zucht erhält, und machte seinen Getreuen das Leben so beschwerlich und öde wie nur möglich. Schmackhafte Speisen, behagliche Zimmer, anziehende Arbeit galten als Lockungen der sündlichen Sinne. Man fand Geistliche am Waschtroge, Gelehrte hinter dem Pfluge. Verheirathete hatten sich in die Trennung der Geschlechter zu fügen. Schlüter fing schon 1698 an, einen Theil des ihm verbrieften Landes mit Vortheil wieder loszuschlagen, und wurde reich. Von diesem Grundbesitz der Labadisten kauften Mathias und Isaak Van Bebber mehrere ansehnliche Parcellen. Da nun Isaak, der Gefährte Beissel's, höchst wahrscheinlich ein Sohn, jedenfalls aber ein Verwandter des Isaak Van Bebber in Bohemia Manor war, so lag der Gedanke an eine Reise dorthin nahe genug.

Beißel und Van Bebber kehrten nach diesem Abstecher in ihre
Einsamkeit am Mühlbach zurück, wo Stunz mittlerweile allein
gewirthschaftet hatte. Bald darauf gesellte sich auch Conrad's ehe=
maliger Reisegefährte G. Stiefel zu ihnen, doch hielten die vier Son=
derlinge nicht lange zusammen. Das Flüstern der Natur mochte be=
zaubernd schön sein, aber vernehmlicher war das Knurren des Magens.
Zuerst machte sich Stiefel auf die Sohlen, weil es ihm nicht anstand,
daß ein Theil der kärglichen Erträgnisse den Genossen des verstor=
benen Kelpius bei Germantown als Opfer zugesandt wurde. Dann
riß der Herr Van Bebber aus, der mit rührenden Abschiedsworten
versicherte, er könne dies Leben nicht länger aushalten; zuletzt ging
auch Herzensbruder Stunz davon, nachdem er die bescheidene Hütte,
worin sie hausten, für schnöde Silberlinge verkauft und das Geld als
Rückzahlung der seinem Freunde Beißel vorgestreckten Ueberfahrts=
kosten eingesteckt hatte.

Der vereinsamte Conrad zog nun eine Meile weiter nach der
sogenannten Schwedenquelle und zimmerte sich, so gut er's konnte,
ein kleines Blockhaus zusammen. Hier hatte er die Freude, einen
neuen Gefährten an Michael Wohlfahrt zu finden, der ihm bereits am
Mühlbach einen Besuch abgestattet hatte. Derselbe war aus Memel
in Ostpreußen gebürtig, hatte auf pietistischen Wegen gewandelt
und bei seinem Vortrage manche Eigenthümlichkeiten der Inspi=
rirten angenommen. Michael wurde Beißel's getreuer Schildknappe
und trat später als Bruder Agonius ins Kloster ein, wo er 1741 starb.
Bis gegen Ende des Jahres 1724 einsiedelte unser Beißel mit seinem
Freunde Wohlfahrt an der Schwedenquelle und übte sich tapfer im
Hunger und in der Gottseligkeit, wobei er sich das Leben der alten
christlichen Asceten in der egyptischen Wüste zum Muster nahm.
Aber die Zeit war gekommen, daß er aus seiner unfruchtbaren
Beschaulichkeit heraustreten und den Anstoß zu einer religiösen
Neugestaltung geben sollte.

Vierter Abschnitt.
Der Magus am Conestoga.

Wir sahen oben, daß im October und November 1724 ein Häuflein Dunker unter Peter Becker aus Germantown ausrückte, um das matt gewordene Feuer der Erweckung unter den umwohnenden Deutschen wieder anzufachen. In Lancaster County kamen sie zu Hans Graff, Jakob Weber und Rudolph Nägele. Vom Wohnsitze des letzteren aus statteten sie unserem Conrad Beissel einen Besuch ab, der in der Nähe mit Michael Wohlfahrt die Freuden und Leiden eines einsamen, beschaulichen Lebens kostete. Am 11. November gelangte die kleine Schar zu Heinrich Höhn am Pequea und blieb dort über Nacht. Beissel hatte sie begleitet oder war gefolgt. Den nächsten Tag schlugen die erbaulichen Reden der Bekehrer wunderbar an, und in Folge davon ließen sich trotz der winterlichen Jahreszeit mehrere Männer und Frauen in den Fluthen des Pequea von Peter Becker nach der Weise der Dunker taufen. Conrad Beissel, der dabei stand, wußte nicht recht, was er thun sollte. Auch er fühlte das Bedürfniß, das Pflichtzeichen der Taufe auf sich zu nehmen. Hatte er doch schon am Mühlbach versuchsweise eine Selbsttaufe ohne alle Zeugen an sich vollzogen, eine Farce, über deren Bedeutungslosigkeit er sich nicht lange täuschen konnte. Andererseits sträubte sich sein Dünkel dagegen, von einem Manne wie Becker, auf den er mit eitler Ueberhebung herabsah, die Taufe zu empfangen. Aber plötzlich ward sein Herz durch einen hellen Strahl erleuchtet, er erinnerte sich daran, daß auch Christus sich von einem Geringeren, als er selbst war, hatte taufen lassen, und nun erlaubte er dem Peter Becker, sein Johannes zu werden. So erhielt er denn die vorbereitende Weihe für seine Laufbahn durch eine zweite Taufe; es sollte nicht die letzte sein.

Das kalte Bad im Pequea hinterließ schlimme Nachwehen. Das Liebesmahl, das hinterdrein bei Heinrich Höhn gefeiert wurde, erzeugte keine Liebe; den nächsten Tag gab es in Isaac Friedrich's Mühle einen unangenehmen Auftritt, und nach der Versammlung bei Siegmund Landert haderten die Weiber und sagten sich die Männer Grobheiten. Die Dunker von Germantown traten ihre Heimreise an, ohne das Verhältniß der neuen Taufbrüderschaft zu der ihrigen geordnet zu haben. Schon damals verlautete es, daß Conrad Beissel und einige Andere zu Gunsten des alttestamentlichen Sabbaths wären und sich über kurz oder lang von der älteren Gemeinde lossagen würden. Dazu sollte es denn auch bald kommen. Die frischen Täuflinge constituirten sich als neue Gemeinde, und als es galt, einen Hirten für dieselben zu finden, so wies Hans Meyer, ein Nachbar Siegmund Landert's, auf Conrad Beissel als den gotterkorenen Mann. Der Vorschlag fand allgemeine Beistimmung und so ward denn unser Einsiedler, der in dieser Wendung den Finger der Vorsehung sah, das Oberhaupt oder, wie man sich bescheidener ausdrückte, der Lehrer der Neudunker am Conestoga. Im December 1724 hielt er den ersten Gottesdienst und das erste Liebesmahl in Siegmund Landert's Hause.

Hier stehen wir also am Ausgangspunkte der neuen Sekte, die sich im Verlauf der Zeit zu der Klosterbrüderschaft entwickelte. Die Ursache der Trennung war keineswegs allein die Sabbathsfrage. Es hatte längst Unzufriedene gegeben, welche die geschlossene Gemeinde-Ordnung der Dunker als eine Fessel der geistigen Freiheit ansahen. Keiner hat sich darüber bestimmter und klarer ausgesprochen, als Stephan Koch, der schon in Crefeld zu den Täufern gehörte und sein Leben im Kloster von Ephrata als Bruder Agabus beschloß.

„Also ist", sagt Koch, „bey diesen guten Leuten der auswendige Gottesdienst, der ihnen in ihrem Erweckungsgeist hätte dienen sollen, ihr Herr und Meister worden und sind sie alle unter ihn verkaufft worden. — Sie sind aber wie unter den Gottesdienst also auch unter die Wassertaufe verkauftt worden, daß sie keinen, der nicht getaufft war, vor einen Bruder hielten, und wenn er sie auch in Erfahrung und Erkänntnuß hätte übertroffen, dahero er auch mit dem Titul eines Freundes hat müssen zufrieden seyn. Sie sind aber in dieser buchstäblichen und eingeschränkten Weiß noch weiter gegangen und haben meistens beweibten Personen das Lehramt in die

Hand gegeben; dadurch haben sie den Ehestand ans Brett gebracht und dagegen den Jungfrauen-Stand, den sie doch vor ihrer Taufe so hoch gehalten, vollends ausgemerzet."

Mit den letzten Worten Koch's wird auf einen anderen Grundzug der Neudunker, die Verherrlichung des Cölibats, hingedeutet, ein Thema, das seiner Zeit zur Sprache kommen wird. Conrad Beissel, der diese Gesinnungen theilte, hatte nun auf einmal Gelegenheit erhalten, seine still gehegten Grundsätze in weiteren Kreisen zur Geltung zu bringen. Er war an die Spitze einer kleinen ihm ergebenen Schar berufen worden, und die religiöse Erregung jener Zeit, welche dann und wann in „Erweckungen" auffieberte, versprach weiteren Zufluß.

Und wie bewährte sich denn unser Bäcker außer Diensten als neugebackener frater seraphicus? Der Chronikschreiber berichtet, er habe die Versammlungen mit bewundernswürdiger Geisteskraft geleitet und es haben sich ihm dabei „Geheimnüsse der Ewigkeit" erschlossen, wovon er zuvor Nichts gewußt. Hier haben wir den Inspirirten, den Mann des göttlichen Anhauchs. „Wer nicht denkt, dem wird's geschenkt, hat es ohne Sorgen." Er hub gewöhnlich mit geschlossenen Augen an, verstand es aber im Anfange nicht, seine Zuhörer zu fesseln, denn „wann er die Augen wieder aufthät, so waren die meiste wieder fort." Manche seiner Bekannten schüttelten bedenklich den Kopf und glaubten, er hätte einen Sparren. Sein Vortrag war hastig, die Sätze langgesponnen und bei seinem Eifer kümmerte er sich wenig um die Regeln der Sprache. Da seine Reden von augenblicklicher Stimmung eingegeben waren, und sein Gedankengang sich noch nicht abgeklärt hatte, kam es nicht selten vor, daß er mit sich selbst in Widerspruch gerieth.

Die ersten sieben Jahre seiner geistlichen Amtsführung bilden das Vorspiel zu Beissel's Laufbahn als Oberhaupt des Klosters in Ephrata. Fast während der ganzen Zeit (1725—1732) bewohnte er ein kleines Haus, das ihm seine Freunde auf Rudolph Nägele's Lande gebaut hatten. Dieser hatte im Mai 1725 von Beissel die Taufe empfangen und hielt große Stücke auf ihn. Das seltsame Gebahren der neuen Sekte fing an, Aufsehen zu erregen. Beissel blieb mit seiner Vorliebe für mosaische Satzungen nicht bei der Sabbathfeier stehen, sondern enthielt sich auch des Schweinefleisches und anderer unreiner Speisen; noch weiter gingen in dieser Richtung zwei Neubekehrte in Oley, die einen gewissen alttestamentlichen Ritus an sich vollzogen, ohne indessen Nachahmer ihres Heroismus zu finden. Als zwei junge Frauenzimmer, Anna und Maria Eicher, die väterliche Hut verließen, um sich unter Conrad's geistliche Führung zu begeben, wurde allerlei gemunkelt, „sonderlich weil er ihnen mußte viel Gemeinschaft geben." In der That wurde der fromme Ascet bezüchtigt, beiden, namentlich aber der Anna, mehr als ein geistlicher Vater gewesen zu sein, und Anna selbst machte höchst gravirende Aussagen.

Obschon unsere Siebentäger mit den Dunkern von Germantown auf gespanntem Fuße standen, so war doch eine völlige Losscheidung noch nicht erfolgt. Bei einer religiösen Versammlung, die am Pfingstsonntage 1727 bei Bruder Urner in Coventry am Schuylkill abgehalten wurde, erschienen beide Gemeinden, und da Peter Becker, der Dunkerprediger, nicht zugegen war, übernahm Conrad Beissel die Leitung beim Gottesdienste. Er taufte elf Personen und hatte den Vorsitz beim Liebesmahle. Am nächsten Tage war wiederum Versammlung, wobei die Conestoga-Täufer lieblich wie die Engel im Himmel sangen, und Beissel einen solchen Zauber ausübte, daß den Ehemännern ganz unheimlich zu Muthe wurde. Es stellte sich nun heraus, daß eine vollständige Trennung der beiden Täufer-Sekten nicht länger mehr zu vermeiden war. Wo sie sich trafen, gab es Hader. Am heftigsten entbrannte die Eifersucht, wenn sie beim Proselytenmachen in Concurrenz geriethen. Dazu kam noch, daß die Conestoga-Täufer den Mittelweg, den sie in der Sabbathfrage bisher eingeschlagen hatten, als ein unwürdiges und heuchlerisches Zugeständniß aufgaben. Im Jahre 1728 schrieb und veröffentlichte Beissel ein „Büchlein vom Sabbath", welches zur Folge hatte, daß die Gemeinde den Samstag als den wahren und alleinigen Tag für gottesdienstliche Handlungen einsetzte, während zuvor der siebente Wochentag nur in der Stille gefeiert wurde, die Versammlungen aber des Sonntags stattfanden.

Um der Trennung von den Dunkern einen emphatischen Ausdruck zu geben, kam Conrad Beissel auf den abenteuerlichen Gedanken, die im December 1724 empfangene Taufe „zurückzugeben". Wie man sich dazu stellte, die frühere Taufe abzustreifen, um wieder auf den

Indifferenzpunkt zu gelangen, wird nicht erzählt. Genug, im December 1728 ging das Taufen noch einmal los; zuerst erhielt Conrad Beissel die erneute Weihe von Bruder Amos, dieser alsdann von Beissel und dann die übrigen secundum ordinem. Conrad, der sich schon damals in der geistlichen Dichtkunst versuchte, feierte das Ereigniß in Liedern, worin sich das Wogen seiner Gefühle lebhaft abspiegelte. Wir werden schwerlich fehl gehen, wenn wir aus der Liedersammlung, welche 1730 von Benjamin Franklin für die neue Sekte gedruckt wurde, folgenden Erguß Beissel's als hierher gehörig anführen:

„O himmlische Fluthen, o heilige Tauff!
Wer so ist beschwemmet und gantz übergossen:
Der wächset im Garten als Cedern hoch auf,
So daß man kann sehn vom Frühling die Sprossen
Ausgrünen mit Zweigen und Früchten sehr schöne,
Drum jauchzet und rühmet mit Lobesgethöne."

In demselben Jahre, in welchem Conrad mit seinem „Büchlein vom Sabbath" hervortrat, gab er in einer andern Schrift, „Neun und neunzig mystische Sprüche" betitelt, einigen Aufschluß über die absonderliche Färbung seiner religiösen Anschauungen. Zwar hat sich auch von diesem Buche kein Exemplar erhalten, aber über die mystischen Grübeleien und Gefühlsschwelgereien unseres Magus sind wir durch dessen spätere Schriften hinreichend unterrichtet; in dem reichen Schwall seiner „Mystische Episteln", „Theosophische Lectionen", „Theosophische Sprüche und Gedichte", dürfen wir wol eine Aufbauschung der verloren gegangenen „Mystische Sprüche" vermuthen.

Während Beissel's Salbadern auf die Uneingeweihten den Eindruck machte, als sei er nicht recht bei Troste, galt er bei seinem Anhange als ein Uebermensch, angethan mit magischen Kräften, gesandt für die Erfüllung eines erhabenen Berufs. Wie dem Rattenfänger von Hameln die verzauberten Kinder nachliefen, so hatte der Schwärmer am Conestoga ein Gefolge von Jungen und Alten, die, durch einen geheimnißvollen Bann gefesselt, nicht von ihm ablassen konnten. Ermüdete ließen sich ihm nachtragen und sangen dabei mystische Lieder. Die, welche sich dem Glauben zuneigten, daß ein höheres Wesen in ihm verkörpert sei, bemerkten mit andächtigem Staunen, wie nach genossenem Liebesmahle die aufgetragenen Speisen sich nicht merklich verringert hatten und nach dem Abendmahle die Gefäße zu klein waren, um den übrig gebliebenen Wein zu halten.

Und doch mischten sich gellende Mißtöne in das liebliche „Psalliren" der erweckten Seelen. In Conrad's eigener Gemeinde brach eine Revolte aus und so Manche, die er unter seine getreuen Schafe gezählt hatte, verwandelten sich vor seinen Augen in feindselige Wölfe. An der Spitze dieser „Rotte" standen Daniel Eicher und Johann Hildebrand.

Obschon es nicht ausgesprochen wird, scheint der eigentliche Zankapfel die Frage über Ehe und Cölibat gewesen zu sein. Conrad Beissel trat immer entschiedener mit seiner den Mystikern von Gichtel's und Hochmann's Schlage abgelernten Verherrlichung des ehelosen Standes hervor. In seinen geistlichen Liedern pries er
>„Die Stille des Geistes in heiligen Seelen,
>Die sich nur alleine mit Jesus vermählen"

und in einer 1730 gedruckten Lehrschrift, „Das Ehebüchlein", unterwarf er die Gattenliebe einer scharfen Kritik.

Aber nicht allen Mitgliedern seiner Gemeinde wollte die Verflüchtigung der irdischen Liebe gelingen, und da er seine Entsagungs-Theorie auch den Eheleuten aufzudringen versuchte, so kam es zu Conflicten. Seine Widersacher scharten sich zu einer eigenen Gemeinde zusammen, und jede der beiden Factionen wollte nun „der wahre Jakob" sein, den ächten Wunderring geerbt haben. Wer sollte darüber entscheiden? Da kam ein frommer Bruder, Namens Joel, auf den Gedanken, die Sache einem Gottesgerichte anheimzustellen und er tiftelte sich eine höchst pfiffige Fragestellung aus. Er wandte sich nämlich an Johannes Hildebrand, den Vorsteher der Abtrünnigen, mit den Worten: „So spricht der Herr: Es soll heute offenbar werden, ob wir oder ihr die Gemeinde Gottes seid. Gott wird heute ein Wunderzeichen an mir thun; wenn ich als ein Todter vor euren Augen dahin falle, so hat Gott mich nicht zu euch gesandt, und ihr seid des Herrn Gemeinde. Wenn ich aber nicht todt vor euren Augen darnieder falle, sondern wieder frisch und gesund zur Thür hinausgehe, so sollt ihr wissen, daß mich der Herr heute zu euch gesandt hat und ihr nicht des Herrn Gemeinde seid."
— Nachdem Bruder Joel sich dieses Orakelspruchs entledigt hatte,

fuhr er fort: „Vor acht Tagen sagte ich, daß Wölfe unter euch sind", ergriff sodann Heinrich Höhn beim Arm und rief: „Hier ist ein Wolf", worauf er sich frisch und gesund daron machte. Natürlich erhielt dies originelle Gottesurtheil keine Beachtung. Nicht einmal alle Anhänger Beissel's konnten sich entschließen, diese Posse für ein Zeugniß des Heiligen Geistes anzusehen.

Conrad aber durfte sich trösten. Wurden ihm die Männer abspenstig, so bekam er Revanche durch die Gunst der Frauen, wenn man deren frommes Anempfinden mit einem so weltlichen Ausdruck bezeichnen darf. Selbst Christina Höhn, die Frau jenes „Wolfes", war, wie die „Chronik" berichtet, „über die Maßen verliebt in des Vorstehers englisches Leben. Diese und andere Schwestern, waren immer um ihn herum, und hatten ihre Freude an diesem unschuldigen Schafe."

Nicht immer verliefen die wahlverwandtschaftlichen Processe ohne Aufbrausen. Hans Landis' Frau war, um die Worte der „Chronik" zu wiederholen, „in das Gute Gottes so verliebt, daß sie in Beissel's Hause mehr verweilte, als ihrem Manne lieb war." Hans war zwar selbst ein Erweckter, aber es ging ihm gegen den Strich, daß seine Gattin, von Beissel in die höhere Mystik eingeweiht, alle Zärtlichkeit verlernt hatte. Der arme Ehemann versuchte jedes erdenkliche Mittel, den Hausfrieden wieder herzustellen. Er untersagte seiner Frau fernere Gemeinschaft mit Beissel, holte sie etliche Male mit Gewalt aus dessen Hause, schickte den Constable; Nichts wollte verschlagen. Eines Tages, als seine Frau wieder zu den Füßen des verhaßten Mannes saß, stürzte er, fürchterlich anzusehen, in die Versammlung und sang, gegen Beissel die Faust erhebend:

„Rüstet euch, ihr treuen Helden,
Gürtet eure Schwerter um,
Laßt uns Babel Krieg anmelden,
Schreiet all mit lauter Stimm.
Folget mir und tretet nieder
Alle Gog- und Magogs-Brüder.
Würget sie und geht davon,
Seht, das ist ihr rechter Lohn!"

Darauf griff er den geistlichen Vater bei der Cravatte und schleifte ihn bis zur Thür, daß ihm der Athem ausging. Die verdutzte

Gemeinde leistete endlich ihrem bedrängten Seelsorger Beistand und verjagte den zornschnaubenden Gatten. Aber als das hartnäckige Weib sich den nächsten Samstag wieder einstellte, wurde sie heimgesandt, denn Gottesdienst mit Krawall paßte doch nicht zu der „süßen Lust vergnügter Stille," welche die Gemeinde in ihren Liedern pries.

Wir schließen unsern Bericht über die Conestoga-Periode mit einem Auszuge aus einem Briefe d. d. 28. October 1730, den Johann Adam Gruber, ein „Inspirirter" von Germantown, an die „Geistliche Fama" in Berleburg einsandte:

„In Conestoga, etliche 20 Meilen von hier, thut sich eine neue Erweckung hervor unter einigen neuen Täufern. Der Anführer ist der bekannte Bäcker Conrad Beissel. Sie haben großen Eingang bei denen Gemüthern, dringen sehr auf eine Welt- und Selbst-Verschmähung, leben in Kleidern und Kost nur nach der äußersten Nothdurft und schaffen überflüssige Güter und Vieh ab, grüßen Niemand, so sie auf der Straße sehen, sondern gehen stracks vor sich hin, leben im äußeren Ansehen in großer Harmonie. Auch beyderley Geschlecht halten fast täglich Uebung und Brod-Brechen, feyern den siebenten Tag und bezeugen im Uebrigen, auf ein untadeliges Leben und beständige Vereinigung mit Gott ihr Ziel gerichtet zu haben und das mit großer Kraft und Eifer. Sie haben sehr scharffe Zeugnisse zu Wieder-Aufweckung ihrer anderen Mit-Glieder, nemlich der Schwarzenauer Täuffer, von welchen sie ausgegangen und von denen ihnen ziemlich Widerstand gethan wird, und an die verfallene Quacker-Secte allhier in ihren Versammlungs-Häusern abgelegt. — — A. Mack hat einen schrifftlichen Streit mit ihnen wegen der siebenten Tags-Feyer." —

Fünfter Abschnitt.
Am Cocalico.

Und abermals entwich Conrad in die Einsamkeit. Im Anfang des Jahres 1732 rief er seine Gemeinde zusammen, sprach zu ihr erbauliche Worte über das Reich Gottes, händigte den von ihm ernannten Aeltesten das Neue Testament als Richtschnur ihrer Amtsführung ein, legte sein Amt nieder und begab sich acht Meilen weiter nördlich an einen öden Ort, wo der Cocalico sich durch bewaldete Hügel windet. Durch diesen plötzlichen Rückzug entzog er sich den verdrießlichen Händeln, die seine Seelenruhe störten, zugleich aber folgte er seinem natürlichen Drange nach Sammlung und Grübelei.

Das Land, worauf sich Conrad niederließ, galt für wenig fruchtbar und war noch unbewohnt. Nur Bruder Elimelech, d. h. Emanuel Eckerlin, hatte sich dort eine kleine Hütte gebaut und war gefällig genug, sie dem flüchtigen Seelenhirten zu überlassen. Dieser holzte ein Stückchen Land ab, bebaute es mit Spaten und Haue und versenkte sich in die Betrachtungen, denen er so gern nachhing. Von seiner Stimmung und dem Gähren seines Geistes zeugt ein Lied, welches er um diese Zeit dichtete, und welches anhebt:

> „O du seligs einsam Leben!
> Da all das Geschöpfe schweigt.
> Wer sich Gott so hat ergeben,
> Daß er nimmer von Ihm weicht,
> Hat das beste Ziel getroffen,
> Und kann leben ohn Verdruß;
> Glauben, Dulden, Lieb und Hoffen
> Sind gekommen zum Genuß."

Aber es war ihm nicht vergönnt, diese selige Vereinsamung lange zu genießen. Unter seiner verlassenen Herde brach der helle Unfriede aus, und der Meister konnte nicht umhin, als Schiedsrichter dazwischen zu treten. So führte er denn sieben Monate nach seinem Austritte, am 4. September 1732, abermals den Vorsitz in einer Versammlung seiner Gemeinde in Bruder Landert's Hause. Da er bei seinem Entschlusse verharrte, künftig am Cocalico zu weilen, so folgten ihm mehrere seiner getreuen Anhänger dorthin und bauten im Winter 1732 ein zweites Haus in der Einsamkeit. Es waren Martin Bremer, Samuel Eckerlin und Bruder Jethro. Dann kamen Annchen und Maria Eicher, deren Sehnsucht nach geistiger Gemeinschaft mit ihrem Hirten nicht länger zu dämpfen war. Allerdings erkühnten sich einige Brüder, von Unziemlichkeit und Aergerniß zu reden, aber Conrad ließ sich nicht irre machen. War nicht auch die heilige Paula dem heiligen Hieronymus gefolgt, und hatte nicht der heilige Pachomius gottesfürchtige Jungfrauen um sich gesammelt? Um nichtsdestoweniger den Forderungen des Anstandes zu genügen, wurde den beiden Mädchen auf der andern Seite des Cocalico ein Häuschen gebaut, das sie im Mai 1733 bezogen, und wo sie bis zur Stiftung des Schwestern-Convents wohnen blieben. Neue Liebhaber des geheiligten Lebens schwärmten der gewählten Stätte zu und bildeten eine Niederlassung, die man das „Lager" hieß. Israel und Gabriel Eckerlin folgten 1733. Im nächsten Jahre kamen die Erweckten aus Falckner's Swamp, welche mit ihren Vorstehern kein Glück gehabt hatten. Auch von Coventry (in St. Vincents Township, Chester County) und von Oley (in Berks County) trafen Verstärkungen ein. In wenig Jahren war die Gegend drei oder vier Meilen weit von Beissel's Behausung in den Händen seiner Anhänger. „Das Land mochte noch so unfruchtbar sein, da wohnete eine Haushaltung, die auf das Heil Gottes wartete." Die von Erweckten besetzte Nachbarschaft wurde in vier Bezirke getheilt, welche die Namen Massa, Zohar, Hebron und Cades erhielten.

Und nun ergriff das Feuer der Bekehrung auch die neue Ansiedlung am Tulpehocken. Dorthin hatten sich 1723 und in den folgenden Jahren jene Deutschen aus Schoharie im Staate New York gewendet, die sich von New Yorker Landspekulanten nicht länger ausbeuten und hudeln lassen wollten. Schändlich betrogen und nicht im Stande, Rechtsschutz zu erlangen, waren sie durch die unwegsamen Wildnisse des nordöstlichen Pennsylvaniens bis an den Tulpehocken in Berks County vorgedrungen und hatten dort Heidelberg Township angesiedelt. Im Jahre 1729 war ihnen Conrad Weiser mit seiner Familie nachgefolgt und hatte sich etwa eine halbe Meile östlich vom jetzigen Womelsdorf häuslich niedergelassen.

Vom Cocalico bis zum Tulpehocken ist die Entfernung keine bedeutende, sage 20 bis 25 Meilen. Als Beissel im Jahre 1735 in der neuen Niederlassung erschien, trug er sich mit dem Gedanken an einen geistlichen Fischfang; es wäre ihm nicht unlieb gewesen, dabei einen studirten Prediger in sein Netz zu bekommen. Und dies gelang ihm in der That mit Peter Miller, einem in Heidelberg geschulten jungen Geistlichen, der 1730 nach Pennsylvanien gekommen war und bald darauf die Pfarrstelle bei der reformirten Gemeinde in Tulpehocken angetreten hatte.

Der Besuch Beissel's in Tulpehocken hatte den Gegenbesuch Conrad Weiser's zur Folge und so entspann sich ein freundschaftlicher Verkehr. Hiermit war der „Erweckung", die sich über die ganze Gegend verbreitete, die Thüre geöffnet. Peter Miller liess sich, als er Conrad Beissel's Gast am Cocalico war, überreden, die Taufe anzunehmen; Conrad Weiser, der Schullehrer, und Andere folgten. Bei Weiser war der Uebertritt zu den Siebentägern eine vorübergehende Verirrung. Der Mann, der berufen war, als Dolmetscher, als Friedensstifter und, wenn es sein musste, als Krieger in der Indianerfrage eine wichtige Rolle zu spielen, war nicht darnach geartet, es dauernd in dem Gemüthsdusel auszuhalten, der ihn plötzlich umnebelt hatte. Nicht lange blieb er den praktischen Aufgaben des Lebens und dem Rufe der Pflicht entfremdet. Schon im nächsten Jahre (1736) ging er im Dienste der Regierung als Dolmetscher mit den Häuptlingen der „Sechs Nationen" nach Philadelphia, und 1737 unternahm er, von der Regierung gesandt und instruirt, eine Reise von 500 Meilen durch unbetretene Wildnisse nach Onondago. Als er nach vielen Jahren im Kloster wiederum vorsprach, wurde er nichtsdestoweniger freundlich aufgenommen und als Gast bei dem Liebesmahle herzlich willkommen geheissen.

Sechster Abschnitt.
Der Klosterbau.

Für die Andachts-Versammlungen gab es anfangs keinen andern Platz als die Privatwohnungen der Gläubigen. Unter diesen wurde das „Berghaus" (so benannt, weil es halb in den „Berg Zion" hineingebaut war) wegen seiner Geräumigkeit bevorzugt. Ringsumher war der Wald gelichtet, und die „anmuthige Einsiedelei", wie nach der „Chronik von Ephrata" der Platz hieß, eignete sich vor allen andern Häusern zur Aufnahme von Gästen und zur Abhaltung von Liebesmählern. Das erste Gebäude, das für gemeinsamen Gottesdienst und für die Aufnahme „Einsamer" errichtet wurde (1735), erhielt den Namen „Kedar". Die „Chronik" beschreibt es wie folgt: „Das Gebäu enthielt nebst einem Raum vor Versammlung große Säle mit allerlei Zurüstung vor die Agapas oder Liebesmäler; dabei waren noch Cellen angebaut vor Einsame, nach der Gewohnheit der alten Griechischen Kirche." Die ersten Bewohner waren vier Mädchen, denen kleine Kammern im Obergeschoß angewiesen wurden. Bald darauf quartierte Beissel vier einsame Brüder im untern Stockwerke ein. Es war ein kühner Schritt, der von seinem schrankenlosen Vertrauen in die gefeite Tugend seiner Schutzbefohlenen zeugte. Aber die böse Welt theilte diesen Glauben nicht, sondern munkelte einmal wieder, „daß es nicht recht zuginge".

Gottesdienst wurde in Kedar nur kurze Zeit gehalten. Ein wohlhabender Wittwer, Siegmund Landert (Sealtiel), erbot sich, aus eigenen Mitteln ein Bethaus an Kedar anzubauen unter der Bedingung, daß das ursprüngliche Gebäude in einen Schwestern=Convent verwandelt werde und seine zwei Töchter darin Aufnahme fänden. Dies geschah denn auch. Der Neubau war von ansehnlicher Größe, enthielt einen Raum für Liebesmähler, einen anderen für Versammlungen, zwei Empore für die „Einsamen" und einen

Altan, „der mit den grauen Vätern besetzt war." Zum Ausschmuck dienten Fracturschriften, denen wir hier zum ersten Male begegnen. Für Beissel selbst wurde Unterkommen in einem Anbau beschafft, ein Umstand, den die „Chronik" in höchst naiver Weise commentirt. „Wer damals zu ihm kam, sahe mit Verwunderung sein ganzes Haus voll seiner geistlichen Töchter: und weilen er damals das vierzigste Jahr seines Alters erreicht hatte, so ist leicht zu erachten, welche Versuchungen er dabey an seinem Adams-Leib habe müssen durchgehen." Das Bethaus stand nicht lange. Nach vier Jahren wurde es wieder eingerissen; aus welchem Grunde erfahren wir nicht.

Etwa um die Zeit, als die Klosterbauten ihren Anfang nahmen, kam auch der Name „Ephrata" auf. Wir finden ihn bereits in dem Liederbuche, das Benjamin Franklin für die „Siebentäger" im Jahre 1736 druckte. Er ist der Bibel (Ruth 4, 11) entlehnt und wurde von Conrad Beissel auf Grund einer mystisch-allegorischen Deutung dem Kloster und der Umgegend beigelegt. „Ephrata" bildete den Anziehungspunkt, wo die im Lande zerstreuten Einsamen, welche der neuen Lehre huldigten, sich mehr und mehr zusammenscharten. Und da bereits ein Nonnenkloster bestand, so lag Nichts näher, als auch für die einsamen Brüder eine ähnliche Anstalt zu errichten. Es kam dazu um so leichter, da ein junger und wohlhabender Schweizer aus dem Berner Lande, Benedikt Juchly, sich dazu verstand, die Kosten zu tragen. Auf der Anhöhe Zion, wo das „Berghaus" gelegen, wurde also 1738 ein neues Klostergebäude aufgeführt und im October von dreizehn Brüdern, denen bald viele andere folgten, bezogen. Sie hießen nach dem Namen des Berges die „Zionitische Brüderschaft."

Nicht ohne Widerstreben und Murren fügten sich die Novizen, welche an ein ungebundenes Leben gewöhnt waren, in die Hausordnung und anfangs kamen mancherlei Reibungen vor. Auch die Einsetzung eines Oberhauptes oder Priors gab Anlaß zu Eifersucht und Mißgunst. So sehr gleichen im Grunde des Herzens die Kinder des Lichtes den verschrieenen Kindern der Welt. Der erste Prior, der das Regiment in Zion führte, war Gabriel Eckerlin; ihm folgte 1740 sein älterer Bruder Israel, der bis dahin im Berghause verblieben war. Dieser zog die Zügel so straff an, daß es den „Zionsbrüdern" zu Muthe war, als wären sie Negersclaven.

für den Gottesdienst waren die Räumlichkeiten von „Zion"
nicht eingerichtet, und das Bethaus der Schwestern bei „Kedar" diente
daher vorläufig für gemeinschaftliche Andacht. Schon im Jahre
1739 aber gaben die Brüder Nägely und Funk durch eine freiwillige
Beisteuer die Anregung zum Bau einer Kapelle, die bei der rüstigen
Arbeit der Brüder in sechs Wochen unter Dach war. „Damals
gings her wie bei der Wiederaufrichtung Jerusalems, die Brüder
waren alle Zimmerleute, Maurer, Schreiner u. s. w., dann Gott gab
ihnen Weisheit und viele Geduld in ihrem Tagewerk." „Dieses Bet=
haus war ein großes ansehnliches Gebäu, unten war ein mit Stühlen
versehener großer Raum, mit Fracturschriften ausgezieret vor die
Gemeinde, darinnen hatte der Vorsteher seinen Sitz, hinter ihm war
ein Chor angebaut, darinnen saßen unten die einsamen Brüder und
oben die Schwestern. Im zweiten Stock war abermal ein großer
Saal mit aller Zurüstung versehen, die Agapas zu halten; aber im
dritten Stock waren Wohnungen vor acht Einsamen."
Man sagt, daß beim Essen erst recht der Appetit kommt. So
schien es jetzt in Ephrata mit dem Bauen zu gehen. Kaum war die
Zions=Kapelle eingeweiht (16. October 1740), so wurde bereits ein neuer
Kirchenbau in Angriff genommen. Im Winter schafften die Brüder
das Bauholz herbei und im darauf folgenden Sommer errichteten sie
ein neues Bethaus, das den Namen „Pniel" erhielt. Daran
schloß sich im Jahre 1744 ein neues Kloster, anfänglich „Hebron",
später „Saron" genannt und dazu bestimmt, den verheiratheten Ge=
meindegliedern, welche auf eheliches Zusammenleben verzichteten,
ein Asyl zu bieten. Die getrennten Gatten bewohnten verschiedene
Abtheilungen des Hauses, nachdem sie, um ihrer Entsagung eine
bündige Form zu geben, sich gegenseitig Scheidebriefe geschrieben,
besiegelt und eingehändigt hatten. Die Kunde von diesen außer=
gerichtlichen Ehescheidungen kam Conrad Weiser zu Ohren, der als
Friedensrichter in einem Schreiben an Beissel dagegen Protest erhob.
Uebrigens dauerte die vereinbarte Losknüpfung nicht gar lange.
Die Gatten, die sich plötzlich in Mönche und Nonnen verwandelt
sahen, fanden sich in dieser pikanten Metamorphose reizender als
zuvor, und es mochte wol „Du bist so nah und doch so fern" ver=
lockend in ihren Ohren klingen; ihre Kinder, die auf den Bauereien

zurückgeblieben waren, wollten ihnen nicht ins Kloster folgen und so rieth Beissel denn selbst zum Rückzuge. Die Scheidebriefe wurden alle auf einen Haufen zusammengelegt und zu Asche verbrannt. Darauf kehrten die Gattenpaare in ihre alten Behausungen zurück. Das neuerbaute Kloster „Saron" wurde nun den Schwestern überlassen. Es steht noch und ist von den beiden größeren Gebäuden dasjenige, welches sich rechtwinkelig an den „Saal" schließt.

„Bethania" und der „Saal" wurden 1746 errichtet. Von den ersteren sagt die „Chronik": „Das Haus wurde in Pfosten, Balken und Riegel so dauerhaft in einander gefügt, daß wohl schwerlich seines Gleichen wird in Nord-America zu finden seyn. Alle diese Zimmerarbeit ist in 35 Tagen verfertigt worden." Von der Erbauung des „Saals" erzählt dieselbe Quelle: ....„Darauf fingen sie an ein Bethaus zu bauen, dazu ihnen das noch übrige Bauholz dienete; sie schlugen es auf im November 1746, nachdem sie 5 Wochen daran gezimmert hatten. Dieses war ein stattliches Gebäu, hatte einen Versammlungsraum für die Gemeinde, mit Fracturschriften besonders ausgezieret, dabey waren noch Gallerien und Säle für Liebesmäler." Bethania, das Gebäude, das wir bei unserm Besuch des Klosters beschrieben haben, liegt dem Nonnenkloster „Saron" in geringer Entfernung gegenüber. Daß der Vorsteher diesen Platz dazu wählte, war den verschämten Brüdern durchaus nicht nach dem Strich; am liebsten hätten sie „einen großen Berg der Scheidung" zwischen sich und den Nonnen gehabt. Um sich zu revanchiren, „spielten sie dem Vorsteher einen anderen Possen," wie die Chronik sich ausdrückt, indem sie ihm sein Wohnhaus zwischen die beiden Convente bauten. Die Schelme! Die züchtigen Nonnen aber gebehrdeten sich recht ungehalten über den Ausgang dieser gegenseitigen Schalkhaftigkeit; es sähe ja aus, grollten sie, „als könnten die Schwestern nicht ohne den Vorsteher leben".

Siebenter Abschnitt.
Die Klosterwirthschaft.

Nach der Musterung der Klostergebäude dürfen wir uns nun die darin weilende Gesellschaft etwas näher betrachten. Die Brüder, welche uns begegnen, tragen lange Bärte. Ihr hageres Antlitz und das weiße bis auf die Knöchel reichende Gewand geben ihnen ein gespensterhaftes Aussehen. Die Einkleidung der Mönche und Nonnen geschah bald nach der Einführung der klösterlichen Lebensweise. Es wurde im Rath beschlossen, „den Leib des Todes um seiner Schande willen in eine solche Art der Kleidung zu hüllen, daß wenig davon zu sehen wäre." Das Ordenskleid, wie es die „Chronik" beschreibt, bestand „in einem langen Talar, der bis auf die Füße reichete; dabey war ein Ueberwurf, welcher vorn einen Schurtz hatte, hinten aber einen Schleyer, der den Rücken bedeckte, daran eine oben zugespitzte Mönchs=kappe befestiget war, die man nach Belieben konnte aufsetzen, oder über den Rücken hangen lassen, welches alles mit einem Gürtel um den Leib versehen war; im Gottesdienst aber trugen sie noch Mäntel, die bis an den Gürtel reichten, daran gleichfalß eine Kappe befestiget war."

Aehnlich ist die Kleidung der Schwestern; nur tragen sie, bemerkt ein aufmerksamer Berichterstatter, statt der Hose einen Unterrock. Ihr Ueberwurf oder „Schleier", der vorn und hinten bis an den Gürtel reicht, hat die Form eines Skapuliers. Ihr Ordenskleid war absicht=lich so eingerichtet, daß „von dem verdrüßlichen Bild, das durch die Schuld ist offenbar worden, wenig zu sehen war". Die runde Kappe, die auf dem Rücken hing, zogen sie beim Herannahen eines Fremd=lings züchtiglich über das Haupt, um das „verdrüßliche Bild" vor profanen Augen zu verhüllen. Die in der Nachbarschaft ansässigen Familien=Väter und Mütter, welche zur Gemeinde aber nicht zur Klosterschaft gehörten, folgten eine Zeit lang dem Beispiel der „Ein=samen" in ihrer Bekleidung, nur daß sie sich beim Gottesdienste grau, nicht weiß trugen. Später aber fielen sie in Tracht und andern Dingen ins Weltliche zurück.

Im Sommer gehen Männer und Frauen barfuß und tragen leinene Gewänder; im Winter legen sie Kleidung von weißer Wolle an. Bei ihren dürren Leibern fehlt es den Männern nicht an ausdauernder Stärke zur Arbeit. Behende schreiten sie zur Bestellung des Feldes, führen Spaten und Karst, Sense und Sichel. Als sie noch zu arm waren, um sich Zugvieh zu halten, spannten sich die Brüder selbst vor den Pflug. Zu Hause bemerkt man keinen faulen Lungerer, Jeder hat seine Handthierung oder besorgt das auferlegte Geschäft. Da sieht man Weber, Schneider, Schuster, Schreiner, Bäcker, Drucker u. s. w. Die Schwestern nähen, sticken, waschen, kochen, fegen, schreiben Noten und Fractur, üben sich im Singen und Zeichnen.

Aus der Welt ausscheidend, vertauschten die Mönche und Nonnen ihre eigenen Namen mit Ordensnamen, die ihnen der Vorsteher, Conrad Beissel, beilegte. Dieser nannte sich selbst „Bruder Friedsam", seine Verehrer aber erhöhten ihn zu „Vater Friedsam Gottrecht", nicht ohne heftigen Widerspruch Joh. Hildebrand's und Anderer, welche an der Bezeichnung „Vater" Anstoß nahmen. So vollständig ging die Person der Einsamen in ihre klösterliche Existenz auf, daß von Vielen nicht einmal bekannt ist, wie sie in der Welt geheißen haben. So weit sich ermitteln läßt, waren:

Agabus	Stephan Koch.	Obadia	Martin (? Funk.
Agonius	Michael Wohlfahrt.	Obed	Ludwig Höcker.
Amos	Jan Meily.	Onesimus	Israel Ederlin.
Elimelech	Emanuel Ederlin.	Philemon	Conrad Riesmann.
Ezechiel	Heinrich Sangmeister.	Salma	Peter Höffle.
Friedsam Gottrecht	Conrad Beissel.	Sealtiel	Siegmund Landert.
Gideon	Christian Ederstein.	Theodorus	Thomas Hardie.
Haggai	Martin Kroll.	Zadok	Conrad Beissel's Neffe.
Jaebez	Peter Miller.	Zephanja	Rudolph (?) Nägele.
Jephune	Samuel Ederlin.		
Jotham	Gabriel Ederlin.	Abigael	Joh. Hildebrand's Tochter.
Lamech	Jacob Gaß.	Albina	Frau Magaretha Höcker.
Macarius	―― Zinn.	Anastasia	―― Thome.
Manasse	Martin Funk's Sohn.	Armella	Eine Verwandte Dietrich Sahnestock's.
Nathan	Hagemann's zweiter Sohn.		
Nehemia	Hagemann's ältester Sohn.	Basilla	Peter Höffle's Tochter.

Berenice	Leonhard Heid's Tochter.	Persida	Albrecht Schuck's Tochter.
Constantia	Valentin Mack's Tochter.	Petronella	L. Höcker's Tochter.
Drusiana	Peter Hörste's Tochter.	Phoebe	Peter Leffle's Tochter.
Eunike	Hanselmann's Frau.	Prisca	Jacob Graf's Tochter.
Euphemia	Heinrich Traut's Tochter.	Rahel	Siegm. Landert's Tochter.
Eusebia	Conrad Beissel's Nichte.	Rebecca	Peter Gehr's Frau.
Genoveva	Martin Funk's Tochter.	Rosa	Peter Leffle's Tochter.
Jael	Johann Mayer's Tochter.	Syncletica	Stattler's Tochter.
Marcella	Maria Christina Saur.	Thekla	Peter Klopf's Tochter.
Maria	Maria Eicher.	Theresia	Stattler's Tochter.
Naemi	Anna Eicher.	Zenobia	Theresia's Schwester.

Die Sucht, es den Mönchen der altchristlichen Zeit in allen Dingen nachzuthun, brachte den tyrannischen Vorsteher 1740 auf den wunderlichen Gedanken, in seinem Kloster die Tonsur einzuführen. Sie sollte die Weihe zum ehelosen Leben symbolisiren. Er hieß den Prior (Israel Eckerlin) niederknieen und nachdem dieser das Gelübde „ewiger Jungfrauschaft" abgelegt, schor er ihm das Haupt. Darauf ließen sich Conrad und ein anderer Bruder vom Prior Platten scheren und an einem festgesetzten Tage mußten die übrigen Brüder, trotz alles Sträubens, sich einen künstlichen Mondschein aufs Haupt setzen lassen. — Nicht damit zufrieden, begab sich der Barbar zu den Schwestern, die auf sein Geheiß in ihrem Saale der Dinge warteten, die da kommen sollten. Er befahl ihnen, ihren schönen Haarschmuck mit eigener Hand abzuschneiden und beging sodann den Frevel, den holden Jungfrauen, die sich ihm anvertraut hatten, Platten zu scheren. Beissel sammelte die geraubten Locken in eine Schachtel, trug sie ins Brüderhaus und konnte sich beim Vorzeigen derselben zu keinem andern Gedanken erheben, als daß er so lange leben möge, bis die geschorenen Köpfe grau würden. Alle Vierteljahre wurde das „Gedächtniß dieser Verlobung" durch Wiederholung des Haarabschneidens und der Tonsur erneuert; letztere aber erregte so viel Aergerniß, daß sie seit 1745 unterblieb.

An der Hand des Probstes der schwedischen Kirchen, Israel Acrelius, der das Kloster um die Mitte des vorigen Jahrhunderts besuchte, fahren wir fort, das alltägliche Leben der merkwürdigen Klausner zu schildern: „Wenn es Zeit zum Abendbrod ist (der einzigen Mahlzeit, die sie gemeinsam nehmen), kommen die Brüder im Gänsemarsch in den Speisesaal und setzen sich schweigend an den langen, sauber gedeckten Tisch. Eine Weile warten sie mit gesenktem Haupte und niedergeschlagenen Augen, worauf Einer einen Abschnitt aus der Bibel vorliest. Dann nimmt Jeder aus dem mitgebrachten Säcklein eine hölzerne Gabel und ein Messer und das einfache Mahl wird in aller Stille verzehrt. Die Teller sind achteckige Platten von Pappelholz; auch Flaschen und Becher sind aus Holz verfertigt. Die Gerichte, in irdenen Näpfen aufgetragen, bestehen aus Gersten=brei, Kohl, Möhren, Käsenuß und Butterbrod. Das Messer ist nur des Brodes und der Butter wegen nöthig, denn Fleisch gibt es nicht zu schneiden. Nachdem sie sich gesättigt, leckt Jeder sein Messer und seinen Löffel ab, trocknet sie mit einem Läpplein und steckt sie sodann in den dazu bestimmten Beutel. Wiederum wird ein Capitel aus der Bibel verlesen und die Gesellschaft entfernt sich, wie sie ge=kommen."

Die Beschränkung auf Pflanzenkost stützte sich theils auf den Glauben, daß diese der Gesundheit zuträglicher sei, als thierische oder gemischte Nahrung, theils auch auf sittliche und ästhetische Motive. Beissel war nämlich der Ansicht, bei rein pflanzlicher Diät sei die böse Lust des Menschen leichter zu dämpfen und die Sing=stimme gewänne an Lieblichkeit. In einer Abhandlung über die „Singarbeit" dringt er darauf, die „Wartung des Leibes auf das Genaueste einzuschränken, damit die Stimme englisch, himmlisch sauber und rein und nicht durch die Grobheit der Speise streng, herb und folglich untüchtig werde." Unter allen Nahrungsmitteln wird Weizen und demnächst Buchweizen besonders empfohlen. „Was sonst einfältige Erdgewächse angehet, so ist nichts zuträglicher als Erdäpfel, Rüben und andere Wurzeln."

Als Getränk läßt Beissel nur das „unschuldige helle Wasser" Gnade finden, „so wie es vom Brunnen kommt, doch auch so, wo es zu einer ganz dünnen Supp mit ein wenig Brod gemenget, gebrauchet wird. Sonsten ist alles Gekoch zu trinken, woselbst man dem Wasser seine gesunde Natur in eine widersinnliche Art der Leckerey verwandelt, sündlich, eitel und mißbräuchlich zu achten."

In einer Ansiedlung, die auf sich selbst gestellt ist, sei sie welt=lich oder geistlich, entwickeln sich allmälig die für Subsistenz nöthigen

Industriezweige. Der Ackerbau findet seine Ergänzung in der Getreidemühle. Eine solche erwarben die Ephrataner in früher Zeit, wozu ihnen Benedict Juchly's Vermächtniß behülflich war. Sie diente nicht allein den Bedürfnissen des Klosters, sondern erhielt die Kundschaft der Landleute aus der ganzen Nachbarschaft, da sie gutes Mehl lieferte und die Brüder Niemanden übervortheilten. Der erfolgreiche Anfang nützlicher Werkthätigkeit führte zu weiteren Schritten, und so kam das Kloster nach und nach zu Oel-, Walke-, Säge- und Papiermühlen, die sämmtlich an dem kleinen Flusse Cocalico lagen.

Der verständige Schaffner, der diese Betriebsamkeit ins Werk setzte, den Verkehr mit der Außenwelt leitete und auf dem besten Wege war, dem Kloster zum Wohlstande zu verhelfen, war Israel Eckerlin (Bruder Onesimus), welcher bis zu seinem Auszuge im J. 1745 das Amt eines Priors versah. Aber gerade sein Erfolg wurde von Beissel und Anderen als ein bedenklicher Rückfall ins Weltliche angesehen.

In unserem Zeitalter, das alle möglichen und unmöglichen Theorien des Staatshaushalts als Panacee gegen das menschliche Elend zu Tage fördert, wird es einigermaßen überraschen, zu hören, daß der Communismus nichts Neues ist, sondern in unserem Ephrata eine Zeit lang zur praktischen Durchführung kam. Das Chronicon Ephratense erzählt aus dem Jahre 1740: „Vors erste wurde der Eigenthum vor Sünde erklärt und brachte man Alles gemeinschafftlich zusammen, davon eine Cassa wurde unterhalten, daraus den Brüdern alles zum Leben nöthige wurde angeschafft, und also wurde es auch in der Schwestern Convent eingerichtet. Dahero war es auch eine große Schmach, wenn man einen beschuldigte, er lebe im Eigenthum. Diese Ordnung hat viele Jahre gedauert, bis endlich die Noth gezwungen, wieder nach dem Eigenthum zu greifen, wiewohl noch bis heute im Hauptwerck alles gemeinschafftlich ist." Das Chronicon kam 1786 heraus. — Wer denkt nicht bei der obigen Erklärung, daß Eigenthum Sünde sei, an den um ein Jahrhundert späteren Einfall Proudhon's, der das Eigenthum Diebstahl nannte?

Achter Abschnitt.

Im Tempel.

Ueber die Einrichtung der gottesdienstlichen Versammlungen und über Conrad Beissel's persönliches Gebaren bei denselben verlautet in der „Chronik von Ephrata" äußerst wenig. Vorzugsweise für die Eingeweihten abgefaßt, geht sie über die Einzelheiten des Cultus, als über etwas Bekanntes, mit Stillschweigen hinweg. Dagegen finden wir in Acrelius einen aufmerksamen Beobachter und Berichterstatter. Wir entnehmen seinem Werke über Pennsylvanien folgende Skizze des samstäglichen Gottesdienstes, bei welchem er selbst zugegen war.

„Die Kirche war nicht groß; einige hundert Leute mochten sie füllen. Der Vordergrund, etwa ein Drittel des ganzen Raumes, war um einige Stufen erhöht. Dort saßen die Brüder in bestimmter Ordnung; Miller und Eleazar (der damalige Prior) nebst einigen Andern hatten Sitze einander gegenüber auf beiden Seiten, die übrigen saßen auf langen Bänken in doppelter Reihe und hinten. Oben war eine Gallerie für die Schwestern und zwar so eingerichtet, daß diese weder die Gemeinde, noch die Gemeinde sie sehen konnte. Vater Friedsam hatte seinen Platz an der vordern Linie des hohen Chors. Die Klosterbrüder begaben sich nach dem Chor durch eine kleine Pforte und die Schwestern folgten sogleich nach. Miller führte mich durch die große Thür und überließ mich dem Diakonus, der mir einen Platz auf einer vorderen Bank anwies. Außer den Gemeindegliedern waren auch Leute andern Glaubens anwesend. Als Alle versammelt waren, blieb es einige Minuten lang ganz still. Mittlerweile sah man es Vater Friedsam an, daß er sich fertig machte. Er stemmte die Hände in die Seiten, warf sein Haupt auf und nieder, die Augen hin und her, zupfte an seinem Munde, seiner Nase, seinem Halse und gab endlich mit leiser Stimme den Ton an. Dann fingen die Schwestern auf der

Gallerie an zu singen und die Brüder fielen ein. Alle, die sich auf dem hohen Chor befanden, schlossen sich an und sangen ein liebliches Lied, das etwa eine Viertelstunde dauerte. Hierauf erhob sich Peter Miller und las das dritte Capitel aus Jesaias vor. Vater Friedsam erneuerte seine vorigen Griffe und nahm sich mehr lächerlich als würdevoll aus. Endlich stand er auf, faltete die Hände, richtete die Augen nach oben und sprach von der natürlichen Blindheit des Menschenverstandes und betete um Erleuchtung und Segen. Seine Predigt betraf die Heiligung des Lebens, die Gefahren der Versuchung und die Nothwendigkeit, wachsam zu sein. Dies erläuterte er durch den Ruf der deutschen Soldaten: Wer da? Wer da? Zuletzt sprach er von Glauben, Liebe und Hoffnung. Der Mensch schwankt zwischen Glauben und Unglauben; der Glaube macht selig, der Unglaube führt zur Verdammniß. Liebe und Hoffnung begleiten den Glauben.

„Es schien mir, als ob Vater Friedsam selbst nicht recht wußte, was er wollte. Er sprach mit außerordentlicher Geläufigkeit, in schnellem Tempo und mit lebhaften Gesticulationen. Bald ließ er seine Hände fliegen, bald drückte er sie an die Brust, bald stemmte er die eine, dann die andere, zuweilen beide in die Seite. Auch kam's vor, daß er sich am Kopfe kratzte, die Nase rieb und mit dem Handrücken wischte. Von der Gemeinde, die er sein Jerusalem nannte, wurden Einige sehr erregt und schüttelten den Kopf, Andere weinten, Andere schliefen, u. s. w. Die Predigt endete mit einem Amen! — Gemeinsames Gebet gehört nicht zu den kirchlichen Gebräuchen. Es wird angenommen, daß das Herz sich nicht immer zur festgesetzten Zeit fürs Gebet öffne und mit verschlossenem Herzen zu beten doch nur Heuchelei sei."

Wie die Taufe in Ephrata vollzogen wurde, erzählt uns Acrelius recht anschaulich. „Sobald die Täuflinge ins Wasser kommen, stellt der Seelsorger die nöthigen Fragen, die zu beantworten sind. Dann kniet jedesmal Einer im Wasser nieder und schließt mit beiden Händen den Mund und mit den Fingern die Nasenlöcher. Hierauf legt der Geistliche seine rechte Hand kreuzweis über die Hände des Täuflings, die er fest andrückt, während seine linke jenen beim Nacken faßt und untertaucht. Sträubt sich der Täufling während der Ceremonie, so wird hinreichende Kraft zu Vollstreckung derselben angewandt. Ohne Untertauchen keine Taufe." — Von der Wirksamkeit des Taufbades hatte Conrad Beissel eine so hohe Meinung, daß er die öftere Wiederholung dieses Reinigungs-Actes für ein gutes Ding hielt. Am 27. September 1745 „erneuerten zehn Brüder durch die Taufe ihren Bund mit Gott," und vierzehn andere folgten bald darauf dem gegebenen Beispiel. „Durch diesen erbaulichen Aufzug der Brüder", erzählt die „Chronik" weiter, „seynd auch die Schwestern bewegt worden, daß sie sich alle haben von dem Vorsteher auf zween Tage, nämlich den 3. u. 4 Oktober 1745, wieder taufen lassen; auch ist hernach ein Vorschlag kommen, daß zum Andenken dieser Zeit dieser Tag sollte alle Jahr gefeyert werden und alle Ordensglieder sich wieder taufen lassen, aber die völlige Eintracht hatte gefehlt."

Eine eigenthümliche Einrichtung des Klosters war der nächtliche Gottesdienst. Wenn Beissel in seiner Wohnung zwischen „Saron" und „Bethania" die Glockenschnur zog, so mußten alle Brüder und Schwestern ihre Lagerstätte verlassen und, mit Laterne oder Talglicht versehen, sich in den Betsaal begeben. Zuweilen spannen sich diese Nachtmetten bis zu Tagesanbruch aus.

Schließlich ist noch der Liebesmähler zu gedenken, die nach dem Vorbilde der altchristlichen Agapen von Zeit zu Zeit abgehalten wurden. Die Brüder luden die Schwestern ein, oder umgekehrt, natürlich nicht ohne des Vorstehers Genehmigung. Aber begaben sich die entsagenden Brüder und Schwestern nicht aufs Glatteis, wenn sie an gemeinschaftlicher Tafel zusammentrafen?

Es scheint wirklich der schalkhafte Gott mit Köcher und Bogen bei solchen Gelegenheiten sein loses Spiel getrieben zu haben. „Wir hatten", erzählt das enfant terrible, Ezechiel Sangmeister, „oft Liebesmähler, da beiderley Geschlecht beisammen war; da wurde ich nun gewahr, daß mein Traum nicht leer war, denn das Gegnck und Maginiren der beiderley Geschlechter ging unaufhörlich aufeinander los, so daß mir ein rechtes Grauen ankam."

Neunter Abschnitt.
Die Mystik in Ephrata.

Daß die Religion, welcher Conrad Beissel am Conestoga und am Cocalico seinen Mund lieh, eine mystische war, ist wiederholt angedeutet worden.

Was ist nun ein Mystiker?

Man könnte sagen, in seinem Streben und Trachten ein Faust. Auch den Mystiker gelüstet es, den Schleier vom Geheimnisse der Schöpfung zu heben und zwar nicht „mit Hebeln und mit Schrauben", sondern auf dem Wege der Erleuchtung. Auf Adlersfittigen möchte er sich zu den lichten Höhen hinanschwingen, wo er den innersten Zusammenhang der Welt erkennt, wo er alle Wirkungskraft und Samen schaut und die Pforten der Geisterwelt nicht mehr verschlossen findet. In seiner höchsten Ekstase glaubt er am sausenden Webstuhl der Zeit zu stehen, fühlt sich umwittert, erleuchtet, durchdrungen vom Geiste des Weltalls und den Erdensohn abstreifend vermißt er sich, Götterleben zu genießen. Jene Worte aber, mit denen der Chorus mysticus das Faustdrama abschließt: „Das Ewig=Weibliche zieht uns hinan", sind dem Mystiker wirklich aus dem Herzen gesprochen und haben in seiner Geheimlehre eine besondere Bedeutung.

Aber hier endet auch die Aehnlichkeit. Faust wird sich bei seinem titanenhaften Ringen gegen die Schranken der Endlichkeit seiner Ohnmacht bewußt und läuft dem lauernden Mephisto ins Garn. Es ist sein Unglück, daß zwei Seelen in seiner Brust wohnen, deren Widerstreit er nicht ausgleichen kann. Der Mystiker hat die Banden zerrissen, die jenen mit „flammernden Organen" an das Lock= und Gaukelwerk des Lebens fesseln, die Regungen der sündhaften Natur beträufelt er ohne Erbarmen mit der Aetzlange frommer Selbstkasteiung, und der Ruf: „Entbehren sollst du, sollst entbehren", der jenem widerwärtig in die Ohren gellt, ist des Mystikers erprobter Wahlspruch. Daher kommt er nicht in die Lage, den Gütern dieser Welt, dem Blenden der Erscheinung, den Verlockungen des Ehrgeizes, den häuslichen Freuden, dem Mammon, dem Balsamsaft der Trauben, der höchsten Liebeshuld einen ärgerlichen Fluch zuzuschleudern; alle diese Dinge sind ihm ein überwundener Standpunkt; am wenigsten aber verwünscht er den Glauben, der sein Compaß ist, und die Geduld, die ihm Stärke verleiht. Zwar hat auch der Mystiker harte und schmerzliche Kämpfe zu bestehen, aber selbst in der innern Seelenqual findet er eine Genugthuung und aus dem Schmelzofen der Trübsal geht er geläutert und beseligt hervor.

Die Mystik kennt drei Hauptstufen, woranf der Mensch zur höchsten Erkenntniß und göttlichen Gnade emporsteigt, nämlich „Reinigung, Erleuchtung und Versenkung in Gott." Unbedingt galt in Ephrata die Vorschrift, durch Kreuzigung des Fleisches die Seele zu läutern. Nebst dem Gebet empfahl Conrad Beissel „Entsagung und Entblößung aller geist- und leiblichen Annehmlichkeiten" als die geeignetste Vorbereitung zum Eindringen in Gott. Diese verdrießliche Abkehr von der Lust der Welt mißbilligte nicht allein sinnliche Genüsse, wie Tafelfreuden, Spiel und Tanz, sondern auch allen geistigen Luxus und alle natürlichen Neigungen. „Darnach muß das Herz ohne einigen Vorbehalt oder Absicht auf etwas Creatürliches sich einer gänzlichen Entschüttung oder Entsagung aller Dingen, es habe hernach einen Namen, wie es wolle, und sollte es auch seyn Vatter, Mutter, Bruder, Schwester, ja alles, was den Göttlichen Aus- und Eingängen in dem Wege ist, übergeben." — Und mit dieser Lehre von der Entsagung stand die Lebensweise im Kloster ganz im Einklange.

Mit der Abkehr von der Sinnenwelt stellt sich ein „magisches Empfinden" der transscendentalen Wahrheit ein. „Sobald die fünf Pforten unserer äußeren Sinnen, als da sind: Hören, Sehen, Schmecken, Riechen und Fühlen der Welt und derer Eitelkeiten verschlossen und verrügelt sind, so öffnen sich die inwendigen Pforten in der Schule des Heiligen Geistes zur Stadt des lebendigen Gottes. Dann daselbst bekommt man ein anderes Gehör, in welchem man vernehmen kan, was der Herr in einem redet; daselbst bekommt man ein anderes Gesicht, in welchem man einsehen lernt die Wunder Gottes in seinem Gesetz." Zuweilen durchschauert den erleuchteten Seher der göttliche

Anhauch so kräftig, daß er nicht mit eigener Seelenkraft, sondern aus unmittelbarer Inspiration zu reden vermeint. So beginnt eine der Ansprachen Beissel's mit diesen Worten: „Ich werde über alles Vermuthen angetrieben, zur Letze noch einmal eine Sophianische Rede zu halten und das zwar gantz magisch und Gott=wesend, also daß selber kaum weiß, was die hefftigen Bewegungen meines Gemüths verursachet."

Vorbereitet durch den Sieg über die Welt und durch die Einstrahlung der göttlichen Weisheit, gelangt der Mystiker nun zu dem höchsten Grade der Weihe, zu dem unsäglich wonnevollen Genusse der Gottvereinigung oder Versenkung ins ewige Wesen. Hören wir darüber die eigenen Bekenntnisse des Ephrataner Mystagogen:

„O was ein seliger Handel! wer durch die Mühe der Zeit hindurch schiffet und noch bei Leibes Leben in die Ruhe der stillen Ewigkeit ist übergangen. O was Schätze der Weisheit liegen in uns verborgen! die erst in der Stille des Geistes in dem geheimen Umgang und Wandel vor Gott offenbar werden. O selige Seelen! die mit nichts anderm mehr umgehn, als daß sie von allen geschaffenen Dingen geschieden werden und einen ganz geheimen und verborgenen Wandel mit Gott führen. Aller eitelen Sorgen und Mühe ist vergessen, kein Leid, Neid noch Streit wird mehr gehöret, das heilige Hertzen und Umarmen Gottes ist ihr Lustspiel worden, man höret nicht mehr das Bellen der Hunde, noch das Geschrey der feindseligen Vögel; das heilige Gottgenießen währet ohne Unterlaß; daselbst schläfet man sanft, man ruhet in Gottes Schooß: daselbst wird das geheime und stille angenehme heilige Winken mit Augen vernommen. Da wird Gott nicht mehr mit lautem Geschrey vor der Pforten der Stadt gerufen, noch in dem äußeren Vorhof mit Ochsen= und Kälberblut gedienet, sondern man ist durch den Vorhof eingegangen in das Heilige, wo Gott selber wohnet, da weder mit Sprachen noch Zungen mehr geredet wird; sondern es wird in dem heiligen Seyn gelebet, und man wird mit himmlischer Wesenheit gespeiset und mit Wasser der Wollust getränket. — O heilige Gottes=fülle! O heiliger Genuß, der in dieser stillen Einwesenheit gefunden wird; alle Sinnen vergehen, alle Gedanken verschwinden, man redet nichts, man höret nichts, man siehet nichts und wird doch mehr gehöret, gesehen, vernommen, verstanden, als man hören, sehen, vernehmen oder verstehen kann. O wie vergehen doch alle nichtige Dinge an diesem heiligen Ort! da alle Zeiten eine Zeit, und alle Oerter ein Ort seyn."

An einer anderen Stelle sagt er:

„Ich bin erfüllet mit aller Gottesfülle. Ich bin erfüllet mit Gott und seinem reichen Geist. Ich habe alles und bin überschwänglich getröstet."

Wiederum erklärt er, durch das heilige Gottbegehren sei er in eine Tiefe gesetzt, wo sich aller Aufenthalt mit geschaffenen Dingen verliere. — Es erinnert an die Hegel'sche Lehre vom Bewußtwerden des Absoluten in der menschlichen Vernunft, wenn unser Mystiker versichert: „Gott hat sich selbst verlassen und erbauete sich eine Wohnung in dem Menschen — — und so ist Gott in seiner Verlassung arm in sich selbst und so wir in Ihm wohnen, wie Er in uns, so ist Gott reich über Alles." — „Was Er mehr ist als Nichts, das ist Er in mir worden und was ich mehr bin als Nichts, das bin ich in Ihm worden." — Dieses Aufgeben in der göttlichen Substanz wird in den Liedern gern unter dem Bilde eines Versinkens in das unendliche Wesen, wie in ein Meer, dargestellt:

„Wer so sich ergeben und innigst ersunken,
Ist gänzlich im Meere der Gottheit ertrunken,
Hat wahres Vergnügen und Freuden die Fülle,
Besitzet den Frieden in ewiger Stille."

Diesen Antheil an der göttlichen Wesenheit kann man aber nicht erlangen, wenn man, wie Faust, ungestüm, herausfordernd und laut an die Pforten der Wahrheit anpocht, sondern es ist geboten, daß „man in einer stillen Gelassenheit auf Gott warte, bis Er in seiner Zuneigung die Seel erfreue mit seiner heiligen Gegenwart." Zur Erreichung dieses höchsten Genusses ist es aber auch nöthig, daß der Mensch sich seiner eigenen Lebensfülle begebe, sich selbst verliere, einen „mystischen Tod" erleide. So spricht denn Beissel von einem „heiligen Nichtsseyn und Nichtshaben", unterzeichnet sich „Ich ein Nichtsseyender" und preist das „Nichts wollen, Nichts wissen, Nichts begehren" als den Weg zur Harmonie mit Gott. „Gott ist meiner mächtig worden, und ich bin zu nichte gemacht."

Wer es zu dieser Selbstverneinung brachte, den folterte nicht etwa

„seines Nichts durchbohrendes Gefühl", sondern er fühlte sich erst recht behaglich dabei.

> „Als ich dies dunkle Nichts erwählt,
> Zu geh'n auf seinen Wegen,
> Ward ich von dem nicht mehr gequält,
> Das mir zwar stund entgegen.
> Ich konnt in diesem reichen Nichts
> Nichts creatürlich lieben,
> Weil Gott im Glanze seines Lichts
> Mir all mein Zeit vertrieben."

Dies preiswürdige „Nichts", dieser Nirvâna-Himmel, wohin Beissel seine Getreuen geleiten wollte, verschlang selbst den göttlichen Gnadenthron, der zufolge der mystischen Algebra in Zero umschlägt. „Gott wohnet in einem Nichts und wer dasselbe Nichts gefunden hat, der bleibet in Gott und Gott in ihm." — „Sein Thronsitz ist ein unbegreifliches Nichts." Mit der Unerschrockenheit eines Identitäts-Philosophen setzt Beissel das Unendliche dem Nichts gleich. „Gott ist ein unbegreifliches Nichts und ich bin ein unbegreifliches Ichts. Alles nun, was Etwas ist, hat und vermag, das thut Gott Abtrag, darum weil Gott Alles ist. Bin ich nun ein Nichts, so bin ich dasselbe, was Gott in mir ist." — Die letzte Consequenz dieses mystischen Nihilismus, womit Conrad Beissel die Resultate der „Philosophie des Unbewußten" um mehr als ein Jahrhundert anticipirt hat, gipfelt in dem Ausspruche: „So lange werden wir zu leiden haben, es sey in dieser oder in der zukünftigen Welt, nemlich bis alles Ichts in Nichts und alles Seyn in das Nicht-Seyn und alles Etwas in das Nichts aufgelöset ist. O eine selige Geduld! o ein heiliges Warten bis dorthin, wo aller Neid, wo aller Streit, wo alle Ichheit, wo alle Zweyheit, wo alle Selbheit aufhöret."

Aber dies kostbare Nichts war doch eine zu leere, unfaßliche Abstraction, als daß es der religiösen Schwärmerei Boden und Nahrung hätte verschaffen können. Das Herz fand seine Rechnung nicht dabei. Am Nichts kann man sich nicht wärmen, nicht erbauen, im Nichts findet die Phantasie keinen Haltpunkt. Einen positiveren Inhalt gewährte die allen christlichen Bekenntnissen gemeinsame Anbetung des Schöpfers und des Erlösers. Das Unterscheidende aber ist das intime Verhältniß, in welches sich der Mystiker zum Gegenstande seiner religiösen Inbrunst setzt. Die Liebe zu Christus wird unter dem Bilde der zärtlichen Liebkosung, der Brautwerbung, der Ehe dargestellt. Ihm allein, dem Bräutigam, dem Lamme, der Taube, gebührt die Huldigung des Herzens; jede andere Zuneigung, und vor allen Dingen die geschlechtliche, ist eine Untreue gegen ihn. Daher ist denn auch die Perle des gottgeweihten Wandels das jungfräuliche Leben. Alle Tugenden finden ihre Verklärung, ihre himmlische Verbriefung im Cölibat. „Es ist nur eine einzige Tugend," sagt Beissel, „und wann dieselbe nicht beobachtet wird, so sind alle andere zu einem mal verloren. Dieselbe Tugend heißet mit Namen Jungfrau."

Wie aber verträgt sich dieser Grundsatz mit dem Schöpfungsplane und der Ordnung der Dinge? Welche Berechtigung hat er im System der christlichen Religion und im Offenbarungsglauben? Die Mystik ist um eine Antwort auf diese Fragen nicht in Verlegenheit. Sie löst das Problem durch eine höchst absonderliche Theorie, welche der tiefste Bronnen ihrer Geheimlehre ist. In Anschluß an die seltsamen Speculationen Jacob Böhm's versichert Conrad Beissel, im ersten Menschen sei nach dessen Schöpfung die männliche und weibliche „Tinctur" zu einer Einheit verbunden gewesen. Der ursprüngliche Adam war als Gottes Ebenbild nicht „gezweit", sondern stellte den vollkommenen Menschen in einer Person dar. Nun ward aber durch Lucifers Fall die ganze Schöpfung vergiftet und mit dem kryptogamen Urmenschen, der sich viel tausend tausendmal hätte vermehren können, war es vorbei. Sein Fräulein, die ewige Weisheit, die himmlische Sophia, wich von ihm, während er schlief. Weil er aber nicht ohne Gemeinschaft leben konnte, so baute Gott ihm „nach seinem magischen Hunger" eine irdische Eva. Auf diese Weise ist der ganze Mensch zerbrochen und den übrigen zweigeschlechtigen Creaturen gleich gemacht worden. An diese mystische Auffassung des Falles schließt sich nun die Theorie der Erlösung. Das Fräulein Sophia, welches von Adam gewichen, blieb lange Zeit eine trauernde und unfruchtbare Wittwe; als aber die Zeit gekommen war, überschattete sie die Jungfrau Maria und so kam der reine jungfräuliche Mann Jesus in die Welt zum Heile der abgefallenen Söhne Adams. Durch die mystische Vereinigung mit der weiblichen Tinctur, welche verbunden und versöhnt mit der männlichen sich in Christus manifestirt, erlangt nämlich der Mensch seine verlorene Unschuld, die ihm zugedachte Vollkommenheit wieder.

> Das Ewig-Weibliche
> Zieht uns hinan.

Es bildet diese Hypothese von der verlorenen und wieder „einzugeistenden" Gott-Weiblichkeit den Angelpunkt des mystischen Glaubens, zu dem sich Beissel mit den Brüdern und Schwestern in Ephrata bekannte. Den seltsamen Problemen und abenteuerlichen Vorstellungen, die sich an diese Lehre knüpften, wollen wir nicht nachgehen. Dem Leser möchte dabei zu Muthe werden, als wäre er in der Hexenküche, „wo hunderttausend Narren sprechen". Aus Brocken der Offenbarung Johannis und der Weisheit Salomonis, gewürzt mit den erotischen Bildern des „Hohen Liedes", bereitet Beissel ein cabbalistisches Ragout, worin feuerrothe Drachen, Schlangen, die siderische Mannheit, die beiden Tincturen, die 144,000 Jungfrauen und andere sonderbare Ingredienzien zu einem unverdaulichen Gemenge verhackt sind. Selbst die Physiologie der Liebe, vom Kuß bis zum Kindbett, muß ihre Geheimnisse zur Verwendung bei diesem allegorischen Mischmasch herleihen.

Ein eigenthümlicher Zug der Mystik ist es nun, daß diese himmlische Sophia aus dem Gebiete der Speculation in das der Verehrung und Anbetung gerückt wird. Wer diese überirdische Jungfrau als „mystische Matrix" sein eigen nennt, „bedarf keiner geborgten Weiblichkeit", um sich zu erbauen und der Liebe zu pflegen. So wurden denn der transscendentalen Sophia im Kirchenliede Huldigungen dargebracht, welche es an Wärme des Ausdrucks mit den zärtlichsten Liebeserklärungen an eine im Fleisch wandelnde Schöne aufnehmen. In demselben süßlichen Stile wurde Jesus, der Seelenbräutigam, angesungen. Man möchte glauben, die frommen Büßer und Büßerinnen hätten in diesem verliebten Girren ein Surrogat für die verpönten Regungen des Herzens gesucht. In ähnlicher Weise hatten auch schon frühere Mystiker, wie Spe, Scheffler und Arnold, ihre religiöse Inbrunst in den glühendsten Farben der Geschlechtsliebe allegorisirt. Die Liederbücher, welche zu erbaulichen Zwecken in und für Ephrata gedruckt wurden, enthalten einen überaus reichen Schwall dieser affectirten Liebeständelei. Nehmen wir den „Weyrauchs-Hügel", so stoßen wir darin auf Stellen wie die folgenden:

„Was ist, o Schönster, das ich nicht
In deiner Liebe habe?
Sie ist mein Stern, mein Sonnenlicht,
Mein Quell, da ich mich labe.
Mein süßer Wein, mein Himmelsbrod,
Mein Kleid vor Gottes Throne," u. s. w.

„Hat mich nicht dein Pfeil getroffen?
Steht mir nicht dein Alles offen?
Liebste, läugnest du dies Pfand,
So du mir zum Mahlschatz geben?
Sah ich dich nicht in mir leben,
Als dein Blick mich übermand?"

„Komm, o Taube! komm, mein Leben,
Laß dir tausend Küsse geben,
Weil mein Mund an deinem hängt."

„Ruft, ihr Sterne, überlaut, daß ich liebe;
Und ihr Wasser, rufet nach, daß ich liebe.
Alles, was nur Stimmen hat, sag dem Lamme
Viel von meiner Flamme.

„Einmal hat er einen Kuß mir gegeben,
Alsbald konnt' ich ohne ihn nicht mehr leben.
Nichts vergnügt mich außer ihm. Alle Dinge
Sind mir zu geringe."

Beißel's eigene Dichtungen sind nicht ganz so kühn; es ist meistens dafür gesorgt, daß die allegorische Bedeutung des zärtlichen Girrens nicht erst aus dem Zusammenhang, sondern schon aus der Fassung verständlich wird, aber auch er verirrt sich zu süßholzraspelndem Getöse, wie die folgenden Proben lehren:

„Wie ist mir so wohl,
Wenn ichs sagen soll,
Ich kanns nicht vor Liebe nennen,
Was in mir vor Brunst thut brennen.
Wenn ichs sagen soll:
Ich bin Liebe voll."

"Ich bin verliebt, ich kanns nicht hehlen,
O reine, keusche Himmelsbraut!
Ich will von deiner Lieb erzählen,
Die sich mit mir im Geist vertraut.
Denn deine Treu hat mich bewogen
Daß ich dir gebe Alles hin:
Du hast mich ganz in dich gezogen
Und hingenommen meinen Sinn."

Blicken wir nun auf diese Anführungen in Prosa und Vers zurück, so ergibt sich, daß in Ephrata allen Ernstes der Versuch gemacht wurde, die Mystik verbunden mit der Weltentsagung oder Ascese zur Grundlage der Religion und Lebensführung zu machen. Schon in dieser Hinsicht steht das Kloster mit seinen später zu erwähnenden Ausläufern als eine merkwürdige Anomalie unter den religiösen Erscheinungen der Neuen Welt da. Nur dort und nur damals ist der christlichen Mystik ein locus standi, eine Heimath, eine Wirkungsstätte, schrankenlos zu Theil geworden. Beissel, der sich dieser Initiative wohl bewußt war, glaubte sich denn auch von Gott erkoren, das Licht wieder auf den Leuchter zu setzen und eine neue Epoche der christlichen Kirche herbeizuführen. Anfangs sei die Sonne der Offenbarung in den Morgenländern aufgegangen, aber jenseits des Oceans sei sie wieder untergegangen und habe eine dickschwarze Finsterniß hinterlassen, wogegen dieser von Anfang an verworfene Welttheil mit einer erfreulichen Abendröthe begnadigt sei.

Es fragt sich nun, woher Beissel seine mystische Weisheit geschöpft hat? Die wesentlichen Bestandtheile und die Hauptstichworte derselben finden sich bei Jacob Böhm; die Stille Ewigkeit, das Versenken in Gott, die geheimnißvolle Bedeutsamkeit des Nichts, die Göttliche Sophia, die Vereinigung beider Tincturen, der männlichen und weiblichen, in Adam, die Ausscheidung der himmlischen Weisheit aus Adam und die darauf erfolgte Schöpfung der sinnlichen Ehehälfte, alles Das kommt bei dem Görlitzer Theosophen vor. Jedenfalls war Conrad Beissel mit Böhm's Speculationen vertraut, sei es, daß er dessen Schriften vor sich hatte, oder Kenntniß von seinen Lehren aus zweiter Hand erhielt.

War Conrad Beissel der einzige speculative Kopf in Ephrata? Ohne Zweifel war er der regsamste und tüchtigste, aber er hatte doch

Genossen, die ihm bei der mystischen Spinnerei gern Gesellschaft leisteten. Da war Michael Wohlfahrt aus Memel, der schon in Deutschland mit Pietisten und Inspirirten Umgang gepflogen hatte und dem die Chronik das Zeugniß gibt, daß er den Vorsteher im Geistlichen sehr gefördert habe. Da war ferner der rüstige Israel Eckerlin, der einige Schriften verfaßte („Wandel eines Einsamen", „Regel und Richtschnur eines Streiters Jesu Christi", und ein englisch geschriebenes Buch gegen die Herrnhuter), welche bei seinem Austritt aus dem Kloster auf einem Scheiterhaufen verbrannt und somit der Nachwelt entzogen wurden. Johann Hildebrand, dessen Bekanntschaft mit Jacob Böhm's Werken gerühmt wird, hat seine Ansichten in mehreren Druckschriften niedergelegt. Jacob Martin, der hohe Philosoph, wie seine Grabschrift ihn nennt, wandelte gern in den Irrgärten der Alchemie und hat höchst confuse Zeugnisse seiner Liebhaberei hinterlassen. Zu den „Theosophischen Lectionen" (Ephrata 1752), welche aus frommen Meditationen und fiebernden Herzensergüssen bestehen, hat, wie es scheint, eine große Anzahl ungenannter Brüder beigesteuert.

Die Verbindung der in Ephrata gepflegten Mystik mit der Sabbathsfeier am Samstag und der Taufweise der Dunker war keine innige, sich nothwendig ergebende. Mit Beissel's Tode verblaßte denn auch bald der mystische Bestandtheil der Gottesverehrung und es blieben als Hauptkennzeichen der Klosterreligion jene mehr äußerlichen Eigenthümlichkeiten zurück, die man bei der Schilderung des Mönchsordens zu einseitig in den Vordergrund gestellt hat.

Zehnter Abschnitt.
Lied und Sang.

Immerhin merkwürdig ist es, daß unsere Mystiker die ersten Deutschen in Amerika waren, welche ihren Gefühlen in gebundener Rede Ausdruck liehen und durch die Benutzung der Presse dafür sorgten, daß die Klänge ihrer Harfe auch vernehmbar geblieben sind. Das „Paradisische Wunderspiel", welches 1766 erschien, ist die letzte und vollständigste Sammlung der klösterlichen Dichtungen. Es ist ein Quartband von 472 Seiten mit doppelten Spalten, ohne Vorrede und Register zu rechnen, und enthält 725 Lieder, die zum Theil von ansehnlicher Länge sind.

Der fruchtbarste Dichter war Conrad Beissel selbst; ihm gehören die 441 Lieder an, welche die erste Abtheilung bilden. Die zweite enthält deren 73, und diese sind mit wenigen Ausnahmen, welche auf die Rechnung Fr. Rock's und G. Tersteegen's kommen, von den Klosterbrüdern verfaßt. Demnächst folgt: „Ein angenehmer Geruch der Rosen und Lilien, die im Thale der Demuth unter den Dornen hervorgewachsen", eine höchst zarte Bezeichnung der 100 Lieder, welche die Schwestern beigetragen haben. Zu der vierten Abtheilung, die aus 111 Liedern besteht, steuerten sowol Mönche wie Nonnen bei. Ganz eigenthümliche Producte sind das Bruder- und das Schwesternlied, jenes aus 215 (in älterer Fassung 299), dieses aus 250 (in älterer Fassung 261) Strophen bestehend. Sie wuchsen zu dieser enormen Länge durch den Umstand, daß Jeder, der sich berufen fühlte, sein Stück anfügte. Der brüderliche Bandwurm beginnt:

„Kommt, Brüder, setzet all mit an,
Ein Jeder thue, was er kann."

Nicht ganz so nüchtern ist die Eröffnung des Schwesternliedes:

„Der Frühling blüht, die Sonne steigt,
Seht, was ein schöner Glanz sich zeigt!
Die Lieblichkeit vom Himmel her
Zeigt uns das jungfräuliche Heer."

Dem „Wunderspiel" gingen andere Sammlungen voraus. Die erste ist 1730 von Benjamin Franklin unter dem Titel „Göttliche Liebes= und Lobes=Gethöne" gedruckt worden. Sie erschien in vermehrter Auflage 1732 unter dem Titel: „Vorspiel der neuen Welt". Die dritte Sammlung, welche Franklin gedruckt hat (1736), genannt: „Jacob's Kampff und Ritterplatz", enthält nur neue Lieder.

Hierauf folgte nun das große, von Christoph Saur im J. 1739 herausgegebene Liederbuch mit dem Titel: „Zionitischer Weyrauchs=Hügel oder Myrrhen=Berg, worinnen allerley liebliches und wohlriechendes nach Apotheker=Kunst zubereitetes Rauch=Werk zu finden, bestehend aus allerley Liebes=Würkungen" u. s. w. Es ist ein Band von 820 Seiten, der in seinem Haupttheile 654 und in dem Anhange („Die ehemals verdorrete, nun aber wieder grünende und Frucht=bringende Ruthe Aarons") 38 Lieder enthält. Diese sind ihrem Inhalte nach unter 33 Abtheilungen gebracht, die zum Theil recht wunderliche Ueberschriften haben, z. B. „Vorkost des Paradieses", „Die Verlobung zur ewigen Jungfrauschaft", „Die Verläugnung und Absag aller Dingen", „Posaunenschall und ernstliche Wächterstimme an die Kirche Gottes." Von den übrigen für das Kloster gedruckten Gesangbüchern unterscheidet sich der „Weyrauchs=Hügel" wesentlich dadurch, daß eine große Anzahl der aufgenommenen Lieder andern Quellen entlehnt ist.

Das gespannte Verhältniß, das zwischen Christoph Saur und Conrad Beissel bestand, seit sich die Frau des ersteren unter die geistige Führung des andern begeben hatte, sollte während des Druckes des „Weyrauchs=Hügels" zum vollständigen Bruch kommen. Der Anlaß des Haders war seltsam genug. In einem Liede, das da anhebt: „Weil die Wolken=Seul aufbricht", lautet der 37ste Vers:

> „Sehet, Sehet, Sehet an!
> Sehet, Sehet an den Mann!
> Der von Gott erhöhet ist,
> Der ist unser Herr und Christ."

Darüber entstand in der Druckerei eine große Aufregung. Saur behauptete, Beissel habe sich selbst damit gemeint, und stellte den Correcturleser darüber zur Rede. Dieser, ein fanatischer Beisselianer, antwortete mit der Frage, ob er denn nur an einen Christus glaube? Nun ging Saur die Geduld aus und er warf Beissel in einem Briefe dessen geistlichen Hochmuth vor. Der Vorsteher replicirte mit sehr anzüglichen Bibelversen, wie: „Antworte dem Narren nicht nach seiner Narrheit," u. s. w. Das war für einen Mann, der im Besitz von Druckerschwärze war, zu viel und so erschien denn eine Flugschrift, um darzuthun, daß Beissel von allen Planeten sein Theil bekommen habe, von Mars die Strenge, von Jupiter seine Freundlichkeit, Venus mache, daß ihm das weibliche Geschlecht nachlaufe, Mercurius habe ihm die Comödiantenstreiche gelehrt; obendrein tiftelte Saur die erstaunliche Entdeckung aus, daß im Namen Conradus Beusselius die Zahl 666, das Erkennungszeichen des apokalyptischen Thieres stecke. Keine Beleidigung hätte für einen Mystiker empfindlicher sein können, als das Aufbrummen dieser mysteriösen Zahl und so blieben die beiden denn viele Jahre mit einander verfeindet.

Vielleicht führte dieser Vorfall dazu, daß sich das Kloster eine eigene Presse anschaffte. Das erste Liederbuch, das durch diese ans Licht trat, ist: „Das Gesäng der einsamen und verlassenen Turteltaube, nemlich der Christlichen Kirche. Von einem Friedsamen und nach der stillen Ewigkeit wallenden Pilger. Ephrata. Drucks der Brüderschaft 1747." Es ist ein Quartband von 495 Seiten mit Zusätzen, die von Zeit zu Zeit angefügt wurden und je nach der Ausgabe mehr oder minder zahlreich sind.

Mit der Zeit sammelten sich wieder neue Erzeugnisse der geistlichen Dichtung und so erschien denn im Jahre 1752 der „Nachklang zum Gesäng der Einsamen Turteltaube", ein Quartband von 111 Seiten. Zehn Jahre später folgte das „Neu=vermehrte Gesäng der einsamen Turteltaube," ein Octavband von 329 Seiten mit 183 Liedern, von welchen Beissel 80 lieferte. Fast alle finden sich im „Wunderspiel" wieder; versagt blieb diese Ehre indessen den Liedern der Brüder Haggai (Kroll), Simon König, und Sealtiel, sowie der Maria Eicher, der Mutter des Schwestern=Convents.

Und was ist denn nun von dem Werthe dieser Dichtungen zu sagen? Erinnert man sich daran, daß ihr Entstehen in eine Zeit des gesunkenen Geschmackes fällt, in eine Literatur=Epoche, deren

Schwulst, Seichtigkeit und weitschweifige Leere übel berufen sind, so wird man von den Leistungen der Pennsylvanischen Psalmodisten keine zu hohen Erwartungen hegen. — Die mystischen, in die Gesänge verwobenen Schrullen sind bereits besprochen worden. Dazu kommen dann noch die Klagen über den Jammer, die Eitelkeit und die Bosheit der Welt, Seufzer über die Leiden und Anfechtungen der Himmelsbürger, Danksagung für göttliches Erbarmen, sehnendes Verlangen nach der Wonne des Paradieses.

Beissel, der bei weitem die meisten Lieder lieferte, schrieb zu viel und zu handwerksmäßig. Der ehemalige Bäcker knetete seine Verse als stände er am Backtroge und schob Strophe an Strophe, als gälte es so viel Laib Brod fertig zu machen. Häufig nimmt er im Eingangsverse einen glücklichen Anlauf, um gleich darauf ins unerträglich Platte und Triviale zu verfallen. Seine und seiner Mitarbeiter langathmige Redseligkeit wirkt ermüdend und abspannend, wie das ewige Klippklapp einer Mühle. Gewisse Reime drängen sich unabläßig auf: die heilige Liebe und die göttlichen Triebe; das keusche Lamm, der Bräutigam und die Flamm; die Hochzeitsfreud und das weiße Kleid; das Zerfließen und das Genießen; das Genesen in Gottes Wesen; die Gottesfülle und die ewige Stille; die Beschwerden auf Erden; die innige Brunst und himmlische Gunst; die holde Brust und die Seelenlust; die reinen Seelen, die sich dem Lamm vermählen, u. s. w.

Die geistliche Dichtung, der wir im Kloster von Ephrata begegnen, ist um so bemerkenswerther, da sich außer Beissel so viele Andere aus seiner nächsten Umgebung damit befaßten. Wenn der Prediger einer Gemeinde ein ganzes Gesangbuch zusammenschreibt, so nimmt uns eine solche Beflissenheit Wunder, aber es gehört am Ende Nichts dazu, als Routine und Lust zur Sache. Ist es aber wol irgend anderswo vorgekommen, daß ein großer Theil der Gemeinde sich gleichfalls ans Verseschmieden begab und mit frommem Wetteifer Kirchenlieder dichtete? In Ephrata trugen zu der Sammlung im „Wunderspiel" nicht weniger als 35 Brüder und 22 Schwestern bei. Mögen wir ihren Leistungen auch noch so geringen Werth beimessen, es offenbart sich doch darin ein Zug geistiger Rührigkeit und ein gewisses Geschick, mit der Sprache und den metrischen Formen umzugehen.

Nächst Beissel waren die fruchtbarsten Liederdichter Ludwig Höcker und Michael Wohlfahrt. Höcker kam 1739 mit seiner Frau nach Ephrata, wo er 1792 starb. Im Kloster lebten die Gatten von einander getrennt, er als Bruder Obed, sie als Schwester Albina. Eine in Crefeld angefertigte Wanduhr, welche Ludwig Höcker gehörte, steht noch heute in einem Zimmer des Schwesternhauses. Er war der Schulmeister des Klosters, auch der Verfasser eines „Schul-Büchleins", welchem am Schlusse mehrere geistliche Lieder angehängt sind. Samstags Nachmittags ertheilte er Unterricht in der Religion, daher ihm die Ehre zugeschrieben wird, die erste Sabbathschule in Amerika gehalten zu haben. Für das „Wunderspiel" lieferte Bruder Obed 22 Lieder, die sich durch Formgewandtheit und Beherrschung des Gedankens vor den meisten seiner Mitarbeiter auszeichnen.

In Bruder Jaebez' (Peter Miller's) Dichtungen ist die gediegene Bildung, die er sich durch Universitätsstudien angeeignet hatte, unverkennbar. Seine Lieder halten sich an einen leitenden Gedanken, sind in ihrer Form gedrungen und verlaufen nicht in den bequemen Geleisen des gewöhnlichen Reimschmiedes. Merkwürdig ist bei diesem Manne die unbedingte Verehrung, die er, trotz seiner geistigen Ueberlegenheit, seinem Vorgesetzten Conrad Beissel darbringt.

> „So ist die Gnaden-Wolke dann erschienen,
> Und hat das innre Heiligthum erfüllt.
> Dann der, so pfleget dem Altar zu dienen,
> Hat durch sein Amt nun alles Weh gestillt.
> Um ihn ist's Licht, in seinem Gang
> Ertönet schön der Schellen Klang.
> Und wann er dienet in dem Dunklen
> Pflegt Licht und Recht auf seiner Brust zu funkeln."

Bei den sangreichen Schwestern muß der gute Wille mehr als die Ausführung in Anschlag kommen. Von den Liedern, welche die Vorsteherin des Nonnen-Convents, „Mutter Maria" (ehedem Maria Eicher), verfaßt hat, sagt die „Chronik", sie „triefen von Salbung und Geisteskraft". Mögen die Leser darüber nach der folgenden Probe selbst urtheilen:

> „O Tauben-Einfalt! Unschulds-Leben!
> Du hast den Geist verliebt gemacht
> Drum hab ich um Dich hingegeben

> Die eitle Freud und alle Pracht:
> Weil ich mit Jesu mich verbinde,
> So lang ich leb in dieser Zeit,
> Drum ich auch nichts als Leiden finde,
> Weil meine Liebe war gezweyt."

Schwester Catharine empfindet die Wonne der Liebe, wohl zu verstehen, der aetherischen:

> „Wie freuet sich mein Hertz und Sinn,
> Daß ich auch mit gebracht dahin,
> Zu schauen dieses Liebesspiel,
> Da man kann lieben nie zuviel."

Der mürrische Sangmeister sagt ihr freilich nach, daß sie zu viel geliebt habe und zwar ihn selbst; aber bleibende Befriedigung fand sie an diesen Verirrungen des Herzens nicht, sonst hätte sie nicht singen können:

> „Ein kleiner Blick von falscher Lieb
> Macht oft das Hertz so kalt und trüb,
> Daß man nicht weiß, wo aus noch ein,
> Die Lieb ist keusch und engelrein."

Auch die andern Schwestern kehrten am liebsten die empfindsame Seite ihrer Schwärmerei hervor. Für Iphigenia ist die Liebe eine edle Blume, ein süßer Brunnen, ein schöner Kranz, ein Perlenstein, ein kühler Thau. Sie fängt ein Lied an:

> „Mein Freund hat mich bewogen,
> Durch seinen reinen Sinn
> Mein Hertz an sich gezogen,
> Daß ich es gab dahin.
> Die angenehmen Blicke,
> Die mich verliebt gemacht,
> Waren die sanfte Stricke,
> Daß ich an ihn gebracht."

Pauline gesteht, daß sie verliebte Thränen weint und jammert:

> „Ich bin ein Täubchen ohne Ehgatt,
> Ganz einsam und verlassen,
> Sind offtmals weder Zweig noch Schatt,
> Wo sich könnt niederlassen
> Mein matter Geist und müder Sinn,
> Der sich allein gericht dahin,
> Das liebverliebte Hertz zu finden,
> Um sich in Lieb ihm zu verbinden."

Doch genug des Wimmerns von der „keuschen Liebespein", welche die Nonnen empfanden und in der Lyrik des „Wunderspiels", oder der „Turteltaube" aushauchten.

Nicht allein dichtete Ephrata seine eigenen Lieder, auch die Choräle, nach denen diese gesungen wurden, hatten im Kloster ihren Ursprung. Conrad Beissel hatte in Deutschland das Violinspielen gelernt, aber er verstand wenig oder nichts von der Harmonie, als er seine Laufbahn in Amerika antrat. Sein Lehrmeister wurde Ludwig Blum, ein Musiker, der mehrere Jahre in der Nachbarschaft des Klosters lebte und zu den Hausvätern gerechnet wurde. Dieser war nicht allein ein Meister des Singens, sondern verstand sich auch auf die Composition. Er errichtete ums Jahr 1742 oder 1743 eine Singschule und eine Zeit lang ging Alles vortrefflich von statten. Endlich aber drückte es die Schwestern, daß sie „wären unter einen Mann verkauft worden", und sie ersuchten den Vorsteher, die Sache selbst in die Hand zu nehmen, indem sie sich erboten, dem Singlehrer sein „Geheimnuß abzustehlen." „Und nun trugen die Schwestern dem Vorsteher Alles zu, was sie in der Schule erlernten und als sie merkten, daß er der Kunst mächtig war, dankten sie ihren Schulmeister ab."

So legte der vielgewandte Beissel sich denn auf den Gesangunterricht und bald auch auf die Composition. Die „Chronik von Ephrata" belehrt uns, daß er sich stets bestrebt habe, in der Melodie den Geist des Liedes zu treffen, auch habe er den Tact nicht nach der Gewohnheit vorgeschrieben, sondern „wie es die Natur der Sache erforderte". Ueber die Gesetze des Accordes scheint er sich erst allmälig und zwar nach dem Gehör klar geworden zu sein. Doch konnte er schon 1747 in der „Vorrede über die Singarbeit", welche dem „Gesäng der Turteltaube" vorgedruckt ist, von den Regeln der Choral=Harmonie, wornach er bei der Consetzung verfuhr, Rechenschaft geben. Er zeigt, welche Noten in den verschiedenen Schlüsseln einen Accord bilden, wie der Grundton, die Quinte, die Terz und die Octave auf die Singstimmen zu vertheilen sind und wie nach einer Ausweichung in einen andern Schlüssel die Rückkehr zum Hauptton gefunden wird. Um sich das Contrapunktiren zu erleichtern, fertigte er Tabellen der harmonischen Intervalle an.

Die Choräle wurden von den Schwestern und Brüdern mit größter Sorgfalt und Sauberkeit copirt und diese Notenbücher, von denen sich mehrere erhalten haben, benutzten sie beim Gottesdienste.

Ueber den Eindruck, den der Chorgesang machte, haben wir mancherlei Zeugnisse. Die „Chronik" nennt ihn „ein Vorspiel der Neuen Welt und ein Wunder der Nachbarn", „die gantze Gegend ward durch den Schatz des himmlischen Lustspiels gerührt", ja es wird der Vermuthung Raum gegeben, die lieben Engelein im Himmel hätten mitgesungen. Ein Tourist, der in Ephrata gewesen war, berichtete an den Gouverneur John Penn: „Die Präcision des Vortrages und die angemessene Betonung waren wirklich zu bewundern. Ich vermag es nicht, Ewr. Excellenz meine Gefühle bei dieser Gelegenheit zu schildern. Die Sängerinnen saßen mit gebeugtem Haupte, ihr Ausdruck war feierlich und wehmüthig, ihr Antlitz blaß und in Folge ihrer Lebensweise hager, ihre Tracht weiß und malerisch. Die Musik drang mir in die tiefste Seele; fast kam es mir vor, als wäre ich in das Geisterreich versetzt, als gehörten die Dinge um mich einer höheren Sphäre an. Kurz, der Eindruck, den ich erhielt, beherrschte mich mehrere Tage und wird sich nie ganz verlieren."

Bei dem Gesangsunterricht ging es nicht selten sehr stürmisch her; Beissel gerieth leicht in Hitze, rügte die Fehler mit empfindlicher Schärfe und haderte zuweilen Stunden lang, so daß die Schwestern mit Thränen in den Augen, die Brüder mit Groll im Herzen da standen. Bei solchen Gelegenheiten, setzt die „Chronik" hinzu, sah er recht majestätisch aus und sein Angesicht glänzte. Endlich aber wollten die Nonnen sich nicht länger so unbarmherzig auszanken lassen, sie steckten die Köpfe zusammen und beschlossen, zu rebelliren. Eine junge, kühnmuthige Schweizerin, Schwester Tabea (Frl. Thome), wegen ihrer feinen Tournüre auch wol spottweise der „Hofcavalier" geheißen und als Sängerin unübertroffen, unternahm es, dem ungeberdigen Vorsteher die Anzeige zu machen, daß die Schwestern nicht mehr zur Singschule kommen würden. Es war ein ernstliches Zerwürfniß, denn Conrad brach nun allen persönlichen Verkehr mit den Meuterinnen ab. Diese krochen schließlich wieder zu Kreuze und zwar in Folge eines unerwarteten Anlasses. Die liebenswürdige Tabea war nämlich noch einen Schritt weiter gegangen; sie hatte sich mit einem jungen Burschen, Daniel Scheible, den die Brüder vom Schiffe losgekauft hatten, in einen Briefwechsel eingelassen und dann verlobt. Am Tage, der zur Hochzeit angesetzt war, begab sie sich zum Vorsteher, um Abschied zu nehmen; dieser aber redete ihr so eindringlich ins Gewissen, daß sie ihrem Bräutigam entsagte und Nonne blieb, vorläufig wenigstens, denn im reiferen Alter wurde sie ihrem Gelübde dennoch untreu. Der Vorsteher gab ihr damals einen neuen Namen, er nannte sie fortan Anastasia, d. h. die Wiedererstandene.

Die Unterwerfung der Schweizerin hatte zur Folge, daß auch ihre Mitverschworenen sich fügten. Eine förmliche Versöhnungsfeier wurde in Scene gesetzt. Als die Schwestern den Versammlungssaal betraten, sangen sie das von Beissel gedichtete und fünfstimmig componirte Lied:

> „Gott! wir kommen dir entgegen,
> Zeigen unsre Frucht der Saat,
> Die wir unter deinem Segen
> Ausgesä't durch deine Gnad,
> Hier sind wir und zeigen an,
> Was du hast für uns gethan."

Und nun entbrannte ein neuer Eifer. Alles drängte sich zur Singschule. Die gewöhnliche Arbeit wurde darüber vernachlässigt. Selbst die Hausväter in der Nachbarschaft wurden von der Sangeslust angesteckt und ruhten nicht, bis Beissel ihnen zwei Brüder als Gesanglehrer stellte. Um ihnen seine Freude über ihre Beflissenheit zu bezeigen, schenkte er ihnen eine Abschrift der vierstimmigen Choräle. — Die Convente glaubten ihrem Meister gleichfalls eine Anerkennung schuldig zu sein und ließen demzufolge von den geschicktesten Schreibkünstlern zwei Notenbücher anfertigen, welche „als würdige Vergeltung zum Zeichen der kindlichen Hochachtung" für den verehrten Lehrer bestimmt waren und diesem von einer Deputation mit herzlichem Dank für seine Treue und Sorgfalt überreicht wurden.

Elfter Abschnitt.
Bruder Ezechiel's Bekenntnisse.

Bei der Schilderung der inneren Zustände von Ephrata kommen wol am geeignetsten die indiscreten Enthüllungen zur Sprache, welche „Ezechiel Sangmeister's Leben und Wandel" enthält.* — Es sind Bekenntnisse einer unschönen Seele. Sangmeister war mit sich und der ganzen Welt unzufrieden, ein unleidlicher Querkopf, ein argwöhnischer Griesgram, der überall Niedertracht witterte und dessen böser Zunge wir nicht unbedingt Glauben schenken dürfen.

Zuerst ein kurzes Wort über seinen Lebenslauf, den er mit entsetzlicher Weitschweifigkeit aufgezeichnet hat. Heinrich Sangmeister war 1723 in Hornburg (Preußen) geboren, erlernte das Schreinerhandwerk und wanderte etwa in seinem zwanzigsten Jahre nach Amerika aus. Nach damaligem Brauche bestritt er die Kosten seiner Ueberfahrt durch vierjährige Dienstpflicht. Während dieser Zeit lernte er Antonius Höllenthal kennen, der in der Folge sein treuer Gefährte blieb. Nach überstandener Dienstzeit nahm er Arbeit in Germantown und führte nach seinem eigenen Geständniß ein sehr lockeres Leben. Zwar hatte er dann und wann Anwandlungen von Frömmigkeit, aber seine bösen Gelüste gewannen immer wieder die Oberhand.

An die Ephrataner Brüderschaft gerieth Sangmeister durch einen pietistischen Schuster in Philadelphia, Namens Wilhelm Jung, der außer dem Betrieb seines Handwerks sich damit abgab, Leute für das Kloster anzuwerben und dabei ein hübsches Stück Geld verdiente. Er hatte es verstanden, sich in das Vertrauen Conrad Beissel's einzuschmeicheln und dieser leistete ihm jedweden Vorschub, selbst als

---

*) Der Titel dieser Schrift ist: „Leben und Wandel des in Gott ruhenden und seligen Bruders Ezechiel Sangmeister. Ephrata 1825."

seine Beutelschneiderei, die er unter der Form von Anleihen verübte, den übrigen Klosterleuten längst ein Stein des Anstoßes geworden war. Bei diesem frommen Schuster lernte Sangmeister zwei Brüder aus Ephrata, Gideon Eckstein und Obadja Funk, kennen und ließ sich bereden, die klösterliche Gottseligkeit zu versuchen. Er übergab seine Habseligkeiten dem Seelenwerber Jung, der ihn bei dieser Gelegenheit gehörig prellte, zum Verkauf und langte gegen Ende März 1748 mit seinem Herzensfreunde Anton in Ephrata an. Peter Miller empfing die beiden aufs Zuvorkommendste und wusch ihnen die Füße. Schon am nächsten Tage vollzog Beissel die Taufe. Zwar meinte Sangmeister, die Sache habe ja keine Eile, aber der Vorsteher erklärte, daß man das Eisen schmieden müsse, weil es warm sei. Bruder Ezechiel, wie Heinrich Sangmeister fortan hieß, wurde nun als Zimmermann in die abgebrannte Mühle geschickt und Bruder Antonius als Koch angestellt.

Ezechiel fühlte sich alsbald enttäuscht. Was er zu beobachten Gelegenheit fand, entsprach durchaus nicht den Vorstellungen, die er sich vom Leben dieser Heiligen gemacht hatte. Zum Arbeiten hatte er keine Lust, am Singen fand er keinen Geschmack, dem mündlichen Gebet zog er stummes Brüten vor. Die Nachtmetten waren ihm zuwider. Von der Hobelbank wurde er in die Buchbinderei und dann an die Druckerpresse versetzt, aber er war nicht zufrieden zu stellen. Nach Verlauf von vier Jahren kam er zu dem Entschlusse, das Kloster wieder zu verlassen, und Anton, eben so unstät wie sein Freund, schloß sich ihm an. Ohne Abschied zu nehmen, zogen sie bei Nacht und Nebel am 2. October 1752 davon. Ihr mönchisches Costüm erregte viel Aufsehen; der Eine wurde mitunter für die Frau des Anderen gehalten. Aber wohin nun? Der bösen Welt wieder anheim zu fallen, dagegen sträubte sich ihr geheiligtes Herz. Sie wanderten, bis sie an einen Platz im Shenandoah Thale kamen, wo sich viele Deutsche angesiedelt hatten, Heinrich Funk, ein Mennonit, dessen Bruder Jacob Funk und Andere. Hier beschlossen sie als fromme Einsiedler zu weilen und fanden vorläufig Unterkommen bei Heinrich Funk. Mit der Zeit kauften sie sich ein Stück Land, das sie bewirthschafteten und worauf sie sich ein Haus bauten. Sie blieben nicht allein. Wankelmüthige Brüder aus Ephrata und fahrende

Schwarmgeister schlossen sich an; Frauenzimmer, ledige und verheirathete, tauchten in der Nachbarschaft auf zum Unheil der Einsiedler. Sangmeister's Berichte enthalten darüber Bekenntnisse in des Wortes criminellster Bedeutung. Viermal, nämlich in den Jahren 1753, 1754, 1756 und 1760 machte Sangmeister Ausflüge nach Ephrata und 1764 kehrte er, obschon nicht ohne Widerstreben, bleibend dorthin zurück. Die Indianer, welche sich schon in den vorhergehenden Jahren öfters in bedrohlicher Weise gezeigt hatten, machten nämlich den Aufenthalt am Shenandoah so unsicher, daß die ganze Niederlassung, Jung und Alt, aus 26 Personen bestehend, im Juli 1764 nach Pennsylvanien aufbrach.

Die Handschrift seiner Memoiren hat ein eigenthümliches Schicksal gehabt. Sangmeister legte sie in einen Kasten und versteckte diesen sorgsam im Hohlraume der Wand seines Kämmerleins hinter dem Getäfel. Vierzig Jahre nach seinem Tode, nämlich am 28. April 1825, wollte der Zufall oder, wie das Vorwort sagt, die sonderbare Fügung der Vorsehung, daß jener Kasten ans Tageslicht kam. Joseph Baumann, ein Drucker in Ephrata, ließ sich bereit finden, einen Theil der Papiere zu veröffentlichen, womit dem Gedächtniß Conrad Beissel's und des alten Klosters kein Dienst erwiesen worden ist.

Das Buch ist bei seinem ungehobelten Stile und der weitschweifigen Breite, womit jeder Quark behandelt wird, eine unerquickliche Lectüre. Nicht genug, daß Ezechiel uns Zahnweh und Kolik, dummes Gewäsch und dümmere Einfälle auftischt, er berichtet auch aufs Genaueste seine Träume, denen er stets große Bedeutsamkeit beilegt. Dazu hat er die üble Gewohnheit, den Faden seiner Erzählung sehr häufig mit Anrufungen des allbarmherzigen Gottes und des allerliebsten Heilands zu unterbrechen und Stoßgebete zur Abwehr der schweren Versuchungen einzuschalten.

Sangmeister ist auch der Verfasser einer in Ephrata 1819 und 1820 gedruckten „Mystischen Theologie", von welcher nur bemerkt werden soll, daß sie die seichte Salbaderei eines confusen Kopfes ist.

Bruder Ezechiel war noch nicht lange im Kloster, als er die Bekanntschaft einer Nonne machte, die großes Gefallen an der Unterhaltung über geistliche Materien und mystische Bücher fand.

In den Augen des neugebackenen Mönches war sie kaum weniger als eine Heilige und seine Verehrung für sie wuchs noch, als sie ihm versicherte, sie würde lieber sterben, als ihren jungfräulichen Stand aufgeben. „Sie war auch anfangs sehr eingezogen," fährt er fort, „aber das zweite mal schon kühner und hielt mich bei den Händen, das dritte mal kams zum Kuß, worüber ich sehr in Noth kam." Der arme Patron! Was für gefährliche Fallstricke diese Nonnen ihm legten! Aber er ließ sich nicht fangen. Durch einen bedenklichen Traum gewarnt, schrieb er ihr, sie solle doch nicht glauben, daß er gesonnen sei, zu heirathen. Das schlug nun freilich dem Faß den Boden aus. „Aus einem vermeinten Engel", klagt Ezechiel, „wurde ein Teufel; sie brachte ihr ganzes Geschlecht gegen mich in Harnisch." Aber ihre Entrüstung hielt vor seiner persönlichen Liebenswürdigkeit nicht lange Stand. „Sie setzte noch einmal an, sich an mich zu hängen, aber ich war gewitzigt worden und ließ mich nicht ein." „O Du mein Gott!" schließt er seine Erzählung, „ewig bin ich Dir verbunden, daß Du mich erhalten und bewahret hast, welches ohne Deine Gnade nicht möglich gewesen, denn sie hatte Fähigkeit, das männliche Geschlecht in Versuchungen zu bringen."

Augenscheinlich gefiel sich Ezechiel in der Rolle des tugendhaften Joseph; nur spielte er sie zu oft. Die Gefahr, der er sich so wiederholt aussetzte, muß einen eigenthümlichen Reiz für ihn gehabt haben. Man möchte wetten, die Schafsmiene der spröden Unschuld, die er bei solchen Gelegenheiten annimmt, sei eine bloße Maske des Schelms gewesen. Hört nur den Tugendhelden: „Die Weibsleute gaben mir in kurzem 14 Schnupftücher, auch Gürtel, feine Tischtücher und Handtücher, welches ich aber wieder wegschenkte und großen Verdruß machte, als sie es erfuhren. Denn es war seltsam, wie dieses Geschlecht nach meiner wenigen und geringen Gottesfurcht hungerte und ihre Augen auf mich warfen, wovon ich nicht alles melden mag." Das klingt sehr pharisäisch. Aber er konnte auch den Ton des armen Sünders anschlagen. Mit Zerknirschung meldet er aus späterer Zeit, daß sich unheilige Liebe in seinem Herzen eingenistet hat, und fleht um den Beistand des Herrn gegen Anfechtung. „Es ging mir, wie einem Vogel, der von einer Schlange gebannt ist, er mag sich wehren, wie er will, so zieht ihn die Magie wider seinen Willen." Diese Schlange hieß Catharina Kolb. Er lernte sie am Shenandoah kennen und das Verhältniß spann sich weiter, als Beide 1764 zusammen nach Ephrata kamen. Gern hätte er die Fesseln gebrochen, aber Catharina, der wir unter den Dichterinnen geistlicher Lieder begegnet sind, ließ ihn nicht los. Das Liebesweh und Liebessehnen folterte ihn wie den heiligen Antonius. Und nun kam noch dazu, daß er in dem Bruder Liederlich, Haggai Kroll, einen Nebenbuhler fand, der mit Wort und Brief die reizende Catharina stürmisch um Gegenliebe anging.

Ezechiel muß ein wahrer Adonis gewesen sein, denn auch Blandina war in ihn vernarrt. Er fürchtet sich vor ihren Küssen. „Denn dieses süße Gift", bemerkt er mit einer unschönen Wendung, „hatte meinen Magen bereits ziemlich versäuert." Also doch! Als die zudringliche Schöne ihm die Hände küßte, gab er ihr „einen bedenklichen Verweis." Diese Blandina scheint zu viele Lenardos berückt zu haben, denn es wurde für nöthig erachtet, sie aus dem Kloster zu verweisen. Aber auch in seiner Einsamkeit hatte der unglückliche Sangmeister keine Ruhe. Tag und Nacht umgaukelten ihn Vorstellungen von holdem Liebesglücke „wie eine Legion Geister" und verbitterten ihm das Leben.

Genug von Sangmeister's eigenen Erlebnissen. Wie stand es denn wol mit den übrigen Verächtern der Sinnenwelt? Hatten auch sie schwache Augenblicke? Wenn wir uns auf das Zeugniß unseres klatschhaften Ezechiel verlassen dürfen, so war es mit der Mehrzahl der Mönche und Nonnen schlimmer bestellt als mit ihm selbst. Seufzend beklagte er die Verdorbenheit des Klosterlebens. Die Liebes= mähler nennt er Deckmäntel aller Sünden. Um nicht selbst in Ver= suchung zu gerathen, saß er da mit geschlossenen Augen. Des Nachts hörte er verdächtiges Wispern. Liebesverhältnisse zwischen Mönchen und Nonnen gab es seiner Aussage nach eine Menge. Er gebraucht dafür den eigenthümlichen Ausdruck „verhängt sein", der oft vor= kommt. Philemon (Riesmann) hatte ein Auge auf Theresia und das andere auf deren Schwester Zenobia (Stattler) geworfen; Bruder Theonis soll der Schwester Basilla (Höffle) näher gestanden haben, als sich für einen Mönch und Asceten schickte; Anastasia entsagte zwar ihrem Verlobten, Daniel Scheible, aber nicht der irdischen Liebe, womit sie Bruder Dreher beglückte; Drusiana, ein „frisches Mensch", wie Sangmeister sich ausdrückt, hatte verschiedene Anbeter, unter denen sie Jonathan bevorzugte; Thekla hing sich an Samuel Eckerlin und dieser an Barbara Landis, eine rechte Xanthippe. Von Valentin Brückmann erzählte er höchst skandalöse Geschichten. Benno verliebte sich in seinem Alter in eine Wittwe und konnte sich der Heirathsgedanken nicht entschlagen. Selbst die sündigen Träume, worüber sich die Nonnen unterhielten, werden uns nicht verschwiegen.

Auch Conrad Beissel steht auf der schwarzen Liste und zwar obenan. Daß er sich mit Ännchen Eicher „verloffen" habe, sei ja offenkundig geworden. Er habe seine amtliche Stellung mißbraucht, um mit seinen weiblichen Schützlingen zu liebeln, und zuletzt sich dem stillen Soff ergeben. Von dieser Schwachheit, in welche Beissel in seinen alten Tagen verfiel, ist oft die Rede. In einem unverschämten Briefe, den Sangmeister 1767 an den Vorsteher richtete, hält er ihm allerlei Ungebühr vor und sagt unter Anderm: „Ferner nun, mein Lieber, was soll man sagen und denken von Deinem Vollsaufen, ist es nicht jämmerlich, nur davon zu hören? Besonders da Du einsmals in der Nacht so voll warst, daß Du mit den Händen an den Wänden krabbeltest und die Thür nicht finden konntest, bis daß endlich ein gewisser Bruder Dir zur Hülfe kam und Dich hinein führte. Dieser seltsamen Exempel könnte ich Dir noch viele anführen, wenn ich es der Mühe werth achtete." Mitunter, erzählt Ezechiel, kam den Vorsteher Reue über seine Versunkenheit an und er pflegte dann Besserung zu geloben, indem er sich zu gleicher Zeit von Neuem taufte.

Was sollen wir nun zu diesem Sittengemälde sagen? Wenn Sangmeister die Wahrheit spricht, so stand es schlimm um die Seelenreinheit und Selbstverläugnung der Asceten. Nicht allein rügt er die Verirrungen, von denen die Rede gewesen ist, er versichert: „Es ist unmöglich zu glauben, was für Haß, Neid, Mißgunst, Verleumden, Afterreden, Zank, Streit, ja Schlagen unter diesem sogenannten jungfräulichen Geschlecht entstand." Nur Beissel's unbestrittene Autorität habe die saubere Gesellschaft zusammen gehalten.

Bekanntlich hegt die Welt über die Sitten in den Klöstern keine allzu günstige Meinung und die Geschichte dieser Institute hat Aergernisse genug aufgedeckt, um ein gewisses Mißtrauen zu rechtfertigen.

Namentlich gilt dies von Klöstern, wo Mönche und Nonnen in gefährlicher Nachbarschaft weilten. Menschen bleiben immer Menschen und die Gelegenheit macht Diebe. Was ferner den Mysticismus betrifft, so hat die Erfahrung eine bedenkliche Verwandtschaft zwischen religiöser Ekstase und den Regungen der Sinnlichkeit außer Zweifel gestellt. In Gemüthern, welche sich dem Sturme der Gefühle, seien sie noch so edel, anvertrauen, ohne die nüchterne Vernunft das Steuer führen zu lassen, schlägt die religiöse Sentimentalität leicht in die sinnliche um. Am eclatantesten zeigte sich der Uebergang ungezügelter Schwärmerei in Sinnenrausch bei den Münster'schen Wiedertäufern. Ihr Fanatismus leitete sie geraden Wegs zu schamlosen Ausschreitungen. Auch die Mystik, aus deren Schooße die Beissel'sche Sekte hervorging, erzeugte beklagenswerthe Auswüchse. Man denke nur an die Buttlar'sche Rotte im Wittgensteinischen, deren Mysterien in abscheuliche Orgien übergingen, an die Ellerianer bei Elberfeld und Ronsdorf, welche zur Zeit, als das Kloster in Ephrata entstand, ihre Faseleien über das Sonnenweib der Offenbarung Johannis in eine anstößige Praxis übersetzten und, um ein späteres Beispiel anzuführen, an die Königsberger Seelenbräute, welche der Polizei Veranlassung gaben, sich in die Geheimnisse der Muckerei zu mischen. Kurz, es läßt sich nicht verkennen, daß sich im Kloster zu Ephrata gerade jene Elemente und Bedingungen vorfanden, die auf andern Bahnen faule Zustände herbeigeführt haben. Thatsache ist es auch, daß die Beissel'sche Gesellschaft bald nach ihrer Gründung in schlechten Ruf kam. Auf der andern Seite muß anerkannt werden, daß das Kloster die üblen Nachreden überlebte und daß, abgesehen von Sangmeister's boshaften Seitenhieben, sich keine anklagende oder verdächtigende Stimme gegen die Aufführung der Brüder und Schwestern erhoben hat. Und doch war das Kloster der Welt nicht verschlossen. Besucher stellten sich häufig ein und waren stets willkommen. Den Mitgliedern stand der Austritt frei. Viele, welche eine Zeit lang Alles mitgemacht hatten, entfernten sich wieder, mischten sich unter die Welt und hätten getrost erzählen dürfen, was sie wußten. Ja, noch mehr. Die Klostergemeinde wurde von eifersüchtigen Augen beobachtet. Die Dunker in Germantown, aus deren Mitte so manches Mitglied an die Siebentäger abgefallen war, hätten

bei ihrem Groll sich die Gelegenheit nicht entgehen lassen, gröbliche
Ausschreitungen, wären solche vorgekommen, zu rügen. Ganz gewiß
hätte der Drucker Christoph Saur, dessen Frau gegen seinen Wunsch
ins Kloster getreten war, kein Blatt vor den Mund genommen.

Um gerecht zu sein, wird man daher annehmen dürfen, daß das
klösterliche Leben, wenn nicht makellos, doch im Ganzen ehrbar und
sauber war. Es wurden in Ephrata keine Orgien begangen. Die
Mönchskutte war kein Deckmantel verstohlener Sünden. Darum
braucht aber Sangmeister nicht Alles, was er anführt, erfunden zu
haben. Was er von seinen eigenen kleinen Erlebnissen erzählt, können
wir ihm gern glauben, ebenso seine detaillirten Aussagen über die
Schwachheiten einzelner Brüder und Schwestern. Daß Conrad Beißel
in seinem Alter zur Flasche griff, läßt sich nicht wegläugnen. Dage=
gen ist es lächerlich, wenn Ezechiel sich einbildet, jede ihm erwiesene
Gefälligkeit sei ein Fallstrick für seine Tugend gewesen; und noch
weniger Gewicht haben seine pharisäischen Seufzer über die Nichts=
würdigkeit seiner klösterlichen Genossen. Es mögen einige derselben
sich zu unbedachtsam aufs Eis begeben und gestrauchelt haben. Daß
aber solche Verirrungen und Fehltritte sich zu einer Verwilderung der
Sitten summirt hätten, ist nicht allein unerwiesen, sondern gegen alle
Wahrscheinlichkeit.

Zwölfter Abschnitt.
Die Eckerlins.
Eine Rebellion und ihre Folgen.

Bis zum Jahre 1745 hatte Conrad Beissel einen Nebenbuhler, der ihm mißvergnügte Tage und unruhige Nächte machte; es war dies der Prior Israel Eckerlin. Sein Vater Michael, der in Straßburg die Würde eines Rathsherrn bekleidet hatte, war mit seiner Familie nach Schwarzenau gezogen, um in die Gemeinde der dortigen Dunker einzutreten. Nach seinem Tode wanderte die Wittwe mit ihren vier Söhnen nach Pennsylvanien aus (1725) und kaufte sich eine Bauerei in der Nähe von Germantown. Eines Tages kam Michael Wohlfahrt zum Besuch und erzählte bis spät in die Nacht viel Gutes von der neuen Brüderschaft, die sich um C. Beissel geschart habe. Als nun bei einer andern Gelegenheit der Schweizer Conrad Matthäi, ein überlebender Genosse des Einsiedlers J. Kelpius, viel Rühmens von der Ansiedlung am Conestoga machte, wo die Menschen in schlichter Einfalt lebten und fast so brav wie die Schweizer wären, begab sich Israel dorthin (1727) und schloß sich bald darauf an Beissel's Gemeinde an. Seine Brüder Samuel, Emanuel und Gabriel folgten ihm innerhalb der nächsten zwei Jahre. Nach dem Bau des Klosters wurde zuerst Gabriel und 1740 Israel Eckerlin zum Prior gewählt, während Beissel selbst als Vorsteher das Ganze leitete. Israel hielt auf strenge Ordnung und Folgsamkeit. Ob auch die Mönche unter seiner Zuchtruthe knirschten und von „Frohndienst" in den Bart brummten, keiner hätte es gewagt, sich ihm zu widersetzen. „Das galt", sagt die „Chronik", „für so schlimm, als sich an Gott vergreifen und das ewige Heil verscherzen."

Als Geschäftsführer und Wirthschafter war Israel allen Andern überlegen. Er verwandelte die Heimath der Mystiker in eine Arbeiter-Colonie, spannte alle Kräfte an, nutzte die Fähigkeiten eines Jeden aus, leitete Kauf und Verkauf mit Umsicht und brachte das Kloster auf den Weg des Wohlstandes. Die beschaulichen Träumer jammerten darüber, daß er stets neue Pläne aushecke, Mühlen anlege, den Handel erweitere, damit umgehe, das Land zwei Meilen ums Kloster anzukaufen. In ihren Augen war das ein beklagenswerther Rückfall ins Weltreich. Doch Bruder Onesimus, wie Israel Eckerlin nunmehr hieß, wahrte sich bei seinem praktischen Sinne eine hochgradige Begeisterung für die mystische Religion. Er war, wie die „Chronik" es ausdrückt, „ein hitziger Werber um die Jungfrau."

Kann es uns wundern, wenn neben diesem Manne, dessen geistige Energie von einem kräftigen, gedrungenen Körperbau getragen wurde, der reizbare Vorsteher, der grillenhafte Wolkenwandler, der schmächtige Beissel verdrießlich und eifersüchtig wurde, um so mehr da Eckerlin selbst kein Hehl daraus machte, daß er Beissel zwar für einen guten Bekehrer aber für einen schlechten Lenker halte? Anfangs freilich schien Alles gut zu gehen. Der Prior, wird uns gesagt, hing an dem Vorsteher, wie ein Sohn an seinem Vater, und Beissel unterstützte jenen nicht allein in amtlichen Angelegenheiten, sondern bewies ihm großes Vertrauen.

Aber mit der Zeit kam es zu Reibungen und diese führten zu einem Conflicte. Die „Chronik von Ephrata", unsere einzige Quelle für die Geschichte der inneren Wirren, nimmt mit solcher Befangenheit Partei für ihren Halbgott Beissel, daß man ihr nicht unbedingt glauben darf. Eckerlin soll Alles verschuldet haben. Er habe beabsichtigt, den Vorsteher zu demüthigen, ihm die Brüder abwendig zu machen, eigenmächtig gehandelt u. s. w.

Eine Weile blieb das Zerwürfniß unter der Oberfläche, endlich aber trat es in schroffster Weise zu Tage. Auf Anlaß eines nicht näher bezeichneten Vorfalls zog sich Beissel grollend von der Leitung der klösterlichen Angelegenheiten zurück und diese fiel dem Prior Eckerlin zu. Neun Monate lang hielt er den Gottesdienst, führte den Vorsitz bei den Liebesmählern und verrichtete alle anderen amtlichen Handlungen, während Beissel „in seiner Einsamkeit stille hielt." Indessen wurde er dieses gespannten Verhältnisses müde und erbot sich aus freien Stücken, eine Zeit lang aus dem Wege zu gehen. So trat er denn im September 1744 mit seinem

Bruder Samuel und zwei anderen Begleitern eine längere Reise an, deren Endziel New London in Connecticut war, wo sie mit der seltsamen Sekte der Roggeriner in Berührung kamen. Wegen ihrer Kapuzinertracht wurden sie einigemal für Jesuiten aus Neu-Spanien gehalten und da diese in Folge des Krieges zwischen England und Spanien damals mißliebige Personen waren, erregten die Reisenden Argwohn und in New York hatte man Lust, sie einzusperren.

Nach Israel's Rückkehr ins Kloster brach die alte Zwietracht zwischen ihm und Beissel wieder aus. Beide wußten, daß die Zeit des Plänkelns vorüber sei und daß es einen letzten entscheidenden Kampf gelte. „Hüte Dich," sagte ein Bruder zu Eckerlin, „Du hast es mit einem erfahrenen Kriegsmann zu thun, der manche Kriegslist gelernt hat." Dem Vorsteher war zu Muthe „als müßte er gegen den Fürsten der Grimmigkeit zu Felde ziehen."

Beim ersten Anprall erhielt Beissel eine Schlappe. Es handelte sich darum, das vakante Priorsamt wieder zu besetzen. In der Versammlung, die Beissel zu diesem Zwecke berufen hatte, wurden mehrere Candidaten in Vorschlag gebracht, als Eckerlin zu verstehen gab, daß er auch noch da sei. Nun verlor Beissel den Kopf. Er erklärte unter obwaltenden Umständen als Vorsteher des Klosters resigniren zu müssen. Aber die Petarde, die er warf, sprengte ihn selbst in die Luft. Die Resignation wurde angenommen und Israel Eckerlin zu seinem Nachfolger erwählt.

Es folgte nun eine Zeit des Unfriedens und der Intrigue. Manche Brüder hielten es doch mit Beissel und fügten sich nur nothgedrungen der Autorität des neuen Vorstehers. Sie ließen sich das Abendmahl in ihren Privatzimmern von ihrem alten Vorgesetzten ertheilen, die Schwestern waren widerspenstig und ließen sich durch keine guten Worte beschwichtigen. Onesimus verfuhr gegen Beissel mit barscher Rücksichtslosigkeit. In sechs Monaten wies er ihm fünfmal eine andere Wohnung an und sah es darauf ab, ihn zu einem gewöhnlichen Bruder zu degradiren. Dieser aber, scheinbar ein geduldiges Opferlamm, blieb nicht unthätig. Er entdeckte, daß Gabriel Eckerlin, Israel's jüngster Bruder, mit der Wendung der Dinge unzufrieden war, und auf Peter Miller (Bruder Jaebez) durfte er unbedingt rechnen. Beide waren Männer von Einfluß.

Hinter diese steckte er sich und gab ihnen eine schriftliche Vollmacht, „zu schaffen was zu schaffen sei." Sie verstanden der dunkeln Worte Sinn und kündigten dem Oberhaupte ohne viel Federlesen den Gehorsam auf. Das Beispiel wirkte; in kurzer Zeit erhob sich die ganze Brüderschaft gegen Eckerlin als einen Empörer und Unruhstifter.

Augenscheinlich hatte der alte Maulwurf gut gearbeitet, um den Boden zu unterwühlen, aber auch die unbeugsame Härte, womit Israel das Regiment führte, mag zu diesem Umschwung beigetragen haben. Es wurde nun im Rath beschlossen, Eckerlin sollte eine Zeit lang das Kloster verlassen mit der Erlaubniß, die Geschäfte in der Walkmühle zu versehen. Aber sein älterer Bruder Samuel überzeugte ihn, daß die Zeit gekommen sei, dem Kloster den Rücken zu kehren und das Einsiedlerleben anderswo von Neuem zu beginnen.

Und so zogen denn Israel und Samuel Eckerlin am 4. September 1745 in die Ferne. Gabriel, der bei dem Sturme gegen seine Brüder auf der feindlichen Seite stand, erhielt die erledigte Priorstelle, nicht ohne daß Neider sogleich hämisch bemerkten, die Eckerlins schienen dies Amt als Familiengut anzusehen. Er regierte nicht lange, auch gegen ihn erhob sich die Klage, daß er zu willkürlich und eigenmächtig verfahre. Seines Amtes entsetzt, folgte er seinen Brüdern im nächsten Jahre.

Als Israel Eckerlin bereits über alle Berge war, fuhr man in Ephrata noch fort, gegen ihn zu schnauben und das Müthchen an Sachen zu kühlen, die an ihn erinnerten. Seine gedruckten Schriften und die Manuscripte, die er hinterlassen, wurden dem Feuer überantwortet. Der Vandalismus ging noch weiter. Die Eckerlins hatten einen Obstgarten angepflanzt, der etwa 1000 Bäume enthielt. Auch dieser war den feindseligen Mönchen ein Dorn im Auge und wurde mit Beissel's Zustimmung oder auf sein Anstiften in einer Nacht zerstört. Sodann hielt man Gericht über die Uhren und Glocken, welche Eckerlin für das Kloster angeschafft hatte, und man entschied sich dafür, sie zu entfernen. Der Glockenthurm wurde abgebrochen. Gerade zu dieser Zeit kam eine neue Glocke an, die Israel in England hatte gießen lassen und welche die Inschrift trug: Sub Auspicio Viri Venerandi Onesimi Societatis Ephratensis Praepositi, d. h. „Auf

Anordnung des Ehrwürdigen Onesimus, Vorgesetzten der Ephrataner Gemeinde". Was nun damit anfangen? Eine Rathsversammlung unter Beissel's Vorsitz verfügte, das Ungethüm sollte zerhackt und unter die Erde vergraben werden. Diesem Beschlusse stellte sich indessen ein kleines Hinderniß entgegen. Die Glocke war nämlich noch nicht bezahlt und die Rechnung betrug 80 Pfund. Mit Rücksicht darauf schlug Beissel den nächsten Morgen vor, die Glocke „zu pardoniren" und zu Geld zu machen. Sie wurde denn auch wirklich an die lutherische Dreifaltigkeits=Kirche in Lancaster verkauft, wo sie

Zur Eintracht, zu herzinnigem Vereine
Versammelte die liebende Gemeine,

bis sie 1854 ausgemustert und von Gottlieb Sener käuflich erstanden wurde. Dieser schenkte sie der Washington Spritzen=Gesellschaft und nun diente sie einem Zwecke, den Schiller's Worte:

Hört ihr's wimmern hoch vom Thurme?

bedeutsam ausdrücken. Aber die Spritzen=Gesellschaft war nicht so langlebig, wie die alte Glocke. Jene wurde 1882 aufgelöst, während diese noch immer bei Stimme war. J. Friedrich Sener kaufte sie und machte der lutherischen Grace=Gemeinde, die aus der Dreifaltigkeits=Gemeinde hervorgegangen ist, ein Geschenk damit.

Im Kloster herrschte allerdings große Freude über den Sturz der Eckerlins, aber die nächste Folge war eine bedenkliche Lockerung der Disciplin. Ein Jeder suchte seine Freiheit zu genießen. Die Katze war vertrieben, warum sollten die Mäuslein nicht über Tische und Bänke springen? Wo noch Ordnung war, gesteht die „Chronik" zu, durfte sie für ein Ueberbleibsel der Eckerlin'schen Haushaltung gelten.

Aber wir müssen diesen doch jetzt nachschauen. Wohin gingen sie? Was wurde aus ihnen? Als hätten sie es darauf abgesehen, die Welt und ihre Qual hinter sich zu lassen, zogen sie westwärts in die blaue Ferne, unbehindert von Gebirgen, Wäldern und Strömen, bis sie 400 Meilen weit am New River, der jetzt der Große Kanawha heißt, anlangten. Sie nannten den Platz, wo sie sich Hütten bauten und den Boden bestellten, „Mahanaim". Von den drei Brüdern (der vierte, Emanuel, ging nicht mit) bewahrte Israel sein Interesse an der mystischen Theologie und schrieb fleißig, Samuel legte sich aufs „Doctern" unter dem Grenzvolke, und Gabriel ging aufs Birschen, um die Haushaltung mit Wildpret zu versorgen. Als Anton Höllenthal einst zum Besuch zu den Eckerlins kam, überlief ihn beim Anblick der vielen Thierhäute und des aufgespeicherten Bärenspecks ein sentimentales Grauen; eine so blutige Handthierung wie die des Jägers, meinte er, zieme sich nicht für die Heiligen des Herrn. Nachdem fünf Jahre verstrichen und die herben Gefühle einer milderen Stimmung gewichen waren, machten sich Israel und Gabriel auf, um das Kloster noch einmal zu besuchen. Ihre Ankunft war keine geringe Ueberraschung, aber sie wurden mit Herzlichkeit empfangen und willkommen geheißen. Israel erhielt sogar Gelegenheit, nach Herzenslust zu predigen und verfiel dabei in seine gefürchtete Weitschweifigkeit. Einige der Brüder gingen ihren früheren Prior an, bei ihnen zu bleiben und sich in seine alte Stelle wieder einsetzen zu lassen. Israel scheint wirklich geschwankt zu haben, aber es war ihm nicht geheuer im Kloster und so ging er dann nach fünfmonatlichem Aufenthalte mit seinem Bruder wieder davon.

Der Winter stand vor der Thür und der Schnee auf den Alleghany Gebirgen versperrte den Reisenden den Weg zu ihrer alten Niederlassung am New River. Unter großen Schwierigkeiten und Gefahren gelangten sie am Ende in die Nachbarschaft des Fort Duquesne und kauften daselbst eine Strecke Landes an. Hier traf auch Samuel wieder mit ihnen zusammen und nun lebten sie abermals mehrere Jahre in derselben Weise wie zuvor.

Es waren gefährliche Zeitläufte, denn die Feindseligkeiten der Franzosen und Indianer gegen die englischen Colonisten hatten bereits begonnen.

Von den Franzosen aufgestachelt durchschweifte der wilde Irokese wie ein blutdürstiges Raubthier das Gebiet der englischen Ansiedelungen, während die Delaware Indianer sich friedsam und freundlich bezeigten. Die Eckerlins waren, so zu sagen, die Schützlinge der Delawares und erfuhren von ihnen viel Gutes. Als nun nach Ausbruch des Krieges die Gefahr eines feindlichen Ueberfalls näher und näher herantrat, eröffneten die wackeren Rothhäute ihren Schutzbefohlenen, daß sie für ihre Sicherheit nicht länger einstehen könnten, und erboten sich, sie an einen minder ausgesetzten Platz am Cheat

River zu geleiten. Dies geschah und so bauten sich die Eckerlins denn zum dritten Male in der Wildniß an. Zwei Jahre mochten sie am Cheat River gewirthschaftet haben, als feindselige Indianer auch diese Gegend unsicher machten. Ihre Freunde, die Delawares, warnten sie, aber zu ihrem Unheil legten sie kein Gewicht darauf. So brach denn das Mißgeschick über sie herein. Im Herbste des Jahres 1757 überfielen sieben Mohawks, von einem Franzosen geführt, die einsame Wohnung. Ein Knecht, Namens Schilling, gab den Alarm, aber Israel, eifrig mit Schreiben beschäftigt, ließ sich nicht stören, bis ihn die Indianer packten und ihm die Hände auf den Rücken banden. Er und sein Bruder Gabriel wurden als Gefangene abgeführt, das Haus geplündert und dann in Brand gesteckt. Samuel war eben auf einer Reise begriffen. Als dieser kurze Zeit darauf mit einer Schutzwache eintraf, um seine Brüder in Sicherheit zu bringen, fand er an der Stelle des Hauses einen glimmenden Aschenhaufen. Ueberwältigt von Schmerz brach er in Thränen aus. Ein Indianer, der sich versteckt gehalten hatte und schon das Feuerrohr anlegen wollte, fühlte beim Anblick des Jammers ein menschliches Rühren und schonte des Unglücklichen. Israel und Gabriel wurden von den Indianern auf Umwegen nach Fort Duquesne getrieben und dort den Franzosen überliefert. Diese führten sie nach Montreal ab und quartierten sie daselbst in einem Jesuitenkloster ein. Von Montreal wurden sie nach Quebec transportirt und hatten während des strengen Winters durch Kälte und Hunger bitter zu leiden. Vergebens hofften sie im nächsten Frühling ausgelöst zu werden. Kummer und Noth machten sie so gefügig, daß sie sich ohne Widerrede mit andern Gefangnen nach Frankreich abführen ließen. Auf der Seereise verfielen sie einer „Seuche", wahrscheinlich dem Schiffstyphus, der ihre Lebenskräfte untergrub. Bald nach ihrer Ankunft in Frankreich starben Beide.

Dreizehnter Abschnitt.
Die Druckerei.

Die Presse von Ephrata ist schon darum merkwürdig, weil sie in der Waldeinsamkeit von Lancaster County ins Leben trat zu einer Zeit, als selbst Philadelphia noch keine deutsche Druckerei besaß. Das einzige Germantown hatte einen Vorsprung von wenig Jahren. Ueber die besonderen Umstände, die zur Errichtung der Druckerei im Kloster führten, haben wir keinen Aufschluß; vielleicht war das Zerwürfniß mit Christoph Saur der nächste Anlaß. Sie scheint ums Jahr 1743 in den Gang gekommen zu sein; die ältesten noch vorhandenen Drucke von Ephrata sind aus dem J. 1745.

Die im Kloster gedruckten Werke wurden entweder dort geschrieben und dienten Erbauungszwecken oder wurden auf Bestellung ausgeführt. Unter den ersteren, die uns am meisten interessiren, weil sie die religiösen Anschauungen des Klosters abspiegeln, sind die wichtigsten:

Urständliche und Erfahrungsvolle Hohe Zeugnüsse. 1745. (Von Conrad Beissel verfaßt.)

Das Gesäng der Einsamen und Verlassenen Turteltaube. 1747. (Geistliche Lieder, die im Kloster gedichtet sind.)

Theosophische Lectionen. Erster Theil. 1752. (Dies sind erbauliche Vorträge in mystischer Richtung von Beissel und Andern.)

Nachklang zum Gesäng der Einsamen Turteltaube. 1755.

Das Bruderlied. 1756.

Ein angenehmer Geruch der Rosen und Lilien. 1756. (Geistliche Lieder der Schwestern.)

Neu-vermehrtes Gesäng der Einsamen Turteltaube. 1762.

Dissertation on Man's Fall. 1765. Von Beissel.

Paradisisches Wunderspiel. 1766.

Deliciæ Ephratenses. 1773. (Beissel's geistliche Reden, nach seinem Tode veröffentlicht.)

Chronicon Ephratense. 1786.

Außerdem druckte das Kloster eine Anzahl von Werken, die entweder nur entfernt oder gar nicht mit den dort gehegten Ueberzeugungen verwandt waren und deshalb als geschäftliche Arbeiten anzusehen sind. Unter diesen ist das bemerkenswertheste „Tieleman Van Braght's Blutiger Schauplatz oder Märtyrer-Spiegel", im Kloster aus dem Holländischen übersetzt und gedruckt im Jahr 1748.

Seinem Umfange nach ist das Werk ein wahrer Leviathan unter den Büchern seiner Zeit, ein Foliant, dessen zwei Theile nicht weniger als 1514 Seiten enthalten, und das größte Buch, das im letzten Jahrhundert in Amerika erschienen ist. Es ist die ergiebige Fundgrube für die Leidensgeschichte der Taufgesinnten aller Zeiten. Die Mennoniten von Pennsylvanien hatten zuerst auf die Beihülfe ihrer Glaubensgenossen in Holland gerechnet, als sie eine Uebersetzung des Märtyrer-Spiegels in Anregung brachten. Während von dort nur kleinmüthige Rathschläge kamen, übernahmen die Klosterbrüder von Ephrata die große Arbeit mit rüstigem und uneigennützigem Eifer. Hören wir, was das Chronicon Ephratense über die Sache berichtet:

„Nach geendetem Mühlenbau wurde der Druck des Marterbuchs vor die Hand genommen: zu welcher wichtigen Arbeit fünfzehn Brüder ausgesetzt wurden, davon neun ihre Arbeit in der Druckerey hatten, nemlich ein Corrector, welcher auch Uebersetzer war, vier Setzer und vier Preßleute; die übrigen fanden ihre Arbeit in der Papiermühle. Mit diesem Buch hat man drey Jahr zugebracht, doch nicht anhaltend, weilen es oft an Papier gebrach. Und weilen währender Zeit sonst wenig Geschäfte im Lager war, so ist darüber der Brüder Haushaltung tief in Schulden gerathen, welche aber durch den starken Abgang des Buchs bald getilgt wurden. Das Buch wurde in groß Folio gedruckt, enthielt sechzehn Buch Papier und war die Auflag 1300 Stück: in einem mit den Mennoniten gehaltenen Rath war der Preiß auf 20 Schilling auf ein Exemplar gesetzt, welches sie kan überzeugen, daß man zu desselben Druck gantz andere Ursachen als Gewinnsucht gehabt." Der „Blutige Schauplatz" ist vortrefflich gedruckt, das dazu in Ephrata angefertigte Papier ist stark und von bester

Qualität; der dauerhafte Einband besteht aus lederüberzogenen Holzdeckeln mit messingenen Ecken und Schließen.

Ueber das Chronicon Ephratense, das 1786 erschien und die Hauptquelle für die Geschichte des Klosters ist, sei nur bemerkt, daß wir über die Verfasser desselben nicht im Klaren sind. Auf dem Titel werden als solche die Brüder Lamech und Agrippa genannt. Der Name Agrippa kommt weder im Buche selbst noch in irgend einer andern Quelle vor, auch nicht unter den Grabinschriften des Kirchhofs oder in der Todtenliste. Bruder Lamech war vermuthlich Jacob Gaß. Peter Miller besorgte die Herausgabe der „Chronik" und ließ sich dabei von Christoph Marshall* in Philadelphia helfen. Warum sich dieser dazu eignete und bereitwillig fand, ist nicht bekannt.

Eine unvermuthete Verwendung erhielt die Klosterpresse zur Zeit, als der Congreß in Folge der englischen Occupation von Philadelphia seine Sitzungen in Lancaster und York hielt. Es wurde damals das Papiergeld der Vereinigten Staaten darauf gedruckt, ein dem Weltreiche geleisteter Dienst, der in schreiendem Widerspruche mit den seraphischen Tendenzen des Klosters stand.

Um das Jahr 1790 kam die Klosterpresse in andere Hände oder wurde unter fremder Verantwortlichkeit benutzt. Im J. 1794 finden wir in Ephrata als Drucker Salomon Meyer, welchem Benjamin Meyer, Johann Baumann, Jacob Ruth und Joseph Baumann folgten. Alle diese haben wahrscheinlich von der alten Presse Gebrauch gemacht. Peter Baumann verkaufte sie an Richard R. Heitler, und dessen Sohn, P. Martin Heitler, vermachte sie testamentarisch an die Historische Gesellschaft von Pennsylvanien, in deren Räumen sie seit 1872 als geschichtliche Reliquie aufbewahrt wird.

---

*) Siehe Diary of Christopher Marshall 1774—1781. Philadelphia, 1877.

Vierzehnter Abschnitt.
Verfall und Ende.

Der Stifter und das Oberhaupt des Klosters, Conrad Beissel, starb am 6. Juli 1768. Er hatte seine amtlichen Geschäfte bis auf eine Woche vor seinem Tode verwaltet und noch am Tage seines Hinscheidens das Schwesternhaus besucht. Peter Miller hielt die Leichenrede, worin er dem Verewigten das Lob eines „unsträflichen, hohen und heiligen Lebenswandels" zuerkannte. Der Stein, der Beissel's Grab deckt, trägt folgende Inschrift:

„Hier ruhet eine Ausgeburt der Liebe Gottes, Friedsam Gottrecht, Ein Einsamer, nachmals aber geworden ein Anführer, Aufseher und Lehrer der Einsamen und Gemeine Christi in und um Ephrata. Gebohren in Eberbach in der Pfalz, genannt Conrad Beissel, entschlief den 6. Julius Anno 1768, seines geistlichen Lebens 52 Jahr; aber des natürlichen 77 Jahr 4 Monat."

Werfen wir beim Scheiden noch einmal einen Blick auf den merkwürdigen Menschen. Beissel hatte den fest ausgeprägten Typus des geistig beschränkten Schwärmers. Er hegte die ehrliche Ueberzeugung, er sei das auserkorene Werkzeug des Weltenlenkers, um eine neue Aera der Religion in Amerika herbeizuführen und sein unerschütterlicher Glaube an sich selbst war seine Stärke. Leicht liessen sich Andere überreden, dass eine höhere Weisheit aus ihm spreche und durch ihn wirke. Seine mystischen Lehren hatten den Reiz des Geheimnissvollen und Tiefen; die Gesangsweisen und Lieder, die er einführte, berauschten die Phantasie; die Selbstentsagung, die er übte und einschärfte, galt als das erhabenste Ziel der Sittlichkeit.

Wie von einem Zauber gebannt nahmen seine verblendeten Anhänger seine Launen und Schwachheiten mit abergläubischer Ehrfurcht auf, als stecke etwas Bedeutungsvolles, Unerkanntes dahinter. Wenn er einen Rausch hatte und mit schwerer Zunge lallte, wie das in seinen älteren Tagen vorkam, so hieß es, es sei nur ein angenommener Schein, eine absichtliche Selbstdemüthigung. Die „Chronik" gesteht nicht zu, daß er je betrunken war, wohl aber, daß er „unter der Gestalt eines Trunkenen" erschien. Er brachte es übrigens in dieser Nachahmung zur Meisterschaft und einmal fiel er dabei die Kellertreppe hinunter. Conrad gefiel sich in der Rolle des frommen Dulders, des unschuldigen Lammes, aber es war schlecht mit ihm Kirschen essen. Widerspruch konnte er nicht ertragen. Sangmeister nennt ihn einen Büttel und Christoph Saur einen Papst. Seine Launenhaftigkeit und sein Hadern wurde selbst den geduldigen Brüdern und Schwestern mitunter zu viel, aber das Ende war jedesmal, daß die Unzufriedenen sich wieder unter das Joch beugten, wofern sie nicht das Kloster verließen. Allein bei allen seinen Fehlern und Schwachheiten blieb Conrad Beissel eine bedeutende Erscheinung. Er hatte den Ansatz zu einem Religionsstifter, und erwägt man die Umstände, unter welchen er den Versuch dazu machte, so muß man seine Beharrlichkeit, seinen Eifer, seine Selbstentsagung bewundern. Die neue Form, die er dem Christenthum geben wollte, war eine Verschmelzung des ägyptischen Mönchswesens der alt-christlichen Zeit mit Jacob Böhm's Mystik, den Glaubensansichten der Dunker und dem sabbatharischen Gottesdienste. Und diese wunderliche Religion, welche den natürlichen Neigungen und Gebräuchen der Menschen schnurstracks zuwiderlief, bemühte er sich unter den Deutschen in Pennsylvanien zu verbreiten, die ganz andere Dinge im Kopfe hatten, als mystische Schrullen. Was wir auch von seinem Unternehmen denken mögen, es zog fünfzig Jahre ungewöhnliche Aufmerksamkeit auf sich, selbst in Europa erweckte es Interesse. Ziemlich volle Berichte über das Kloster in Ephrata lieferten die Touristen Johann David Schöpf, der Abt Raynal und der Herzog La Rochefoucauld-Jaquelin, die beiden letzteren freilich nicht ohne seltsame Entstellungen. In Russel's Geschichte von Amerika wird Ephrata ausführlich besprochen, und Voltaire weist unserem Kloster in seinem philosophischen Wörterbuch (Artikel Eglise) eine Stelle an, nicht etwa, um mit schonungsloser Satire darüber herzufallen (die versparte er für größeres Wild), sondern um es als Trumpf gegen die alleinseligmachende Kirche auszuspielen.

Beissel's Nachfolger war Peter Miller oder Bruder Jaebez. In

der reformirten Kirche erzogen und in Heidelberg mit tüchtiger Univer=
sitätsbildung ausgestattet, kam er 1730, noch ein Jüngling, nach
Philadelphia, wurde dort von presbyterianischen Geistlichen ordinirt
und versah dann mehrere Jahre das Predigeramt in Culpehocken.
Im J. 1735 ließ er sich von Beissel taufen, nachdem er dessen Glauben
ohne Vorbehalt angenommen hatte. Beissel hatte an ihm eine
zuverlässige Stütze. Das Priorat bekleidete Miller zeitweilig 1745, und
ohne Unterbrechung von 1756 bis zu Beissel's Tode 1768. Dann wurde
er zum Vorsteher gewählt. Seine Kenntnisse waren umfassend.
Acrelius bezeugt, daß er in der Theologie vorzüglich gut bewandert
war, orientalische Sprachen verstand und das Lateinische geläufig
sprach. Den großen „Märtyrer=Spiegel" übersetzte er aus dem Hol=
ländischen. Ob es wahr ist, daß er die Unabhängigkeits=Erklärung in
sieben Sprachen wiedergab, mag dahingestellt bleiben; jedenfalls hatte
er den Ruf, daß er dessen fähig war.

So paradox es klingen mag, eben der Umstand, daß Miller
überlegene Geistesgaben besaß und damit einen liebenswürdigen
Charakter, ein bescheidenes Auftreten und gefällige Manieren
verband, stellte sich seinem Erfolge entgegen. Zum Anführer einer
so seltsamen Brüderschaft paßte sich weit besser ein verschrobener
Sonderling und wunderlicher Kauz, als ein schlichter Gelehrter und
Biedermann. Zudem war das Kloster bereits auf dem Wege des
Verfalls. Die Zeiten waren andere geworden. Die theosophische
Schwärmerei, welche 1724 Lancaster County zu ihrem idyllischen
Schauplatz erkor, hatte sich fünfzig Jahre später beim Einfluthen
der ländlichen Bevölkerung und beim Pochen großer Ereignisse
gänzlich überlebt.

Sehr nützlich, ja unentbehrlich war Miller in der Druckerei
und bei der Aufsicht über den Verlag. Als Schriftsteller ist er, abge=
sehen von den Liedern, die er verfaßte, nicht aufgetreten. Am 8. April
1768 wurde er zum Mitgliede der American Philosophical Society
in Philadelphia gewählt, zu deren Verhandlungen er auch einen
Beitrag geliefert hat. Und das Thema? War es etwa die Göttliche
Sophia? Oder Melchisedech's Priesterschaft? Nein, nicht ganz so
mystisch. Der Weise von Ephrata schrieb über die beste Zeit,
Erbsen zu legen, damit sie von Würmern verschont bleiben. Ein

so praktischer Mann ist nicht dazu angethan, die Welt auf den Kopf zu stellen.

Hochbetagt starb Miller am 25. September 1796. Seine Grabschrift erzählt seinen Lebenslauf in kurzen und kühlen Worten:

„Hier liegt begraben Peter Miller, gebürtig aus Oberamt Lautern in Chur-Pfalz, kam als reformirter Prediger nach Amerika im Jahre 1730, wurde unter die Gemeine in Ephrata getauft 1735 und genannt Bruder Jaebez, auch ward er nachmals ihr Lehrer bis an sein Ende; entschlief den 25. September 1796."

Die Vorsteherin des Frauenklosters war Maria Eicher mit dem Ehrennamen „Mutter Maria". Sie war eine der beiden Schwestern, die sich 1726 der väterlichen Obhut entzogen, um dagegen die geistige Führung Beissel's einzutauschen. Damals zählte sie erst 16 Jahre. Ihre ältere Schwester Anna warf ein Auge auf ihren Seelenhirten und erwartete, er werde sie heirathen; ja, sie forderte dies von ihm und wurde ganz desperat, als er's abschlug. Daß er später bei der Ernennung einer Vorsteherin ihrer Schwester den Vorzug gab, war abermals für sie eine bittere Enttäuschung.

Maria hatte ihren eigenen Kopf und erwies sich nicht so gefügig, wie der Vorsteher glaubte erwarten zu dürfen. Während seines Streites mit Israel Eckerlin war sie zu seinem größten Verdruß im Einverständniß mit dem meuterischen Prior, daher sie bezichtigt wurde, sie habe sich durch Geld bestechen lassen. Fast zwanzig Jahre später kam es zu einem neuen Zerwürfniß, das ihre Entsetzung zur Folge hatte. Beissel bot ihr vor seinem Tode die Hand zur Versöhnung, aber sie konnte ihren Groll nicht bezwingen. Maria starb am 24. December 1784. Ihre Nachfolgerin war Schwester Eugenia.

Um diese Zeit befand sich das Kloster bereits im Zustande greisenhaften Verfalls. Die Zeugen der Glanzperiode waren hinweggestorben, neue Mitglieder traten wenige hinzu und diesen fehlte der geistige Schwung. Die ehemalige Spannkraft, die begeisternde Hoffnung war dahin. Selbst Miller hatte kein Vertrauen mehr auf ein Neuerblühen des Klosters. Der liebliche Gesang der gemischten Chöre lebte nur noch in der Erinnerung, die Mystik war aus dem Bekenntniß verduftet und die Klosterbewohner unterschieden sich von den übrigen Siebentägern nur dadurch, daß sie ledigen Standes waren.

Im Jahre 1814 verblieben im Kloster nur noch wenige Personen und diese waren alt und gebrechlich. Voraussichtlich mußte der „Orden der Einsamen" bald erlöschen. Die Frage war nun, an wen das Klostergut, die Gebäulichkeiten und das Gemeindeland, fallen sollte. Schon seit frühen Zeiten waren in der Nachbarschaft Familien ansässig, die, abgesehen von Mystik und Möncherei, die religiösen Ansichten der Klostergesellschaft theilten und wie diese den siebenten Wochentag heilig hielten. Mit diesen sogenannten Siebentägern wurde eine Vereinbarung getroffen, der zufolge sie das Eigenthum des Klosters unter gewissen Bedingungen übernahmen, und eine förmliche Incorporations-Acte gab diesem Uebereinkommen gesetzliche Kraft. Die Einkünfte dienen seitdem zur Unterstützung armer und bedürftiger Gemeinde-Mitglieder. Den überlebenden „Einsamen" wurden ihre bisherigen Rechte und Ansprüche gewahrt. Diese letzten Mohikaner des Klosters waren: Johann A. Kelp, Jonathan Kelp, Catharina Kelp und Christian Luther. Eine seltsame Fügung des Zufalls ist es, daß beim Fallen des Vorhangs derselbe Name (Kelp) wieder zum Vorschein kommt, den wir bereits aus dem Vorspiel am Wissahickon kennen.

Schon seit Jahrzehenden zu einem leeren Schatten verkümmert schloß das Kloster am 21. Februar 1814, dem Tage, an welchem die Incorporations-Acte in Kraft trat, seine Laufbahn als selbstständige Anstalt, um ein Besitzthum der Siebentäger-Dunker zu werden. Seitdem dienen die Räumlichkeiten des Klosters, soweit sie überhaupt benutzt werden, als Wohnstätten für unbemittelte Familien und betagte Mitglieder der Gemeinde. Im „Saal" wird noch immer am Samstage Gottesdienst gehalten, aber die Schwärmerei, welche das Kloster und dessen abenteuerliche Gedankenwelt ins Dasein rief, ist entschwunden und für die nüchterne Gegenwart — „Wolkenflug und Nebelflor", unfaßbares Traumgespinst.

Die Deutschen im Frieden und im Kriege.

Verbreitung der Deutschen in Pennsylvanien.

Gehen wir den Spuren nach, welche das Vordringen und die Ausbreitung der deutschen Bevölkerung in Pennsylvanien bezeichnen, so finden wir, daß nach der Gründung von Germantown im J. 1683 die deutsche Einwanderung sich zunächst nach dem jetzigen Montgomery County (Skippack, Falckner's Swamp, Trappe, Goshenhoppen) wandte. Die Besiedelung von Lancaster County durch Deutsche und Schweizer nahm ihren Anfang im J. 1709. Es waren großentheils Mennoniten, die sich dort niederließen und diese Landstrecke zum „Garten von Pennsylvanien" umschufen. In Berks County wurde der Bezirk von Oley von Deutschen und Hugenotten um 1710–1712 angesiedelt. In Tulpehocken trafen die aus Schoharie in New York hergewanderten Lutheraner und Reformirten im J. 1723 ein. Ungefähr um dieselbe Zeit oder bald darauf ließen sich Andere am Quitopahilla in Lebanon County, ebenso Schweizer und Pfälzer westlich vom Susquehanna im jetzigen York County nieder. An allen diesen Orten drangen die Deutschen in die unbetretene Wildniß als Pioniere ein, lichteten die Wälder, bestellten den Boden, der noch nie getragen hatte und gründeten die ersten Heimstätten. Mittlerweile hatte auch Philadelphia eine Anzahl deutscher Bewohner aufgenommen; ums J. 1730 waren sie zahlreich genug geworden, um an die Gründung kirchlicher Gemeinden zu denken. In dem im J. 1748 angelegten Reading (Berks Co.) wurde bereits 1751 der Grundstein zu einer deutschen lutherischen Kirche gelegt. Unter den deutschen Pionieren in Lehigh und Northampton Counties befanden sich die Herrnhuter, welche auf dem 1741 angekauften Lande Bethlehem und Nazareth anlegten. Das ganze südöstliche Pennsylvanien, etwa Chester Co. ausgenommen, hatte gegen die Mitte des vorigen Jahrhunderts eine überwiegend deutsche Bevölkerung, deren fleißige Arbeit zum Wohlstande der Provinz wesentlich beitrug. Vermuthlich machten die Deutschen um jene Zeit mehr als die Hälfte der Gesammtbevölkerung von Pennsylvanien aus; der Gouverneur Georg Thomas veranschlagte sie auf drei Fünftel. Es gab große Landestheile, wo keine andere Sprache, als die deutsche gehört wurde und bis auf den heutigen Tag bildet das Pennsylvanisch-Deutsch einen eigenthümlichen Dialect, der aus dem pfälzischen und allemannischen, versetzt mit englischen Worten, hervorgegangen ist.

Ueberall wo es deutsche Ansiedlungen gab, entstanden nun auch deutsche Gemeinden und Kirchen. Die Reformirten hatten in Pennsylvanien ums J. 1750 etwa 40, und die Lutheraner 30 Gemeinden, aber weit geringer war die Zahl der Prediger. Sehr übel stand es vor Heinrich Melchior Mühlenberg's Ankunft (25. November 1741) mit den lutherischen Seelenhirten; die meisten derselben waren unfähige oder anrüchige Subjecte, welche in Deutschland entweder die Kanzel nie bestiegen hatten, oder wegen unsittlichen Lebenswandels ihres Amtes entsetzt waren. Mühlenberg's bedeutende Persönlichkeit wirkte wie ein belebender Hauch auf die kirchlichen Zustände. Mit hoher Begabung ausgestattet, eifrig, gewissenhaft, taktvoll, verdiente er sich durch seine lange und erfolgreiche Thätigkeit den Ehrennamen „Patriarch der deutschen lutherischen Kirche in Amerika". In ähnlicher Weise organisirte Michael Schlatter aus St. Gallen, der 1746 in Philadelphia ankam, die zerstreuten Scharen seiner reformirten Glaubensbrüder; aber es war ihm nicht vergönnt, sich wie Mühlenberg die Liebe und Anerkennung der Seinigen bis zu seinem Lebensende als verdienten Lohn seiner mühevollen Wirksamkeit zu wahren.

Von der raschen Zunahme der deutschen Bevölkerung in Philadelphia zeugt die wohlverbürgte Thatsache, daß im J. 1765 siebenhundert Familienhäupter die lutherische Kirchenordnung unterzeichneten. Die Zionskirche war unter allen in Philadelphia die geräumigste und diente aus diesem Grunde bei mehreren feierlichen Gelegenheiten als Sammelplatz. Dort fand 1791 auf Anlaß der Philosophischen Gesellschaft eine Gedächtnißfeier für den im Jahre zuvor gestorbenen Benjamin Franklin statt, und am 26. December 1799 hielt dort der Congreß die Todtenfeier Washington's. Es war die deutsche Zionskirche, in welcher damals die berühmt gewordenen Worte des Generals Henry Lee: "First in war, first in peace and first in the hearts of his countrymen" zuerst vernommen wurden.

Gewerbfleiß der Deutschen.

Werfen wir nun einen flüchtigen Blick auf den Gewerbfleiß unserer Landsleute in Pennsylvanien.

So sehr man auch sonst die Deutschen herabgesetzt und bemäkelt hat, ein Verdienst ist ihnen nie abgesprochen worden, nämlich daß sie vortreffliche Landwirthe sind. Was Pennsylvanien seinen deutschen Farmern verdankt, wird bei allen Gelegenheiten bereitwillig anerkannt. Verräth doch die Bauerei eines Deutschen oder Deutsch-Pennsylvaniers auf den ersten Blick, daß verständige Bewirthschaftung und redliche Arbeit Hand in Hand gegangen sind, um ein gesegnetes und anziehendes Besitzthum zu schaffen. Ihre Ueberlegenheit in der Bestellung des Bodens, in der Zucht eines kräftigen Viehstandes, im Bau zweckmäßiger Stallungen und Scheunen, so wie ihre anspruchslose, einfache und doch behäbige Lebensweise, veranlaßte den bekannten Dr. Benjamin Rush, sie zum Gegenstande einer ethnologischen Studie zu machen, die er 1789 im Columbia Magazine veröffentlichte, nicht allein um ihnen Gerechtigkeit anzuthun, sondern auch um Andere zur Nacheiferung anzuspornen.

Auch in manchen wichtigen Industriezweigen legten die Deutschen von Pennsylvanien Ehre ein. Vorzügliche Arbeit lieferten die Leineweber und Strumpfwirker in Germantown, deren Fabrikat schon vor dem J. 1700 einen guten Namen hatte und verbreiteten Absatz fand. Der erste Schriftgießer im Lande war Christoph Saur, die ersten Papiermüller Klaus und Wilhelm Rittenhouse in Germantown. Vortreffliches Papier wurde ferner von der Brüderschaft in Ephrata und von dem jüngeren Saur gemacht. Es gab viele deutsche Müller, Brauer und Gerber, in Philadelphia auch mehrere Zuckersiedereien, die von Deutschen (Heinrich Schleydorn, Hoffmann und Kornmann, F. A. Mühlenberg und Wegmann) betrieben wurden. Deutsche Metzger und Bäcker scheinen schon vor hundert Jahren so vorwiegend gewesen zu sein, wie sie es jetzt sind. Unter allen Industriezweigen aber, an welchen sich die Deutschen in Pennsylvanien betheiligten, ist besonders die Eisen-Fabrikation hervorzuheben. Die erste Eisenhütte, von der wir wissen, wurde 1716 angelegt, zehn Jahr später treffen wir auf die Eisenschmelze des deutschen Mennoniten Kurtz am Octorara in Lancaster

County. In Berks County, das frühzeitig der Mittelpunkt der Eisenindustrie wurde, waren die meisten Eisenmeister Deutsche. Die „Oley Schmiede" wurde 1745 von zwei Deutschen und einem Engländer errichtet. Am Tulpehocken, etwa 4 Meilen von Womelsdorf, befindet sich ein Eisenhammer (Charming Forge), der im J. 1749 von Deutschen angelegt wurde und 1763 in die Hände H. W. Stiegel's und der Brüder Stedmann überging. Der Vers, den die von Stiegel gegossenen Ofenplatten sollen getragen haben:

„Baron Stiegel ist der Mann,
Der die Ofen machen kann"

dürfte wie vielleicht manches Andere, das vom „Baron" erzählt wird, ins Gebiet der Volkslegenden zu verweisen sein. Der Elisabeth Hochofen in Lancaster County, der über hundert Jahre in Betrieb gewesen ist, wurde 1750 von Johan Huber, einem Deutschen, erbaut, und später von Stiegel angekauft. Die Mary Ann Eisenschmelze in York Co., womit ein Eisenhammer verbunden war, gehörte in den siebziger Jahren des vorigen Jahrhunderts Georg Roß und Georg Ege. Während der Revolution finden wir Deutsche in Berks und den angrenzenden Counties mit der Eisen=Fabrikation beschäftigt. In Pittsburg wurde das erste Eisen 1792 von einem Deutschen, Georg Anschütz, in einem kleinen Hochofen bei Shady Side ausgeschmolzen. Der vorhin erwähnte Heinrich Wilhelm Stiegel, der 1750 einwanderte, legte neben seiner Eisenschmelze auch eine Glashütte an und war der Erste, der in Pennsylvanien Flintglas fabricirte. Die hübsche Stadt Manheim in Lancaster County, wo sich diese Anlagen befanden, verdankt ihr Entstehen seinem Unternehmungsgeiste.

Es war aber den Deutschen und ihren Söhnen nicht für immer beschieden, ihrem friedlichen Berufe, sei es in der Stadt oder auf dem Land, nachgehen zu dürfen. Das liebliche Gedankenbild eines ewigen Friedens mit aller Welt, das Quäker und Mennoniten aus ihren religiösen Ueberzeugungen geschöpft und als maßgebend fürs öffentliche Leben hingestellt hatten, zerstob beim ersten Zusammenstoß mit der rauhen Wirklichkeit. Es kam eine Zeit, wo der Mann zum Schutze seines Lebens und seiner Habe und zur Vertheidigung seiner Familie die Waffen ergreifen mußte, und wiederum eine Zeit, die zum Kampfe für die Güter, worauf Selbstachtung und Menschenwürde beruhen, für Recht, Freiheit und Unabhängigkeit, aufforderte. In beiden Perioden erwiesen sich die Deutschen unter dem Prüfstein schwerer Kriegsnoth mannhaft, muthig und der Freiheit werth.

Als die Indianer, von den Franzosen am Ohio und St. Lawrence aufgewiegelt, die Blauen Berge überschritten und die Ansiedelungen der Weißen mit grausamer Tücke überfielen (1755), da schaarten sich beim ersten Aufgebot von Freiwilligen die Deutschen in großer Zahl unter die Fahne der Landesvertheidiger. Conrad Weiser, der bis dahin in seiner friedlichen Stellung als Dolmetscher und Vermittler der Regierung höchst werthvolle Dienste geleistet hatte, zeigte sich während der Kriegsläufte als ein wachsamer und tüchtiger Anführer. Viele andere Deutsche erwarben sich damals einen guten Namen als wackere Offiziere: die Hauptleute Christian Busse, Jacob Arndt, Georg Klein, Johann Ortlieb, Peter Spiecker. So viele Deutsche waren in die Miliz getreten, daß sich das Parlament veranlaßt sah, die Regierung zur Anstellung deutsch-redender Offiziere zu ermächtigen.

Die Deutschen im Revolutions-Kriege.

In den Kriegen gegen die Indianer war es die Nothwehr, welche den Bewohnern Pennsylvanien's die Waffen in die Hand gab; sie mußten sich und die Ihrigen vor Mord und Gefangenschaft, Haus und Hof vor Brand und Verwüstung schützen. Nun zog ein anderer Krieg heran, der den Colonien durch die anmaßenden Forderungen und scharfen Zwangsmaßregeln des Mutterlandes aufgenöthigt wurde und Pennsylvanien, in dessen Hauptstadt Philadelphia der revolutionäre Congreß tagte, stand gewissermaßen im Brennpunkt der Ereignisse.

Die deutsche Bevölkerung dieser Colonie war damals eine beträchtliche und es drängt sich die Frage auf, welche Stellung sie während des Unabhängigkeitskrieges einnahm. Wir wissen ja, daß die politischen Ueberzeugungen der Bewohner sehr weit auseinander gingen; schon der bewaffnete Widerstand wurde vielerseits mißbilligt und gegen die Losreißung vom Mutterlande sträubte sich eine noch größere Zahl angesehener Männer mit Wort und That. Eine mächtige Partei, die Tories, machte mit den Engländern gemeinschaftliche Sache gegen die Rebellen.

Wo standen die Deutschen? Es ist zu bedauern, daß die Thatsachen, welche diese Frage beantworten, gar wenig bekannt sind. Von den englischen Hülfstruppen, den Hessen, wissen alle Geschichtsbücher zu erzählen, aber von unsern Landsleuten, welche für die Freiheit und Unabhängigkeit kämpften und starben, ist kaum die Rede. Und doch sind es nicht allein die glänzenden Verdienste eines Steuben und eines Kalb, worauf die Deutschen als ihren Antheil an der Erringung des Sieges in dem weltgeschichtlichen Kampfe hinweisen dürfen.

George Bancroft flicht seiner Darstellung der Ereignisse des Jahres 1774 die Bemerkung ein: „Die Deutschen, welche einen großen Theil der Bewohner der Provinz (Pennsylvanien) ausmachten, waren alle auf der Seite der Freiheit."

Danken wir dem Geschichtschreiber für dieses Wort und sehen wir uns nach den Thatsachen um, welche es beglaubigen.

Schon in den Conflicten, welche der Revolution vorausgingen, zeigten die Deutschen Farbe. Deutsche Kaufleute in Philadelphia, wie Heinrich Keppele sen., Heinrich Keppele jun., Johann Steinmetz, David Deschler und die Deutsch-Pennsylvanier Daniel Wister und Johann Wister unterzeichneten den berühmten in Folge der Stempel-Acte am 7. November 1765 gefaßten Beschluß, keine englischen Waaren zu importiren.

Als Benjamin Franklin dem Parlamente über die Unzufriedenheit der Amerikaner mit der Stempel-Acte Rede und Antwort gab, machte er unter Anderm folgende Aussagen:

Frage. Wie viele Deutsche sind in Pennsylvanien?

Antwort. Vielleicht ein Drittel der Gesammtbevölkerung, aber ich kann es nicht mit Gewißheit sagen.

Frage. Hat ein Theil derselben in europäischen Kriegsdiensten gestanden?

Antwort. Ja, viele; sowol in Europa wie in Amerika.

Frage. Sind sie eben so unzufrieden mit der Stempeltare wie die Eingeborenen?

Antwort. Ja, noch mehr und zwar mit Recht, weil sie in manchen Fällen für ihr Stempelpapier und Pergament doppelt bezahlen müssen.

Die Zurücknahme des gehässigen Gesetzes zeigte der „Staatsbote" am 19. März 1766 mit hellem Jubel an und setzte über eine Beilage der Zeitung die Ueberschrift:

„Den Herren lobt und benedeyt,
Der von der Stämpel-Act uns hat befreyt."

Aber das Vertrauen kehrte nicht völlig zurück. Es bildeten sich Vereine mit dem ausgesprochenen Zwecke, die Rechte und Freiheiten der Provinz gegen etwaige Eingriffe zu wahren. Ein solcher Verein bestand 1772 auch unter den Deutschen Philadelphia's unter dem Namen: „Patriotische Gesellschaft der Stadt und County Philadelphia."

In Folge des drohenden Auftretens der englischen Regierung gegen Massachusetts und der Schließung des Bostoner Hafens wurde am 18. Juni 1774 in Philadelphia von einer großen Volksversammlung ein Correspondenz-Ausschuß eingesetzt, der sich mit Bürgern anderer Colonien in Vernehmen setzen und gemeinsame Maßregeln vereinbaren sollte. Die Deutschen waren darunter vertreten durch Christoph Ludwig, Georg Schlosser, Paul Engel und Michael Hillegas. In der Provincial Convention, die am 15. Juli desselben Jahres zusammentrat, saßen: Christoph Ludwig, Georg Schlosser, Adam Hubley, Jacob Barge aus Philadelphia; Georg Roß, Joseph Ferree, Matthias Slough (Schlauch), Moses Erwin aus Lancaster County; Christoph Schultz und Jonathan Potts aus Berks County; Peter Küchlein und Jacob Arndt aus Northampton County; Casper Weitzel aus Northumberland Co. In der zweiten Versammlung der Convention (23. Januar 1775) erschienen theils dieselben, theils andere deutsche Mitglieder (F. Hasenclever, Isaac Melcher, Melchior Wagner aus Philadelphia; Sebastian Graf und Adam Simon Kuhn aus Lancaster Co.; Georg Eichelberger, Michael Smyser aus York Co.; Sebastian Levan und Balthaser Gehr aus Berks Co.).

Die Convention erklärte, daß die vom Parlamente beanspruchte Gewalt unconstitutionell sei, denuncirte die gegen Massachusetts angewandten Maßregeln als ungerecht und tyrannisch und empfahl die Berufung eines colonialen Congresses.

Sehr bezeichnend für die Stimmung der gesammten deutschen Bevölkerung ist ein Schritt, zu welchem sich die deutschen Kirchen in Philadelphia im Verein mit dem Vorstande der Deutschen Gesellschaft erkühnten. Im Auftrage dieser Körperschaften veröffentlichte ein von denselben eingesetztes Committee, dessen Vorsitzer Ludwig Weiß, der Anwalt der Deutschen Gesellschaft, war, eine politische Flugschrift, welche die vom Congresse erlassene Erklärung über die Nothwendigkeit der Volksbewaffnung in deutscher Sprache wiedergab und mit einer geharnischten Vorrede einleitete. Der Titel der Schrift ist: „Schreiben des evangelisch-lutherischen und reformirten Kirchenraths, wie auch der Beamten der Teutschen Gesellschaft in der Stadt Philadelphia an die teutschen Einwohner der Provinzen von New York und Nord-Carolina. Philadelphia 1775."

Es erhellt zunächst aus dem Schlußsatze des Titels, daß die Deutschen von Pennsylvanien schon auf der Seite der Freiheit standen, und keiner Aufklärung über die Verhältnisse bedurften. Auch wird dies in der Einleitung ausdrücklich ausgesprochen. „Wir haben von Zeit zu Zeit täglich mit unsern Augen gesehen, daß das Volk von Pennsylvanien durchgehends, Arme und Reiche, den Entschluß des Congresses approbiren; sonderlich haben sich die Teutschen in Pennsylvanien nahe und ferne von uns hervorgethan und nicht allein ihre Milizen errichtet, sondern auch auserlesene Corps Jäger formirt, die in Bereitschaft sind zu marschiren, wohin es erfordert wird; und diejenigen unter den Teutschen, welche selbst nicht Dienste thun können, sind durchgehends willig, nach Vermögen zum allgemeinen Besten zu contribuiren."

„Es hat uns daher wehe gethan", fährt das Pamphlet fort, „zu vernehmen, daß der Congreß Nachricht erhalten, daß verschiedene teutsche Leute in Tryon County und etliche wenige in andern Plätzen der Colony Neu-York unfreundlich gegen die gemeine Sache zu seyn scheinen und daß viele Teutsche in Nord-Carolina auf gleiche Weise gesinnt sind."

Dieser bedauerliche Umstand wird einzig der Unbekanntschaft der Betreffenden mit dem wahren Charakter der Vorgänge zugeschrieben. „Man kann zwar die Teutschen in Tryon County leicht entschuldigen, sie wohnen zu weit ab von denen großen Städten und Seehäven, wo man Woche vor Woche und manchmal Tag vor Tag wahre Nachrichten von allem, was in England und den Colonieen vorgehet, lesen und hören kann."

Die Einleitung gibt ferner eine kurze Uebersicht über die Ursachen, welche zu den Feindseligkeiten geführt hatten, spricht von dem Scharmützel bei Lexington, „wo das erste Menschenblut in diesem unnatürlichen Kriege vergossen wurde," von dem „noch größeren Blutbade" auf Bunker Hill und der Einäscherung von Charlestown.

Im Provinzial-Congreß von New York wurde am 19. December 1775 der Oberst Brasher beauftragt, 500 Exemplare der Verhandlungen des Continental-Congresses in deutscher Sprache, so wie andere deutsche Schriften, welche die schwebenden Fragen erörtern, für unentgeltliche Vertheilung anzukaufen. Vielleicht hatte man dabei die Philadelphier Schrift im Auge.

In Miller's „Staatsboten" erschien eine beredte Aufforderung an alle Deutschen, sich der Freiheitspartei anzuschließen. Wie bitter die Knechtschaft sei, hätten sie ja in Deutschland erfahren. „Gedenkt und erinnert die Eurigen daran, daß ihr der Dienstbarkeit zu entgehen und die Freiheit zu genießen unter den größten Beschwerlichkeiten und Ungemach nach Amerika gezogen seid. — Gedenkt, daß die englischen Staatsdiener und ihr Parlament Amerika auf eben den Fuß und vielleicht ärger haben möchten." (19. März 1776.) — Steiner und Cist veröffentlichten Thomas Paine's Common Sense in deutscher Uebersetzung und desselben Verfassers Crisis in der Original-Ausgabe. Heinrich Miller war der Drucker des Congresses.

Christoph Ludwig, dessen Namen wir unter den Mitgliedern von Ausschüssen so oft begegnen, war einer der entschiedensten deutschen Revolutionsmänner. Er war 1720 in Gießen geboren, hatte das Bäckerhandwerk gelernt und dann viele Jahre als Soldat und Seefahrer ein abenteuerliches Leben geführt. Unter Oesterreichs Fahnen stand er gegen die Türken im Felde, trat 1741 in preußische Dienste, begab sich nach dem Breslauer Frieden 1742 nach London, ging von da nach Ostindien, kehrte 3½ Jahr später nach London zurück, wurde 1745 Matrose und befuhr als solcher 7 Jahr lang die See. Seit 1754 war er in Philadelphia in Lätitia Court als Bäcker ansässig. Als die Revolution ausbrach, stand er bereits in seinem 55. Jahre, aber mit jugendlichem Feuer ergriff er Partei für die Sache der Freiheit. Sein hoher Wuchs, seine stramme Haltung, die an den alten Soldaten erinnerte, gaben ihm etwas Imponirendes und scherzweise nannte man ihn wol den „Gouverneur von Lätitia Court." Als in der Convention, deren Mitglied Ludwig war, der Vorschlag gemacht wurde, zum Ankauf von Waffen eine Geldsammlung zu veranstalten und kleinmüthige Stimmen sich dagegen erhoben, stand er auf und sagte: „Herr Präsident, ich bin freilich nur ein armer Pfefferkuchenbäcker, aber schreiben Sie mich auf mit 200 Pfund." Das machte der Debatte ein Ende. Er wußte gut genug, daß es gegen die Schäden der Zeit keine andere Panacee gab, als Pulver und Blei; daher machte man ihn auch zu einem Mitgliede des Pulver-Committee's. Im März 1776 findet sich folgende von ihm unterzeichnete Anzeige in der Zeitung: „Es wird ein Mann verlangt, der sich auf die Läuterung des rohen Schwefels gründlich versteht, so daß derselbe zur Verfertigung von Schießpulver gebraucht werden mag." Im Sommer desselben Jahres trat er in die Miliz, wobei er auf Sold und Rationen verzichtete. Im Mai 1777 stellte ihn der Congreß als Oberaufseher der Bäcker in der Armee der Vereinigten Staaten an. Das Erste war, daß er einen argen Schwindel, der sich eingeschlichen hatte, abstellte. Es wurde nämlich von ihm verlangt, daß er, wie es Brauch gewesen, für je hundert Pfund Mehl hundert Pfund Brod abliefere. „Nein", sagte der ehrliche Bäcker, „Christoph Ludwig will sich nicht durch den Krieg bereichern. Aus 100 Pfund Mehl bäckt man 135 Pfund Brod und so viel gebe ich auch." Seine schlauen Vorgänger hatten wohlweislich das Wasser nicht in Rechnung gebracht, das einen Theil des Gewichtes ausmacht. General Washington, dessen Vertrauen und Achtung Ludwig in hohem Maaße besaß, zog ihn öfter zur Tafel, berieth sich mit ihm über Proviant-Angelegenheiten und hieß ihn seinen „ehrlichen Freund."

Auch in den ländlichen Bezirken Pennsylvaniens nahmen die Deutschen an allen Schritten, die gegen Englands Uebermuth und Gewaltherrschaft gerichtet waren, den lebhaftesten Antheil. In den revolutionären Ausschüssen, welche in den Counties Lancaster, Berks, Bucks, York und Northampton die militärische Organisation der kampfbereiten Scharen ins Werk setzten, sind deutsche Namen in reichlicher

Zahl zu finden. Schon seit 1774 wurden die Vorbereitungen für den kommenden Conflict aufs Rüstigste betrieben. Am 4. Juli 1776 konnten sich in Lancaster die Vertreter von 53 Bataillonen Freiwilliger (Associators) versammeln, um zwei Brigade-Generale zu wählen und sich über andere Maßregeln zu einigen. Wie aus der Liste der Delegaten in Rupp's „Geschichte von Lancaster County" ersichtlich ist, trug etwa ein Dritttheil derselben deutsche Namen. Ganz besonders vorwiegend sind diese in der Vertretung von Lancaster und Berks County. Zu derselben Stunde als die Abgeordneten des bewaffneten Volkes in der Stadt Lancaster tagten und beschlossen, die Sache der Freiheit überall, wo sie bedroht sei, zu unterstützen, erklärte der Congreß in Philadelphia die Vereinigten Staaten unabhängig von England.

Das kühne Wort war gesprochen, kühnere Thaten mußten folgen, wenn es zur Wahrheit werden sollte. Die waffenfähige Mannschaft, welche zu der beherzten That, d. h. zum Revolutionskampfe, bereit war, stand entweder in der Continental-Armee unter Washington's Oberbefehl oder in der Miliz der einzelnen Staaten. In Pennsylvanien traten die Deutschen in großer Menge in die Reihen beider Organisationen. Am 25. Mai 1776 beschloß der Congreß, ein ausschließlich aus Deutschen bestehendes Bataillon in Dienst zu nehmen, und zwar sollten Pennsylvanien und Maryland je vier Compagnien stellen. Pennsylvanien hatte schon am 17. Juli eine fünfte vollzählig, die auch angenommen wurde. Der Sicherheits-Ausschuß sprach sich am 1. Juli billigend über diese Maßregel aus und empfahl, sämmtliche Offiziersstellen mit Deutschen oder Söhnen von Deutschen zu besetzen. Zum Obersten wurde Nicolaus Haussegger ernannt, zum Oberstlieutenant Georg Striker, zum Major Ludwig Weltner, zum Adjutanten Louis von Linkendorf. Die erste, dritte, fünfte, siebente und neunte Compagnie bestand aus Pennsylvaniern, die übrigen aus Marylandern.

Die Hauptleute und Lieutenants der Compagnien waren:
1. Comp. Daniel Burckhard, Friedrich Rollwagen, Georg Habacker.
2. Comp. Philipp Graybill (Grebel oder Krehbiel?), Johann Lora, Christian Meyers.
3. Comp. Georg Hubley, Peter Boyer, Johann Landenberger.

4. Comp. Heinrich Fister, Karl Balsel, Michael Boyer.
5. Comp. Jacob Bunner, Wilhelm Rice, Georg Schäffer.
6. Comp. Georg Keeports (Kiepert?), Jacob Kotz, Adam Smith.
7. Comp. Benjamin Weiser, Jacob Bower, Friedrich Heiser.
8. Comp. W. Heiser, Samuel Gerock, Wilhelm Ritter.
9. Comp. David Wölpper, Bernhard Hubley, Philipp Schrader.

Die Wahl Haussegger's zum Obersten erwies sich als keine glückliche. In Folge von Anklagen, welche andere Offiziere gegen ihn erhoben, fand er sich genöthigt, zu resigniren und er ist später der Untreue gegen die Republik beschuldigt worden. Seine Stelle erhielt (19. März 1777) der Baron von Arendt und als dieser aus Gesundheitsrücksichten nach Europa zurückkehrte, Ludwig Weltner. Am 23. September 1776 wurde das Bataillon der Armee Washington's zuertheilt und hielt sich marschfertig. Es war eine trübselige Zeit. Nach der Unabhängigkeits-Erklärung hatte die amerikanische Armee bedeutende Niederlagen und schwere Verluste erlitten, New York war in den Händen des Feindes, der Staat New Jersey wehrlos, Philadelphia bedroht. Die Tories warteten nur auf einen günstigen Zeitpunkt, um mit der Hülfe der Engländer die Rebellion niederzuwerfen und die alte Ordnung herzustellen. Es beweist ein schönes Vertrauen in den patriotischen Geist der deutschen Streitkraft, daß der Sicherheits-Ausschuß am 16. October anrieth, zwei Virginische Regimenter, das deutsche Bataillon und vier Compagnien Marinesoldaten zum Schutz der Stadt gegen den Feind und die wachsende Partei der Uebelgesinnten (Disaffected) zurückzulassen. General Howe, der es damals versäumte, den Delaware zu überschreiten und einen Streich gegen Philadelphia zu führen, hatte sein Heer bei Trenton aufgestellt. Das deutsche Bataillon stieß im December zu Washington's Armee bei Bristol und theilte den Ruhm jenes kühnen Ueberfalls der Engländer und Hessen am 26. December 1776 bei Trenton, wodurch sich die Hoffnung der Revolutionspartei von Neuem belebte. Zu bedauern ist, daß keine Memoiren und Briefe vorliegen, woraus wir besondere Züge aus dem Kriegsleben dieser deutschen Mitkämpfer erfahren. Wir wissen nur, daß das deutsche Bataillon in der Schlacht bei Princeton war, am 27. Mai Middlebrook erreichte, die unglücklichen Schlachten am Brandywine (11. Aug. 1777) und bei Germantown

(4. Oct. 1777) mitmachte und während des schrecklichen Winters von 1777—1778 im Lager bei Valley Forge die Entbehrungen und Trübsale der amerikanischen Armee unter Gen. Washington theilte.

Das Blutbad, welches Tories und Indianer im Wyoming-Thale am 4. Juli 1778 anrichteten, bewies, wie nöthig es war, den Rücken gegen diese heimtückischen und gefährlichen Feinde zu decken. Zu Gen. Sullivan's Truppen, denen diese Pflicht 1779 auferlegt wurde, gehörte das deutsche Bataillon, das in den nächsten Jahren zum Schutze der Ansiedlungen gegen feindselige Indianer am Susquehanna (in Northumberland County) stand.

In vielen andern Pennsylvanischen Regimentern dienten Deutsche in beträchtlicher Anzahl, namentlich im Zweiten, Dritten, Fünften, Sechsten und Achten. Das Zweite befehligte Oberst Johann Philipp de Haas, ein Mitglied der Deutschen Gesellschaft, der bereits in dem Kriege gegen Franzosen und Indianer im Felde gestanden hatte. De Haas wurde am 13. Nov. 1776 zum Brigade-General befördert. Robert Bunner, einer der Gründer der Deutschen Gesellschaft, war Oberstlieutenant im Dritten Regimente (fiel in der Schlacht bei Monmouth 28. Juni 1778); denselben Rang bekleidete Franz Mentges im Fünften und Heinrich Becker im Sechsten. Im letztern bestanden mehrere Compagnien größtentheils aus Deutschen, unter den Hauptleuten Johann Müller, Johann Spohn, Peter Decker und Nathanael Vansandt. In Oberst S. Miles' Scharfschützen-Bataillon hießen die Hauptleute der sechs Compagnien: Ludwig Farmer, Philipp Albright, Andrew Long, Henry Shade, Richard Brown, Caspar Weitzel, Namen, welche sämmtlich ein deutsches Gepräge haben. L. Farmer wurde später Oberst und hatte als Armee-Commissär den Einkauf von Vorräthen zu überwachen. Nach dem Ende des Krieges wurde er viermal zum Präsidenten der Deutschen Gesellschaft gewählt. In Reading haben sich die drei Hiester (Joseph, Johann und Daniel) durch ihren patriotischen Eifer einen rühmlichen Namen erworben. Georg Nagel, der seine Compagnie schon im Juli 1775 in Reading unter den Waffen hatte, wurde den 5. Jan. 1776 zum Major des Fünften Bataillons ernannt. Sehr viele Deutsche gehörten zu den Bataillonen, die York County entsandte; das Erste unter Oberst Michael Schmeisser focht in der Schlacht auf Long Island mit.

Die Mannschaft der Armand'schen Legion war überwiegend deutsch. Eine der dazu gehörigen Compagnien war vom Freiherrn von Ottendorf als unabhängiges Jägercorps angeworben worden; die andern drei wurden von Jost Driesbach, Anton Selin und Jacob Bauer befehligt. Nach der Schlacht bei Savannah, in welcher der tapfere Pulaski seinen Heldentod fand, wurde dessen Schar, in welcher viele Deutsche aus Pennsylvanien und Maryland dienten, dem Armand'schen Commando einverleibt. Auch Johann Paul Schott's Dragoner, welche im Sommer 1777 in den deutsch-pennsylvanischen Districten recrutirt waren, fanden nach Schott's Gefangennahme in der Schlacht bei Short Hills Aufnahme in der Armand'schen Legion. Nach seiner Auswechslung übernahm er das Commando seiner Truppe wieder, die mittlerweile dem deutschen Bataillon unter Oberst Weltner zuertheilt war und mit diesem gegen die Indianer am Susquehanna operirte.

Schließlich ist noch die Dragoner-Brigade von Bartholomäus Van Heer zu erwähnen. Sie bestand aus Deutschen und Deutsch-Pennsylvaniern und wurde von Washington als Provost-Garde verwandt. Van Heer hatte in der Armee Friedrich's des Großen als Cavallerie-Lieutenant gedient.

Der Gedanke aus hessischen Ueberläufern und Gefangenen, die sich freiwillig dazu verständen, eine Schar unter den Fahnen der Republik zu bilden, lag nahe und fand sowol beim Congreß wie beim Sicherheits-Ausschuß von Pennsylvanien günstiges Gehör. Mehrere Offiziere (Führer, Kleinschmidt, Klein und Lutterloh) wurden mit der Recrutirung und Organisation eines solchen Corps beauftragt, aber Washington erklärte sich aus gewichtigen Gründen dagegen. Trotzdem scheint die Sache in anderer Gestalt wieder aufgenommen zu sein. Als der französische Gesandte im Juli 1780 an den Vollziehenden Rath von Pennsylvanien die Anfrage stellte, ob er hessische Ueberläufer für das französische Hülfscorps anwerben dürfe, erhielt er die Antwort, daß kein Einwand dagegen vorliege. Bezeichnend für die Gesinnung, von welcher die verkauften deutschen Söldlinge beseelt waren, ist eine Mittheilung in der „Philadelphischen Zeitung" vom 2. Juli 1782, worin es heißt: „Das Ausreißen nimmt unter den Britischen Truppen außerordentlich überhand. Die meisten, die zu uns kommen, sind

Deutsche, welche bezeugen, daß die ganze deutsche Armee herüberkommen würde, wenn sie nur Gelegenheit dazu hätte."

Unter den Deutschen, welche während der Revolution verantwortliche Stellungen im öffentlichen Dienste bekleideten, ist besonders Michael Hillegas zu erwähnen. Zuerst Schatzmeister von Pennsylvanien wurde er am 3. November 1778 als Schatzmeister der Vereinigten Staaten vom Congreß angestellt. Daß er derselbe Michael Hillegas ist, der am 26. März 1749 sein Bürgerrecht erhielt, ist bei der Gleichheit des Namens kaum zu bezweifeln. Andere uns bekannte Umstände sind dieser Annahme nicht zuwider. Er starb im Alter von 76 Jahren am 19. Sept. 1804.

Es versteht sich von selbst, daß die „wehrlosen Christen", die Quäker, Mennoniten, Dunker und Herrnhuter, sich auch während des Unabhängigkeitskrieges vom blutigen Streite fern hielten. Der Congreß enthob sie mit billiger Rücksicht auf ihre religiöse Ueberzeugung der Verpflichtung zu activem Dienste. Zwar sagt Pastor Helmuth in den „Hallischen Nachrichten": „Quäker, Mennonisten u. s. w. exerciren und verläugnen in großer Anzahl ihre sonstigen Religions-Principien", und auch Christoph Saur's Zeitung bringt die Nachricht, daß ganze Compagnien aus jungen Quäkern bestanden und viele Mennoniten in Lancaster County das Gewehr ergriffen, aber wir dürfen diese Ausnahmsfälle nicht als die Regel ansehen. Die Quäker und Mennoniten, die sich aus patriotischem Eifer über die Vorschriften ihres Bekenntnisses hinwegsetzten, entsagten damit der kirchlichen Gemeinschaft mit ihren Glaubensbrüdern. Entweder traten sie aus oder wurden ausgestoßen.

Dagegen hatten Lutheraner, Reformirte und Katholiken keine Bedenken gegen Waffenführung und lieferten wol so ziemlich alle deutsche Soldaten, die in den Dienst traten. Auch ihre Geistlichen standen auf der Seite der Freiheitspartei. Friedrich August Mühlenberg, der später eine so hervorragende Stellung als Staatsmann der Republik einnahm, war bei Ausbruch der Revolution Prediger an einer lutherischen Gemeinde in New York. Seine unverhohlen ausgesprochene Sympathie mit der Sache der Unabhängigkeit nöthigte ihn zur Flucht, als New York nach der Schlacht auf Long Island in die Hände der Engländer fiel. Auch sein Bruder Ernst Heinrich, der

damals seinem betagten Vater an der Zionskirche in Philadelphia als
Hülfsprediger zur Seite stand, und Pastor Joh. Friedrich Schmidt in
Germantown fanden es gerathen, den Feinden aus dem Wege zu
gehen, als diese Philadelphia besetzten. Die reformirten Geistlichen
M. Schlatter, C. Weyberg und G. Nevelling standen ihrer Gesinnung
wegen bei den Engländern in entschiedener Ungunst, die beiden
ersteren wurden eingesperrt und auf die Ergreifung des letzten eine
Belohnung gesetzt.

General Peter Mühlenberg.

Das berühmteste Beispiel eines deutschen Geistlichen, der für die
Revolution Partei ergriff, gab Peter Mühlenberg, der älteste Sohn
des „Patriarchen der lutherischen Kirche". Nicht allein glühte in
seinem Herzen begeisterte Liebe zur Freiheit, nicht allein lieh er der
Sache der Unabhängigkeit das beredte Wort, er zog als Heerfüh-
rer ins Feld und erwarb sich einen ruhmvollen Namen unter den
Helden der Revolution. Widmen wir daher dem Lebenslaufe
dieses würdigen Vertreters deutscher Freiheitsliebe die Schlußworte
unserer Skizze.

Johann Peter Gabriel Mühlenberg wurde den 1. October 1746
in Trappe (Montgomery County) geboren und erhielt, wie seine
Brüder Friedrich August und Ernst Heinrich, den ersten Unterricht
von seinem Vater, der alle drei Söhne für den geistlichen Stand bestimmte. Aber der lustige Wald, der so zauberisch auf allen Seiten
winkte, die schroffe Felswand und der rauschende Bach hatten für
den lebhaften Knaben größeren Reiz als die enge Studirstube. Vergebens stemmte sich der gestrenge Vater gegen Peters Lust zum Jagen
und Fischen. Als die Familie 1761 nach Philadelphia zog, besuchten
die drei Knaben die dortige Akademie. Im J. 1763 schickte sie der
Vater zur Weiterbildung nach Halle, nicht ohne ernste Besorgniß,
daß sein Aeltester auf Abwege gerathen möge. Eintretenden Falles
ermächtigte er die ehrwürdigen Väter in Halle, den Knaben unter
dem Namen Peter Weiser in die Soldatenjacke zu stecken und der
Trommel folgen zu lassen. Dazu kam es zwar nicht. Aber Peter
muß sich wol nicht als hoffnungsvoller Schüler der Halle'schen An-
stalten angelassen haben, denn wenige Wochen nach seiner Ankunft

begab er sich mit Zustimmung seiner Berather nach Lübeck, um bei dem Kaufmanne Leonhard Heinrich Niemeyer, einem Verwandten des Archidiaconus Niemeyer in Halle, in die Lehre zu treten. Ein so wichtiger Schritt hätte wol etwas reiflicher überlegt werden sollen. Niemeyer's Handlung war, ohne Umschweife gesagt, eine Gewürzkrämerei und in vier Wochen ließ sich Alles lernen, was zur Geschäftsführung nöthig war. Nun hatte sich aber, und das war das Schlimmste, der junge Mühlenberg zu einer Lehrzeit von sechs Jahren verbindlich gemacht. Mit anerkennenswerther Selbstbeherrschung und Geduld harrte er in seiner unangenehmen Stellung fast drei Jahre aus, dann konnte er sein Mißbehagen nicht länger bemeistern und verließ das Haus, ohne Abschied zu nehmen, um nach Amerika zurückzukehren. Er meldete sich bei einem englischen Werbe-Offizier als Recrut, schiffte sich am 2. October 1766 in Hamburg auf dem Schiffe „Venus" ein und landete am 15. Januar 1767 in Philadelphia. Sein Vater, der mit einem Opfer von 100 Thalern die Verkürzung der Lehrzeit um 2 Jahre bei Niemeyer erwirkt hatte, war über die eigenmächtige Handlungsweise seines Sohnes, die ihm als ein unverzeihlicher Fehltritt erschien, sehr verstimmt. Uebrigens geht aus der gepflogenen Correspondenz hervor, daß sich der europamüde Flüchtling unter den schwierigen Umständen mit ebenso viel Mäßigung und Ruhe, wie unbeugsamer Entschlossenheit benahm. Es stand bei ihm fest, daß er von seiner edlen Jugendzeit nicht noch ein viertes Jahr verlieren dürfe und da ihm keine andere Wahl blieb, nahm er die Verantwortlichkeit auf sich, von dannen zu gehen. In Philadelphia übernahm es Karl Magnus von Wrangel, der Prediger an der schwedischen Kirche, ein langjähriger Freund des älteren Mühlenberg, Peter zu unterrichten und zum Predigtamte vorzubereiten. Der Jüngling warf sich mit seltener Energie in die ihm vorgezeichnete Laufbahn. Bereits im J. 1768 hielt er katechetische Vorträge vor entlegenen Landgemeinden, dann predigte er in Barren Hill, Pikestown und in Wrangel's Kirche. Bei der ersten Predigt in seines Vaters Kirche war dieser selbst nicht anwesend; er konnte sich eines ängstlichen Gefühls nicht entschlagen; nach dem Gottesdienste aber kamen die Kirchenältesten zu ihm, um ihm ihren herzlichen Glückwunsch zu dem Erfolge seines Sohnes darzubringen.

Im Jahre 1772 erhielt Peter Mühlenberg einen Ruf an die deutsche lutherische Kirche in Woodstock im Shenandoah Thale, wo sich eine zahlreiche deutsche Bevölkerung angesiedelt hatte. Sein offenes, männliches Wesen machte ihn zum Liebling der Gemeinde und der ganzen Nachbarschaft. Schon damals trat er mit Patrick Henry und Col. George Washington in freundschaftliche Beziehungen. In Gesellschaft des Letzteren soll er auf den waldigen Höhen der Blauen Berge manchen Rehbock geschossen haben. Denn auch als Prediger entsagte er dem Waidwerk nicht, an dem er von frühester Jugend her Gefallen fand.

Der junge Geistliche nahm den thätigsten Antheil an den großen Fragen, welche das Volk der Colonien anregten. In öffentlichen Versammlungen sprach er sich entschieden für die Politik des bewaffneten Widerstandes aus. Als Dunmore County, worin Woodstock gelegen ist, ein Sicherheits- und Correspondenz-Committee einsetzte, ward P. Mühlenberg dessen Vorsitzer. In der Staats-Convention, die am 1. August 1774 in Williamsburg zusammentrat, befürwortete er mit Patrick Henry weit entschiedenere Maßregeln, als die Mehrheit der Delegaten zu empfehlen wagte.

Aber der Gang der Ereignisse rechtfertigte die Rathschläge der entschlossenen Männer. In der nächsten Sitzung der Convention, die am 20. März 1775 in Richmond stattfand, erneuerte Patrick Henry seinen Antrag auf Bewaffnung der Provinz Virginien, Mühlenberg unterstützte ihn mit feuriger Beredsamkeit und bei der Abstimmung gaben die deutschen Delegaten des Shenandoah Thales den Ausschlag zu Gunsten des entscheidenden Schrittes.

In Folge dieses Beschlusses machte sich Virginien kriegsbereit und zu den vorhandenen zwei Regimentern wurden sechs neue einberufen. Mühlenberg, immer noch Pastor bei seiner Gemeinde in Woodstock, erhielt das Commando des Achten auf den ausdrücklichen Wunsch Washington's und Patrick Henry's. Die Deutsch-Amerikaner Abraham Bowman und Peter Helfenstein standen ihm als Oberstlieutenant und Major zur Seite.

So hatte sich denn der junge Geistliche nicht nur ohne Vorbehalt in die Arme der Revolution geworfen, er war auch entschlossen, als Soldat ins Feld zu ziehen und mit Leib und Leben für seine Ueberzeugungen einzustehen. Nur noch einmal wollte er zu seiner Gemeinde reden und Abschied von ihr nehmen. Die Nachricht, daß der Oberst Mühlenberg seine letzte Predigt halten werde (Mitte Januar 1776), zog eine ungewöhnliche Menge Zuhörer herbei; nicht allein die Kirche in Woodstock, sondern auch der Friedhof, von dem sie umgeben war, füllte sich mit Menschen. In eindringlicher Weise wies der Redner auf die Pflichten hin, welche das Vaterland und dessen gute Sache Allen auferlege und schloß mit den klangvoll und kräftig gesprochenen Worten, es gebe eine Zeit zum Predigen und Beten, aber auch eine Zeit zum Kampfe, und diese Zeit sei nun gekommen. Dann sprach er den Segen. Seine Laufbahn als Prediger war geschlossen. Es folgte darauf die Scene, die wol einzig in ihrer Art dasteht. Er warf den Chorrock, der ihn einhüllte, ab und stand da im vollen Schmuck des Kriegers. Nun stieg er von der Kanzel herab und ließ die Trommeln rühren. Die Begeisterung loderte in hellen Flammen auf. Viele seiner Zuhörer ließen sich in sein Regiment aufnehmen. Greise brachten ihm ihre Söhne, Frauen ihre Männer als Mitkämpfer für die Freiheit. Nahezu dreihundert Mann aus Woodstock und der Nachbarschaft stellten sich an jenem Tage unter Mühlenberg's Fahne.

Die Laufbahn dieses ausgezeichneten Mannes ist von nun an aufs Engste mit der Geschichte des Unabhängigkeitskrieges verwoben, welche auf diesen Blättern keinen Raum finden kann. Nur die Punkte können angedeutet werden, wo Peter Mühlenberg im Dienste seines Vaterlandes und der Freiheit zu handeln berufen war.

An der Spitze seines deutschen Regimentes, das vollzähliger als die andern war, nahm er zunächst an Gen. Lee's Operationen gegen Lord Dunmore, den bisherigen Gouverneur von Virginien, Theil. Nach Süd-Carolina befehligt, kam er gerade zur rechten Zeit, um mit seiner tapfern Schar in der Schlacht bei Sullivan's Island und Fort Moultrie wirksame Dienste zu leisten. Da Gen. Lee einen Feldzug in Florida vorhatte, sandte er Mühlenberg mit dessen Regimente und einigen Truppen aus Nord-Carolina nach Savannah, doch ehe er alle Vorbereitungen zur Ausführung seines Planes getroffen hatte, erhielt er den Befehl, sich der Nördlichen Armee anzuschließen. Mühlenberg kehrte daher nach Virginien zurück und füllte zunächst die durch Krankheit gelichteten Reihen seines Regiments wieder auf. Während seiner kurzen Dienstzeit hatte sich seine militärische Befähigung so vorzüglich bewährt und er hatte bei allen Gelegenheiten einen so feurigen Pflichteifer an den Tag gelegt, daß der Congreß sich bewogen fand, ihn am 21. Februar 1777 zum Range eines Brigade-Generals zu befördern. Nachdem er die Regimenter, die seine Brigade bildeten, das Erste, Fünfte, Neunte und Dreizehnte der Virginischen Linientruppen, completirt und so gut wie möglich ausgerüstet hatte, stieß er im Mai 1777 zur Hauptarmee im Norden, die unter Washington's Commando bei Middlebrook in New Jersey verschanzt war. Mühlenberg's und Weedon's (Wieden's) Brigaden bildeten General Greene's Division, die in den unglücklichen Schlachten am Brandywine und bei Germantown durch Tapferkeit und gute Disciplin Ehre einlegte. Nach der Schlacht am Brandywine (11. August 1777) leistete Mühlenberg's Brigade den verfolgenden Truppen des Generals Cornwallis hartnäckigen Widerstand und deckte erfolgreich den Rückzug des amerikanischen Heeres, das ohne diese Hülfe in der Noth dem siegreichen Feinde schwerlich entkommen wäre. H. A. Mühlenberg, der Verfasser einer Biographie des Generals, erzählt diese tapfere Leistung mit folgenden Worten:

„Weedon's Brigade war in einer Schlucht aufgestellt, um den versprengten Scharen der Amerikaner einen Stütz- und Sammelpunkt zu bieten, während Mühlenberg's Brigade, bei welcher sich Gen. Greene selbst befand, weiter rechts auf der Landstraße dem Feinde die Spitze bot. Mit muthigem Angriffe trieben sie die feindlichen Colonnen zurück, welche vom Siege berauscht auf die gänzliche Vernichtung der Rebellen-Armee rechneten. Der Kampf war höchst erbittert; auf beiden Seiten wurde mit dem Bajonett gefochten. Diese eine Brigade stemmte sich gegen Lord Cornwallis' ganze Truppenmacht und behauptete ihre Stellung gegen Garden, Grenadiere, leichte Infanterie und auserlesene Regimenter der Hessen. Gen. Mühlenberg's Benehmen bei dieser Crisis erwarb ihm die Achtung und Bewunderung der ganzen Armee. — — — Hätte der Feind die letzten Stunden des Tages auf die Verfolgung der geschlagenen Armee verwenden können, so wäre das Schicksal derselben besiegelt gewesen. Daß es nicht dazu kam, ist der

Standhaftigkeit und der Tapferkeit der Truppen zuzuschreiben, die Gen. Mühlenberg und Gen. Weedon commandirten."

Auch in der Schlacht bei Germantown that Mühlenberg seine volle Schuldigkeit. An der Spitze seiner Brigade brachte er den rechten Flügel des Feindes durch einen glänzenden Bajonett-Angriff zum Weichen. Aber er konnte die von Andern begangenen Fehler nicht ungeschehen machen und das Geschick des Tages nicht wenden.

Während der trüben Zeit des Winterquartiers bei Valley Forge theilte er mit der Armee Washington's die Leiden, welche ungewöhnliche Kälte, Entbehrung und Mißmuth über die Freiheitskämpfer verhängten.

Am 18. Juni 1778 gaben die Engländer Philadelphia auf, um sich durch New Jersey auf New York zurückzuziehen. Washington verließ den nächsten Tag Valley Forge und es folgte an dem heißen 28. Juni die Schlacht bei Monmouth, wo Gen. Charles Lee seine militärische Ehre einbüßte, Mühlenberg's Truppen aber ihren guten Ruf bewährten. Wir übergehen die Zeit, die Mühlenberg in White Plains am Hudson und in dem Winterquartier in Middlebrook zubrachte. Am Hudson wurde er der Division des Generals Putnam attachirt und führte während dessen Abwesenheit das Commando.

Die Engländer, die im Norden keine bleibenden Erfolge erringen konnten, verlegten den Kriegsschauplatz nach dem Süden, den sie als Operationsbasis für die Eroberung der Colonien zu benutzen gedachten. Georgia und Süd-Carolina fielen in ihre Hände. Charleston capitulirte am 12. Mai 1779 und die ganze südliche Armee der Amerikaner gerieth in Kriegsgefangenschaft. Kalb, der mit etwa 1500 Mann Marylandern zur Hülfe gesandt war, kam zu spät und nun betraute der Congreß den Gen. Gates mit dem Commando des südlichen Departements. Da die Truppen, welche Gen. Gates anführte, ihre Vorräthe und Hülfsmannschaft aus dem Süden ziehen mußten, Nord-Carolina aber zu schwach und unzuverlässig war, um dabei in Betracht zu kommen, so fiel Virginien die wichtige Rolle zu, der südlichen Armee der Amerikaner als Stützpunkt zu dienen. Aber die Zustände in Virginien selbst waren keineswegs ermuthigend. Es fehlte an Mannschaft, Kriegsvorräthen, Kleidungsstücken und an Geld. Der alte Enthusiasmus war verraucht. Truppen auf dem

Wege der Conscription auszuheben, schien bedenklich. Daß Gen. Mühlenberg vom Congresse und von Gen. Washington erlesen wurde, Virginien in kriegstüchtigen Stand zu setzen, beweist ein ehrendes Vertrauen in seine Fähigkeiten und Energie. Er hatte eine neue Armee zu schaffen, zu organisiren und auszurüsten, und unterzog sich dieser schwierigen Aufgabe mit rastlosem Eifer.

Als im nächsten Jahre General Greene, mit größeren Streitkräften versehen, das südliche Departement übernahm und Baron von Steuben den Oberbefehl in Virginien erhielt, operirte Mühlenberg gegen Benedict Arnold, den Verräther, der in Portsmouth, Norfolk gegenüber, sein Hauptquartier hatte. Er traf mit seiner Landmacht Veranstaltungen, ihn zur Uebergabe zu nöthigen und gefangen zu nehmen, aber die Sache scheiterte an dem Ausbleiben der französischen Flotte, die ihm den Abzug zur See hätte versperren sollen. In einem Treffen bei City Point, unweit Petersburg, schlug sich Mühlenberg gegen Arnold's überlegene Macht am 25. April 1781 mit solcher Bravour, daß Steuben ihm aufs Wärmste dankte und seine Verdienste in dem officiellen Berichte an den Congreß lobend hervorhob.

Es war Peter Mühlenberg vergönnt, bei dem Hauptschlage, der die englische Macht in Amerika zertrümmerte und zur Anerkennung der Unabhängigkeit der Vereinigten Staaten führte, in auszeichnender Weise mitzuwirken. Als sich Lord Cornwallis mit seiner Armee auf Yorktown zurückzog, war es von Wichtigkeit, ihm den Abmarsch nach Süden abzuschneiden oder zu erschweren. Die dazu nöthigen Maßregeln traf P. Mühlenberg, der damals in Lafayette's Division eine Brigade leichter Infanterie befehligte. Bei dem Angriff auf die Schanzen von Yorktown am 15. October 1781 gehörte seine Brigade zu der Sturm-Colonne, welche die linke Redoute der Festungswerke mit dem Bajonett nahm, eine der glorreichsten Heldenthaten des Krieges.

Ehe er die Armee verließ, wurde er zum General-Major befördert, eine von ihm wohl verdiente Auszeichnung. Als er 1783 nach Woodstock zu seiner Familie zurückkehrte, hätte ihn seine frühere Gemeinde gern wieder als Prediger angenommen, aber wer sieben Jahre lang das Schwert geführt, ist kaum in der Verfassung, die

Lämmer der christlichen Herde zu hüten. Gen. Mühlenberg zog den Chorrock nicht wieder an, den er 1776 bei Seite gelegt hatte.

Den Winter von 1783—1784 brachte er in Trappe bei seinem betagten Vater zu. Im nächsten Frühling unternahm er eine lange und beschwerliche Reise nach dem Westen bis zu den Fällen des Ohio, wo jetzt Louisville steht, um für sich und andere Virginische Offiziere das ihnen vom Congreß bewilligte Land auszuwählen. Nach seiner Rückkehr ließ er sich in Philadelphia nieder.

Der General muß es wohl verstanden haben, sich die Herzen des Volkes gleichsam im Sturme zu erobern, denn obschon erst ein Jahr im Staate Pennsylvanien ansässig, wurde er 1785 zum Vice-Präsidenten des Vollziehenden Rathes gewählt, dessen Präsident, zugleich der höchste Beamte der Republik, Benjamin Franklin war. In den zwei folgenden Jahren bekleidete er dasselbe Amt und wegen Franklin's häufiger Abwesenheit stand er thatsächlich an der Spitze der Regierung. Im J. 1788 war er mit seinem Bruder Friedrich August ernstlich und erfolgreich bemüht, Pennsylvanien zur Annahme der vorgelegten Constitution der Vereinigten Staaten zu bestimmen. In den Ersten Congreß gewählt leistete er werthvolle Dienste, namentlich in allen Angelegenheiten, welche das Heer und die Landesvertheidigung betrafen.

Obschon seit vielen Jahren auf bestem Fuße mit Washington und dessen zuverlässiger Freund, war Mühlenberg doch weit entfernt, seiner Ueberzeugung aus persönlichen Rücksichten Gewalt anzuthun. Dies bewies er, als die officielle Titulatur des Präsidenten festgestellt werden sollte. Der Vorschlag war gemacht und Washington war demselben nicht abgeneigt, den obersten Beamten der Vereinigten Staaten, wie die holländischen Statthalter „Seine Hochmächtigkeit" zu betiteln. Als eines Tages bei Tafel die Rede darauf kam, fragte Washington den Gen. Mühlenberg um seine Ansicht. „Nun", erwiederte dieser, „wären die Präsidenten immer so große Leute wie Sie oder mein Freund Wynkoop (ein langer Pennsylvanier), so verschlüge es Nichts, aber ein so kurzer Präsident wie der Herr, der uns gegenüber sitzt, würde den Titel „Hochmächtigkeit" zur Burleske machen." Die Antwort soll Washington nicht besonders gefallen haben.

Gen. Mühlenberg saß im Repräsentantenhause des Ersten, Zweiten und Sechsten Congresses und zwar immer als entschiedener Anhänger der demokratischen Partei. Im J. 1801 wählte ihn die Legislatur von Pennsylvanien in den Senat der Vereinigten Staaten, aber kurze Zeit nachdem er seinen Sitz genommen, resignirte er, um ein Amt im Steuer-Bureau anzutreten. Im J. 1802 erhielt er die Stelle als Steuereinnehmer im Philadelphier Zollhause, die er bis zu seinem Tode (1. October 1807) bekleidete.

In Philadelphia trat Gen. Mühlenberg 1783 in die Deutsche Gesellschaft ein und wurde zu deren Präsidenten für das Jahr 1788, sodann wieder für die Jahre 1802—1807 gewählt. Schon seit längerer Zeit leidend raffte er sich zu der Einweihung der neuen Halle, am 9. April 1807, noch einmal auf; es war das erste und letzte Mal, daß er das unter seinen Auspicien gebaute Haus betreten sollte. Seine letzte Ruhestätte fand er in Trappe, seinem Geburtsorte, wo auch sein Vater, der Ehrw. H. M. Mühlenberg, begraben liegt.

Ueber seine Familienverhältnisse sei noch bemerkt, daß er sich 1770 mit Barbara Mayer verheirathete und bei seinem Ableben eine Tochter, Esther, und drei Söhne, Francis, Peter und Henry hinterließ.

Peter Mühlenberg war von hohem Wuchs, rüstig und lebhaft. Er war von der Natur gewissermaßen zum Soldaten geschaffen und glitt in diese seine Bestimmung, sobald sich die Gelegenheit bot. Sein Muth und seine Entschlossenheit paarten sich mit der ruhigen Ueberlegung, welche die Situation richtig zu erfassen weiß und so fand Washington in ihm nicht allein einen vortrefflichen Offizier, sondern auch einen zuverlässigen Rathgeber. In seinem Auftreten war er offen, liebenswürdig und anspruchslos. Soll aber ein Zug genannt werden, der sein Leben, seine politischen Grundsätze und sein innerstes Wesen kennzeichnete, so war es die Liebe zur Freiheit.

www.ingramcontent.com/pod-product-compliance
Lightning Source LLC
Chambersburg PA
CBHW031340230426
43670CB00006B/390